지은이 손창남은 현장에서 나는 소리를 듣는 선교사다. 우리는 보통 선교사를 통해 선교 현장 소식을 듣는 것에 익숙하지만, 손 선교사는 선교사를 파송한 지역 교회의 입장에 주목한다. 또한 선교지에서 선교사를 바라보는 현지인들의 실제적인 평가에 귀를 기울인다. 서 있는 위치가 다르면 보이는 것도 달라지는 법. 이 책은 이전과는 다른 입장에서 선교사를 보게 해 주고, 지역 교회가 적극적으로 선교 사역을 감당할 수 있는 안목을 제시한다.

이 책은 다소 불편한 책이 될 것이다. 선교를 하고(doing) 있다고 자부심이 있는 교회를 불편하게 할 것이다. 왜냐하면 선교는 하는 것(doing)이 아니라 선교적(being)이어야 함을 지적하기 때문이다. 현장에 있는 선교사들에게도 불편함을 줄 수 있을 것이다. 왜냐하면 이 책은 교회가 선교사를 파송하기만 해서는 안 되고 그들을 관리해야 한다고 지적하기 때문이다.

이 책은 매우 유익한 책이 될 것이다. 교회는 선교적이어야 한다고 믿고 목회하는 목회자들에게 큰 유익을 줄 것이다. 어려운 개념이 아니라 쉽고 일상적인 용어로 선교적 교회(missional church)를 소개하기 때문이다. 그리고 지역 교회에서 선교부를 맡아 섬기는 성도들에게 실제적인 유익을 줄 것이다. 선교와 관련된 정책을 어떤 기준으로 세우고, 파송된 선교사를 어떻게 돌볼 수 있을 것인가에 대한 기준을 제시해 주기 때문이다.

얼마나 많은 선교사를 한국 교회가 파송할까라는 관점에서 더 나아가 파송된 선교사를 한국 교회는 어떻게 돌볼 것인가에 대한 새로운 시각을 150년 역사를 가진 OMF의 노하우를 통해 배울 수 있는 책이다. 적극 추천한다.

**김수억 간사**(죠이선교회 대표, 2016 선교한국 대회 조직 위원장)

이 책을 읽다 보면 "소 잃고 외양간 고친다"라는 속담이 거듭 떠오른다. 지난 30여 년간 양적 급성장을 이루며 지속된 한국 선교는 하나님의 은혜 가운데 귀하게 쓰임받은 경우도 적지 않았지만, 우리 특유의 행동주의적 열정이 앞선 나머지 이스라엘이 하나님께 열심이 있었으나 올바른 지식을 따르지 않음으로 오히려 하나님 나라에 해를 끼쳤던 전철(롬 10:2)을 답습한 면도 컸기 때문이다. 이제 와서 뒤늦은 바로잡기를 시도하는 게 마치 소 잃고 외양간 고치는 격으로 여겨져 실소를 금할 수 없지만, 아직 소가 몇 마리라도 남아 있다면 지금이라도 외양간을 고치는 게 차선책일 것이다.

손창남 선교사의 정곡을 찌르는 문제 분석과 바람직한 해법이 담긴 이 책이 가치를 발하는 이유다. 그는 비록 선교학자는 아니지만, 선교의 이론과 실제를 통합적으로 이해하고 건강한 대안을 제시하는 일에 탁월하기에 그보다 괜찮은 '실천적 이론가' 또는 '이론적 실천가'를 한국 선교계에서 만나보기는 쉽지 않을 것이다. 짧지 않은 기간 선교 현장에서 직접 경험한 시행착오, 국제 선교 단체의 지도자로서 다양한 선교사들 및 선교적 상황과 씨름하는 과정에서 깨달은 실천적 혜안, 퍼스펙티브스 과정이나 다양한 선교 포럼들을 통해 터득한 선교 전략적 원리, 다양한 선교 단체들과 지역 교회들의 선교를 평가하고 컨설팅하면서 닦은 안목 등, 웬만해서 그의 선교적 내공을 따라잡을 사람은 흔하지 않을 것이다.

구더기 무서워 장 담그기를 포기하기보다 구더기를 줄이면서 뒤늦게나마 제대로 된 장을 담그기 원하는 사람들, 한국 선교의 파행을 보며 낙심하기보다 이제부터라도 건강한 선교를 지향하는 모든 이에게 이 용감한 책을 강력히 추천한다.

**정민영 국제 부총재**(위클리프선교회, Wycliffe Global Alliance)


요즘엔 내비게이션(GPS Navigation)이 있어서 누구나 쉽게 목적지를 찾는다. 선교적 교회에 대한 목마름은 선교를 하려는 교회마다 있지만 정작 제대로 된 내비게이션을 찾기란 쉽지 않은 상황이다. 그러나 손 선교사가 쓴 이 책은 선교적 교회를 지향하도록 돕는 최고의 내비게이션이라고 생각한다.

나는 저자를 수원중앙침례교회 대학부 부장 시절부터 형제침례교회 설교 동역자, 세무대학 교수, 죠이선교회 사역, OMF 인도네시아 선교사를 거쳐 한국 대표로 섬기던 시절, 그리고 현재까지 곁에서 지켜본 목격자다. 그는 하나님의 뜻을 신실하게 찾았으며 최고의 헌신을 주님께 드렸다.

이 책을 통해 손 선교사는 교회와 선교, 두 영역에서 하나님께 놀랍게 쓰임 받은 사람답게 선교적 교회가 되려면 무엇을 해야 하는지 구체적으로 알려 주는 최신 지도를 업데이트하여 안내하고 있다. 이 책을 읽으면 예수께서 니고데모와 개인적인 대화를 나누시며 거듭남의 교리를 설명해 주신 것처럼 독자는 교회와 선교에 대한 진지한 대화를 나누며 함께 걷는 친근함을 느끼실 수 있다.

한국 교회 선교는 막다른 골목에 서 있는 듯한 답답함이 있다. 《교회와 선교》는 선교에 대한 새로운 관점을 보게 해 주고, 선교하는 교회가 되려는 목마름에 새로운 디자인을 제시하고 있다. 이 책은 한국 교회를 그리스도의 지상 명령 목적지까지 확실하게 데려다 줄 새로운 버전의 내비게이션이다.

**조경호 목사**(대흥침례교회 담임)


선교는 팀 사역(team ministry)이다. 선교사도 지역 교회도 선교 단체도 혼자서는 할 수 없다. 하나님이 삼위일체로 늘 함께하시는 것처럼 선교사와 지역 교회, 그리고 선교 단체가 늘 함께해야 한다. 이를 가리켜 선교의 삼각 관계(missionary triangle)라고 하는데, 지역 교회는 선교의 몸체(missionary body), 선교 단체는 선교의 팔(missionary arm), 선교사는 선교의 손(missionary hand)인 셈이다. 그러므로 선교를 논할 때는 이 삼자를 언급하는 게 정석이다. 그런 점에서 금번 출간되는 《교회와 선교》는 선교를 본질적이고 종합적인 관점에서 잘 정리해 준 역작이라 평가할 수 있다.

저자 손창남 선교사는 선교 현지를 경험한 일선 선교사 출신이면서 국제 선교 단체인 OMF 한국 대표로 섬겼을 뿐 아니라 오랜 세월 지역 교회를 섬기면서 누구보다 선교의 삼자를 잘 아는 사람이다. 여러 훌륭한 선교 서적이 늘 2퍼센트 모자라는 느낌이 있는 것은 선교의 삼자를 충분히 이해하지 못하기 때문이다. 그런데 이 책은 나머지 2퍼센트를 가득 채워 주기에 충분하다. 특히 오랜 세월 지역 교회를 선교적 교회로 세우고자 고민하며 실천한 목회자로서 이 책을 읽으며 가슴이 뻥 뚫리는 청량감을 느낀다.

이 책의 중요한 특징 중의 하나는 내용이 충실하면서도 마치 소설을 읽는 것처럼 흥미진진하다는 점이다. 저자 스스로 밝힌 대로 논픽션이면서도 픽션 같은 실화 소설(faction)의 형식을 취하고 있어서 지역 교회 목회자나 선교 위원회 리더들뿐 아니라 평신도들도 쉽게 읽고 선교에 대해 깊이 이해할 수 있도록 한다. 저자의 강의를 들을 때나 저서를 읽을 때 느끼곤 했던 특유의 기지가 유감없이 발휘된 것 같아 또다시 감탄한다.

이 책이 지역 교회 목회자와 성도들, 선교 단체 사역자, 선교사 등 선교를 꿈꾸며 실천하는 모든 분에게 꼭 읽혀지기를 기대하며 강력히 추천한다. 필자부터 신학교의 강의 교재로 채택하고 싶은 심정이 굴뚝 같다. 아무쪼록 이 책으로 인해 주춤거리는 한국 교회 선교가 새로운 활로를 찾게 되기를 간절히 소망한다.

**홍문수 목사**(신반포교회 담임)

Churches & Missions

교회와 선교

*Churches & Missions*

# 교회와 선교

손창남 지음

죠이선교회 *omf*

# 목차

추천의 글　001

들어가는 글　011

## 1부　경쟁보다는 건전한 협력을

1장 / 체중이 내려가다 : 후원 선교사의 관리 문제　019

2장 / 안디옥 교회의 두 모델 : 교회와 선교 단체의 협력 관계　039

3장 / 킬링필드를 방문하다 : 필드 구조에 대한 이해　055

4장 / 또 하나의 숙제 : 신임 선교사 허입 문제　077

5장 / 1박 2일 : 선교 위원회의 운영　097

## 2부　열매보다는 건강한 나무를

6장 / 코치의 도움 : 선교적 교회 로드맵　117

7장 / 종족 무지 : 미국 방문　141

8장 / 눈을 열어 보게 하소서 : 주변에서 일어나는 변화들　161

9장 / 위대한 일의 작은 시작 : 선교는 모든 성도를 향한 부르심　175

10장 / 관점이 변하다 : 퍼스펙티브스 교육　195

## 3부    지식보다는 작은 실천을

11장 / 동방 박사들이 서쪽으로 간 이유 : 선교적 설교                223

12장 / 마음이 뜨거워지다 : 선교적 성경 읽기                243

13장 / 흩어진 사람들처럼 : 제자도의 재발견                261

14장 / 체질이 바뀌다 : 제자들의 실행                277

나가는 글 297

# 들어가는 글

지난 10년 동안 동원 사역을 하면서 강의나 설교를 위해 많은 교회를 방문했다. 모임을 전후해 담임 목사, 선교 담당 교역자 혹은 선교위원들에게 듣는 이야기에는 공통점이 있었다. 현재 교회에서 진행 중인 선교에 대해 불만은 많은데 딱히 대안이 없는 상황이라는 점이다. 지역 교회가 선교사를 직접 파송할 때 나타나는 어려움, 후원 선교사를 관리하는 어려움, 선교 단체와의 협력에서 오는 어려움에 대한 이야기는 끝이 없었다. 그래서 이런 지역 교회의 고민들을 가이드해 줄 책이 필요하다고 오래전부터 생각했다.

많은 교회가 선교라는 이름으로 무엇을 하는 것(doing)에는 익숙하지만 선교적 체질이 되는 것(being)에는 부족하다. 그러나 무엇을 하는 것(doing)은 체질이나 됨됨이(being)에서 나온다. 지역 교회가 선교적 체질이 되지 않는다면 선교가 제대로 이루어지기는 어렵다.

시중에 '선교적 교회' 혹은 이와 유사한 제목의 책들이 여럿 있지만 이론적이거나 추상적인 내용이 많아, 실제적이고 구체적인 대안을 제시하는 책을 쓰고 싶었다. 이런 이유로 이 책의 부제목도 "건강한 선교를 고민하는 교회들을 위한 가이드북"으로 하기로 했다.

이 책은 3부로 구성되어 있다. 1부 "경쟁보다는 건전한 협력을"에서는 지역 교회와 선교 단체가 서로 경쟁하는 관계가 아니라 협력을 통해 시너지 효과를 이룰 수 있는 관계라는 점을 다루었다. 2부 "열매보다는 건강한 나무를"에서는 무엇을 하는 선교(doing missions)보다 선교적 체질이 되는 것(being missional)이 선행되어야 한다는 점을 다루었다. 3부 "지식보다는 작은 실천을"에서는 아는 것에 머물지 않고 선교적 삶을 살아 내는 것(living out missions)이 중요하다는 내용을 다루었다.

이 책을 쓰는 데 있어서 어떤 형태로 쓸 것인가를 놓고 몇 달 동안을 고민했다. 만약 교과서처럼 쓴다면 내용이 워낙 딱딱해서 독자들이 몇 페이지 넘기지 못하고 책을 덮을 수도 있겠다는 염려가 들었다. 결국 고민 끝에 이 책을 교과서처럼 쓰기보다는 대화체로 쓰는 것이 낫겠다는 결론을 내렸다.

이 책은 가상의 단체와 인물을 통해 지역 교회의 선교와 선교적 교회에 대해 풀어내는 방식으로 진행된다. 열방교회의 선교 위원장으로 섬기는 김상진 장로와 동신복 선교회의 대표인 신정호 선교사 사이에 오가는 이야기가 주를 이루지만 현장감을 주기 위해 국내외 여러

곳에서 일어나는 구체적인 일들을 함께 다루었다.

 가상 현실을 설정하긴 했지만, 이 책에 나오는 이야기들은 대부분 필자가 실제로 경험한 이야기들이다. 다만 실명을 사용하지 못한 것은 그분들에게 일일이 허락받지 못했고, 또 실명이나 실제 지명이 언급되는 것이 그리 유익할 것 같지 않아 가명이나 실제와는 조금 다른 지명을 사용했다.

 이 책을 가장 잘 사용하는 방법은 지역 교회의 선교 위원회에서 함께 읽고 각 장 내용에 대해 구체적으로 토론하는 것이다. 토론을 보다 효과적으로 할 수 있도록 선교적 교회 로드맵의 매뉴얼을 추가적으로 만드는 중이다. 매뉴얼에는 이 책에서 구체적인 제안들이 들어가겠지만 이 책과 함께 사용한다면 큰 효과가 나타날 것이다.

 추천의 글을 써 주신 대흥침례교회 조경호 목사님, 신반포교회 홍문수 목사님, 죠이선교회 대표이며 2016 선교한국 대회 조직 위원장인 김수억 간사님, 위클리프선교회에서 국제 부총재로 섬기는 정민영 선교사님에게 감사를 드린다.

 또한 원고를 읽고 피드백해 주신 분들에게 감사드린다. 늘 필자의 책이 나올 때마다 기꺼이 원고를 읽고 피드백해 주시는 한국 OMF 대표 김승호 선교사님, 위클리프선교회 권성찬 선교사님, 토론토에서 동원 사역을 하는 이규준 선교사님, 미국 댈러스에서 동원 사역을 하는 오정호 선교사님, OMF 이사이신 우상두 장로님, 남서울은혜교회 최종규 목사님, OMF 사무실 최성주 간사님, 장미영 간사님, 염청미 간사님, 송원교회 조미연 집사님에게 감사를 드린다.

무엇보다 바쁜 중에도 삽화와 표지 작업을 해 준 석용욱 화백에게 감사를 전하고, 죠이선교회 출판부의 이성민 간사님의 날카로운 지적이 책을 깔끔하게 만드는 데 큰 역할을 했음도 밝힌다.

졸고를 읽고 편집해서 멋진 책으로 변신하게 해 준 죠이선교회 출판부의 직원들에게 감사를 드리고 싶다. 그리고 언제나 옆에서 격려를 아끼지 않는 아내와 자녀들에게 고마움을 전한다.

# 1부

## "경쟁보다는 건전한 협력을"

1부에서는 지역 교회가 선교를 어떻게 잘할 것인가에 대한 고민(doing missions)을 다루었다. 열정만으로 선교하는 것은 후에 나타날 여러 가지 부작용을 간과할 위험이 있다.

지역 교회들은 선교 단체를 동반자라고 생각할 때도 있지만 때로는 경쟁자라고 생각하는 것 같다. 필자가 방문한 몇몇 교회에서는 선교 단체에 대해 피해 의식을 갖고 있는 경우도 있었다. 선교가 잘 이루어지기 위해서는 특별히 선교지에서 사역하는 선교사의 책무 문제를 지역 교회와 선교 단체가 같은 관점에서 바라보고 실천하기 위해 동역해야 한다.

지역 교회와 선교 단체의 협력은 어제오늘 이야기가 아니다. 2,000년 전에 기록된 사도행전에서도 지역 교회와 선교 단체의 협력 모델이 등장한다. 이런 협력 모델이야말로 오늘날 우리가 본받아야 할 성경적 모델이다.

1부에서는 열방교회 김상진 장로의 고민을 통해 지역 교회가 선교사 파송, 후원, 관리, 돌봄, 선교 위원회 운영 등의 문제를 어떻게 해결하는가를 다루었다. 같은 고민을 하는 지역 교회가 있다면 1부 내용을 통해 실제적인 도움을 받을 수 있을 것이다.

# 1장

## 체증이 내려가다

### 후원 선교사의 관리 문제

8월 하순, 한여름의 더위가 조금 꺾인 듯하지만 태양은 여전히 열기를 쏟아 내고 있었다. 김상진 장로는 에어컨 덕에 시원하던 사무실을 나와서 아스팔트 위에서 올라오는 뜨거움을 온몸으로 느끼며 골목길을 걸었다. 최근 김 장로는 건강을 생각해서 대중교통을 이용해 출퇴근한다. 평소보다 조금 일찍 퇴근한 김 장로는 주일 오후에 있었던 선교 위원회 회의로 머릿속이 복잡해져 있다.

오랜 시간 공무원으로 지낸 김 장로는 원칙대로 일을 처리하는 습관이 몸에 배어 있었다. 그런 그에게 원칙 없이 이루어지는 선교 위원회 일은 불만스러운 점이 많았다. 선교 위원회에서 뭔가 비정상적인 관행이 반복되고 있어 개선하려고 하면 분명하지 않은 이유들이 등장해 늘 방해를 하곤 했다.

김 장로가 출석하는 열방교회는 세워진 지 38년이 되었다. 5년 전에 담임으로 새로 부임한 노충인 목사는 교회를 새롭게 하려고 의욕이 넘쳤다. 김 장로는 그런 담임 목사를 전폭적으로 지지했다. 최근 노 목사가 개혁하려는 것 중 하나는 후원 선교사들에 대한 문제다.

교인들 대부분은 선교를 하는 것이 교회의 사명이라고 생각하여 교회가 선교하는 것에 대해 큰 불만이 없었다. 하지만 최근에 일어난 몇 가지 일로 선교 위원들 사이에서 문제 있는 후원 선교사들을 정리해야 하는 것 아니냐는 이야기가 나오기 시작했다. 문제가 되는 선교사 가정은 셋이었다. 한 가정은 아이들 교육을 위해 선교지를 떠나 대부분 시간을 영어권 나라에서 체류한다는 소문이 들렸다. 또 한 가정은 후원한 지 몇 년이 지났지만 그들을 통해 선교지 소식을 거의 들은 바가 없다. 3년 전까지만 해도 1년에 한두 번 기도 편지를 보냈지만 그마저도 요즘은 오지 않는 상태다. 마지막 한 가정은 1년에도 몇 차례씩 한국을 방문해 자신들이 선교지에서 진행하는 프로젝트를 위해 큰 액수의 돈을 모금해 갔다. 그러나 선교사 가정이 사역하는 현지를 방문한 성도들은 그들의 사역을 보고 많은 실망을 했다.

김 장로도 뭔가 정리가 필요하다는 생각을 하고 있었지만 딱히 어떻게 정리를 해야 할지 모르는 실정이었다. 그러던 중 주일 오후에 있었던 선교 위원회 회의 중에 후원 선교사 정리 문제를 놓고 위원들 사이에서 언쟁이 벌어졌다. 세 선교사 가정 문제를 논의하던 중 이들과 관련 있는 선교 위원들이 선교사들에게 불이익이 돌아갈 것을 염려하여 불쾌한 감정을 여과 없이 표현했던 것이다. 언성만 높아지고 회의는 아무런 결론도 없이 끝나고 말았다.

너무 생각이 많아진 김 장로는 늘 다니던 골목길을 지나 다른 길로 들어서고 말았다. 버스를 타려면 큰길까지 가야 하는데 한 블록 다음 골목으로 들어서는 바람에 늘상 다니던 길을 두고 엉뚱한 골목을 걷게 되었다. 김 장로는 이리 가나 저리 가나 결국 버스 정거장에 도착하는 것은 마찬가지라고 생각하고 걸음을 재촉했다.

맑던 하늘이 갑자기 흐려지기 시작했다. 후두둑 소리와 함께 굵은 빗줄기가 머리 위로 떨어지기 시작했다. 급하게 피할 곳을 찾던 중 김 장로는 바로 앞에 보이는 식당 추녀 아래로 몸을 피했다. 다행히 소나기는 그리 오래 내리지 않았다. 비가 걷히는 것을 보며 다시 발걸음을 옮기려다가 식당 위층을 올려 보게 되었다. 식당 2층에는 사무실이 있었는데 '동신복 선교회'라는 간판이 걸려 있었다. 어디서 들어 본 선교회 이름이었다. 소나기를 피하다가 우연히 만난 선교회 건물! 혹시 하나님의 인도하심이 아닐까 하는 생각으로 잠시 방문해 보기로 했다.

김 장로는 선교회 사무실로 올라가는 2층 계단 통로에 붙어 있는 "동아시아의 신속한 복음화"라고 적힌 간판을 보고 '동신복' 선교회 이름의 의미를 알 수 있었다. 사무실 문을 열고 조심스럽게 안으로 들어갔다. 선교회 사무실 안에는 선교지 상황을 알리는 사진들이 벽에 걸려 있었고, 다섯 명의 간사들이 열심히 일을 하고 있었다. 한쪽 벽에 마련된 서가에는 선교회가 발행하는 책들이 가득했다. 사무실은 차분하지만 생기가 넘치는 분위기였다.

간사 한 명이 김 장로에게 어떻게 오셨느냐고 물었을 때 그는 마땅히 대답할 말을 찾기가 쉽지 않았다. 그래서 혹시 대표님이 계시면 잠깐 인사나 드리려고 왔다고 말했다. 마침 선교회 대표가 사무실 안에 계시다며 안내를 받았다. 대표 사무실은 작지만 깔끔해 보였다.

"저는 열방교회 시무 장로 김상진이라고 합니다. 이곳에서 얼마 떨어지지 않은 곳에 제 개인 사무실이 있습니다. 보통 때는 저 위쪽 골목길로만 다녔는데, 오늘은 딴 생각을 하다가 아래쪽 골목으로 접어들게 되었습니다. 그런데 갑자기 쏟아지는 비를 피하다 우연히 선교회 간판을 보고 이곳에 들어왔습니다."

선교회 대표는 자신을 신정호 선교사라고 소개하며 김 장로를 반갑게 맞아 주었다. 대표실로 안내해 준 간사가 가져다준 차를 마시며 두 사람은 초면이지만 화기애애하게 대화를 나누었다. 분위기가 좋아졌다고 생각한 김 장로는 선교회 대표에게 지역 교회 선교 위원장으로서 갖고 있는 고민을 말하고 싶었다. 하지만 만난 지 얼마 되지 않은 선교회 대표에게 솔직한 고민을 털어놓는 것도 쉬운 일은 아니었다. 김 장로는 에둘러 대화를 시작했다.

"신 대표님, 선교사들과 관련해서 최근에 대두되는 중요한 이슈는 어떤 것들이 있나요?"

신 대표는 최근 선교계에서 거론되는 몇 가지 문제를 김 장로에게 들려주었다. 그 가운데 어떤 것은 쉽게 이해가 되었지만 어떤 내용은 말로만 들어서는 의미를 정확하게 이해할 수 없었다. 김 장로가 신 대표에게서 들은 이야기 가운데 가장 솔깃한 것은 선교사의 책무 문제였다. 김 장로는 이 문제에 대해 조금 더 알고 싶었다.

"대표님, 선교사의 책무 문제란 어떤 내용인가요?"

김 장로는 신 대표가 말하는 선교사의 책무 문제가 혹시 자신이 고민하고 있는 후원 선교사의 관리 문제와 관련이 있을까 싶어 질문을 한 것이다. 신 대표는 김 장로의 질문을 반가워하며 설명을 시작했다.

"선교사들은 선교지에 마음대로 가고 선교지에서 마음대로 돌아오는 것이 아니라 누군가의 관리와 감독하에 선교 사역을 감당해야 한다는 내용입니다."

신 대표의 설명에 김 장로가 의아한 듯한 표정을 지으며 물었다.

"그런 문제라면 당연하게 들리는데, 왜 갑자기 선교사의 책무 문제가 최근에 다시 등장하게 되었나요?"

신 대표는 조금 머뭇거리는 듯하더니 김 장로에게 솔직하게 이야기했다.

"몇 년 전 방콕에서 선교 지도자들이 모여 포럼을 한 적이 있습니다. 며칠 동안 포럼을 하고 있었는데 어느 날 저녁 태국 장로님 한 분이 오셔서 참석자들에게 저녁 식사를 대접해 주셨습니다. 저녁 식사 후에 참석자들이 태국 장로님께 혹시 한국 선교사님에 대해서 어떻게 생각하시는지 말씀해 달라고 부탁을 드렸습니다. 그러자 태국 장로님은 이렇게 이야기를 하셨습니다.

'아, 한국 선교사들이 태국에 와서 고생 많이 하죠. 전도도 많이 하고 불모지에 들어가 교회 개척도 많이 합니다. 하지만 어떤 한국 선교사들은 태국 말도 잘 못하고, 태국 문화도 이해하지 못하고, 태국 사람을 사랑하지 않는 분들도 있어요. 그런데 이런 분들은 누가 한국으로 데리고 가시나요?'

태국 장로님의 말에 저를 포함해 참석자 모두가 큰 충격을 받았습니다. 그래서 다음 해에 열린 포럼에서는 선교사의 책무 문제를 심도 있게 다루었습니다."

신 대표의 말에 김 장로도 충격을 받았다. 선교사의 책무에 대해 듣는 것은 이번이 처음이었다. 하지만 김 장로는 선교사의 책무 문제가 자신이 고민하고 있는 문제와 연관이 있겠다는 생각에 하나님께서 동신복 선교회로 자신을 인도하신 것이 결코 우연은 아니라고 더욱 확신하게 되었다. 김 장로는 선교사의 책무에 대해 좀 더 알고 싶었다.

"그럼 동신복 선교회는 선교사의 책무 문제를 어떻게 해결하나요?"

신 대표는 김 장로의 궁금증을 충분히 이해했다.

"물론 선교사 책무는 여러 분야에서 이야기할 수 있습니다만 가장 중요한 것은 사역적 책무와 재정적 책무입니다. 사역적 책무란 선교사가 자신이 원한다고 해서 사역을 마음대로 하는 것이 아니라 관리와 감독을 받아 가면서 사역하는 것을 의미합니다. 물론 관리와 감독이라는 말 속에는 돌봄도 포함되는 것이지요."

그러면서 신 대표는 동신복 선교회의 핸드북을 김 장로에게 보여 주었다. 핸드북에는 선교사가 이행해야 하는 책무의 내용이 소상히 기술되어 있었다.

김 장로가 보기에 동신복 선교회 핸드북에 기록된 내용들은 모두 새롭고 신선했다. 그중에서도 '선교사의 지위'(member status)라는 부분에서 눈을 떼지 못하는 김 장로에게 신 대표가 말을 걸었다.

"핸드북 가운데 어디에 가장 관심이 가시나요?"

김 장로는 마치 뭔가 몰래 하려다가 들킨 아이처럼 당황했지만 태연하게 대답했다.

"여기에 있는 내용들이 제게는 매우 신선합니다. 그리고 읽어 보니 뭔가 이렇게 하면 제대로 선교를 할 수 있을 것 같은 생각이 듭니다. 그런데 이 부분을 조금 더 자세히 설명해 주실 수 있으신지요?"

"아, 선교사의 지위 부분 말이군요?"

신 대표는 김 장로에게 선교사 지위에 관한 규정을 하나씩 설명해 주었다.

"필드 사역(field assignment)이라는 것은 선교사가 필드에서 구체적으로 선교 사역을 하는 것을 말합니다. 어떤 경우는 필드 서비스(field service)라고도 합니다. 아, 참! 저희 단체에서는 선교지를 '필드'라고 부릅니다. 필드마다 조금씩 다를 수 있지만 일반적으로 저희 선교회에서는 필드에서 지내는 기간을 4년으로 정해 놓고 있습니다. 그리고 그 다음 줄에 나오는 본국 사역(home assignment)이란 필드에서 일정 기간 사역을 마친 뒤 본국으로 돌아와 사역하는 것을 말합니다. 이 기간도 선교사가 처한 상황에 따라서 조금씩 다를 수 있지만 저희 선교회에서는 1년으로 정해 놓고 있습니다."

김 장로는 의아하다는 표정을 지으며 물었다.

"선교사에게 꼭 그런 제약이 필요할까요? 기간을 정하지 않고 선교사들이 각자 알아서 선교지에서 3년이든 5년이든 사역하는 것이 오히려 더 좋지 않을까요? 또, 선교사가 본국에 오지 않고 필드에서 계속 사역을 한다고 해서 문제가 될까요?"

신 대표는 김 장로의 질문에 약간 당황한 듯 보였지만 이내 정색을 하고 대답했다.

"네, 무슨 말씀인지 잘 알겠습니다. 하지만 우리가 모두 연약한 인간임을 인정할 필요가 있습니다. 성도들은 선교사 하면 마치 슈퍼맨 같을 거라고 생각하지만 그렇지 않습니다. 선교사들도 쉼이 필요하고, 건강 체크도 해야 하고, 다시 본국에 와서 정기적인 재적응 훈련도 필요합니다. 더욱이 선교사들 중에 연로하신 부모님이 계시다면 정기적으로 본국으로 돌아와 부모님과 함께 시간을 보내는 것이 필요합니다. 또, 선교사 자녀들에게 본국 사역 기간은 특별히 중요합니다. 자녀들은 대부분 어린 나이에 한국을 떠나기 때문에 모국에서의 경험이 적고 시간이 지날수록 한국인으로서의 정체성이 흔들립니다. 그래서 선교사들은 자녀들과 함께 정기적으로 한국으로 돌아올 필요가 있습니다. 또한 선교사가 필드 사역을 떠나면서 그 사역을 다른 사람에게 얼마 동안 위임하는 것도 중요합니다. 그래야 현지인들도 선교사에 대한 의존성을 줄이는 연습을 할 수 있습니다. 그리고 선교사가 본국 사역을 위해 본국으로 돌아가기 전 필드에서는 선교사의 필드 사역에 대해 평가를 합니다."

김 장로가 약간 걱정스러운 표정을 지으며 다시 물었다.

"선교사를 평가한다고요? 평가라고 하면, 만약 선교사가 잘못하고 있다는 평가를 받으면 사직시킬 수도 있다는 의미인가요?"

신 대표는 진지하지만 평온한 얼굴로 김 장로의 질문에 여유 있게 대답을 했다.

"글쎄요. 한국 문화에서는 평가라는 말이 부정적으로 들릴 때가 많지만 사실 평가라는 말이 그렇게 부정적인 말은 아닙니다. 평가는 다음 사역을 더 잘하기 위해 피드백을 주고받는 중요한 과정이라고 할 수 있습니다."

김 장로는 선교사들에게도 사역과 관련한 엄격한 규정이 있다는 것 자체가 새로웠다. 하기야 공무원들도 복무와 관련하여 명확한 규정이 있다. 하지만 선교사들은 뭔가 하나님께 직접 묻고 결정하기 때문에 이런 규정이 불필요하다고 생각하고 있었다. 그런데 선교사들도 연약한 인간이라는 신 대표의 말에 김 장로도 속으로 깊이 공감했다.

김 장로는 갑자기 머릿속에 본국 사역과 관련된 질문이 떠올랐다.

"보통 선교사님들은 안식년이라고 해서 1년씩 쉬던데, 그럼 동신복선교회에는 그런 안식년 개념이 없나요?"

신 대표는 김 장로의 질문을 기다렸다는 듯이 대답했다.

"네, 저희는 안식년이라는 말을 사용하지 않습니다. 그것은 아주 오래전 선교사들이 본국에 오기 어려울 때, 그리고 선교지 상황이 너무 열악해서 본국에 돌아오면 대부분 시간을 쉼과 회복을 위해 써야 했을 때 사용하던 개념이지요. 엄밀하게 말하면 안식년의 어원은 영어로 '펄러'(Furlough)인데 이것은 군대 용어입니다. 전선에서 지친 군사를 후방이나 가정으로 보내어 몸과 마음을 회복시켜 다시 전선으로 돌아가게 하는 것이지요. 하지만 이제는 선교 상황이 많이 다릅니다. 지리적으로는 여전히 거리감이 있지만 교통이나 통신의 발달로 선교지와 본국이 시간적으로는 매우 가까워졌습니다."

김 장로의 머릿속엔 다시 많은 생각이 떠올랐다. 그렇지 않아도 선교 위원회에서 종종 거론되는 내용이 선교사들이 너무 자주 본국에 온다는 것이었다. 신 대표의 설명이 계속되었다.

"안식년이라는 용어가 일반 직장에 다니면서 일주일 휴가도 갖기 어려운 직장인들에게는 선교사들이 4년 사역하고 나면 1년씩 아무것도 하지 않고 쉴 수 있는 꿈의 직장에 다니는 것처럼 잘못 비춰질 수도 있습니다."

김 장로는 늘 안식년이라는 말만 들어왔기에 본국 사역이라는 말이 여전히 낯설게 느껴졌다.

"그렇다면 안식년과 동신복 선교회가 말하는 본국 사역의 차이는 무엇인가요?"

"본국 사역이라고 말할 때는 선교사가 본국에 온다고 해도 장소만 바뀌었을 뿐이지 여전히 사역을 한다는 뜻입니다. 물론 개인적 필요가 있다면 충분히 시간을 쓸 수 있습니다. 예를 들어 후원이 줄었다면 새로운 후원자를 개발하는 시간도 필요합니다. 그렇다고 해서 본국 사역 기간에 선교사가 자신의 필요만을 채우는 것은 아닙니다. 선교 단체가 하는 여러 가지 사역에 함께 참여하고, 또 사람들에게 선교 사역을 알리는 일도 해야 합니다."

"그러면 본국 사역을 하는 선교사는 쉴 틈이 없겠네요?"

여전히 안식년이라는 개념에 익숙한 김 장로의 질문 속에는 뭔가

석연치 않은 느낌이 있었다.

"아닙니다. 저희 단체에서는 본국 사역으로 돌아오면 반드시 첫 한 달 동안 아무 사역도 하지 않고 쉬도록 하고, 필드로 귀임하기 한 달 전에도 준비 시간을 갖도록 다른 사역도 하지 않게 합니다."

김 장로의 머릿속에 다른 생각이 스쳐 갔다.

"그렇다면 신 대표님처럼 필드 사역을 하지 않고 본국에서만 사역하는 선교사들에 대해서는 어떻게 생각해야 하나요? 그렇지 않아도 저희 교회에서 후원하는 선교사 한 분이 선교부 인사 담당자로 들어온다는 것 때문에 당회에서 말이 많았습니다. 어떤 장로들은 선교사는 선교지에 있어야지 한국에 들어와 있는 사람이 선교사냐고 의문을 제기하기도 했습니다."

신 대표는 이미 그런 질문을 많이 받아 익숙한 듯 웃으며 대답했다.

"선교사라면 당연히 선교지에 있어야겠지요. 하지만 이렇게 생각해 보면 어떨까요? 군인이 총칼을 들고 전선에서 싸우는 것이 당연하지만 군대는 사령부라는 것이 필요하지 않겠습니까. 만약 사령부에서 근무하는 군인은 군인이 아니라고 해서 월급도 주지 않고 필요한 보급을 끊어 버린다면 어떤 일이 벌어질까요? 전선은 무사할까요?"

김 장로는 무릎을 치고 싶었다. 자기가 공무원으로 일하던 시절에도 현장에서 뛰는 공무원들은 고생하지만 본청에 들어와 일하는 것은 한직이라고 생각해 사람들이 꺼렸던 것이 기억이 났다. 하지만 본부가 제대로 운영되지 않는다면 일선에서 근무하는 사람들이 제대로 일을 할 수 없다는 것을 경험해 본 사람은 다 알고 있다.

김 장로는 신 대표에게 다른 항목에 대해서도 물어보고 싶었다.

"그렇다면 휴직(leave of absence)은 어떤 경우에 해당되나요? 일반 직장에서 하는 것과 같은 그런 개념의 휴직인가요?"

신 대표는 고개를 끄덕이며 말했다.

"네, 그렇습니다. 선교사를 직업이라고 부르는 것에 대해 부담스러워하는 분들도 있지만 일반 직업과 비슷한 면도 많습니다. 선교사 대부분이 후원을 받는다는 면에서 일반 직장과는 물론 다르지만 선교사들이 사역하고 자신이 한 사역에 대해 책임 있는 자세를 가져야 한다는 면에서는 마찬가지라고 할 수 있습니다."

"그렇다면 그 아래에 있는 병가(compassionate leave of absence)라는 말도 일반 직장에서 생각하는 내용과 유사한가요?"

"그렇습니다. 선교사가 만약 몸이 아파서 필드 사역이든 본국 사역을 하지 못하는 경우 저희는 병가를 드립니다."

"그럼 여기 아래에 있는 학업을 위한 휴직(study leave of absence)은 무엇을 말하나요?"

"선교사들에게도 자신의 사역을 위해 공부가 필요한 경우가 있겠지요. 그럴 경우 필드와 홈의 결정에 의해 공부하도록 허락합니다. 그럴 경우는 필드 사역도 아니고 휴직도 아니기에 '학업을 위한 휴직'이라는 용어를 사용합니다."

"아니, 공부는 선교사들이 알아서 하는 것 아닌가요?"

"아닙니다. 선교사가 공부하는 것이 필요하다고 해서 개인적으로 결정하는 것은 아까 말한 책무를 제대로 하는 것이 아닙니다. 리더들이 그 선교사에게 공부하는 것이 필요하다고 인정해야 하는 것입니다."

김 장로는 후원 선교사 중에 공부하는 문제로 파송 교회와 갈등을 빚은 선교사가 생각났다. 신 대표는 김 장로가 속으로 생각하는 것을 눈치라도 챈 듯이 조심스럽게 말을 이어 갔다.

"선교회에서도 선교사들이 공부하는 문제를 다루는 것이 쉬운 일은 아닙니다. 공부하는 문제에 있어서 리더들이 내린 결정이 불만스러워 사직을 하는 선교사도 있습니다."

김 장로는 신 대표가 그렇게 말하면서 얼굴이 어두워지는 것을 보며 선교사들이 공부하는 문제를 다루느라 신 대표가 고생을 많이 했을 것 같다는 추측을 해 보았다.

책무와 관련한 질문이 아직도 많이 남아 있는 듯 김 장로가 질문을 이어 갔다.

"그런데 아까 대표님이 사역적 책무 외에도 다른 책무에 대해 이야기하신 것 같은데. 그게 무엇이었지요?"

"아, 재정적 책무요?"

"네, 재정적 책무란 어떤 것을 말하는 건가요?"

"선교사들은 후원하는 교회와 성도들에게 재정적으로 투명할 필요가 있겠지요. 재정적 책무란 선교 후원금이 어떻게 들어오고 그 후원금이 어떻게 사용되는지에 대한 관리 감독받는 것을 말합니다."

"아, 선교사님들에게도 그런 개념이 있습니까?"

"그럼요!"

"열왕기하 어디엔가 어떤 왕이 성전 공사할 때 공사하는 사람들을 믿기에 회계를 하지 않았다고 하는 내용의 설교를 들은 적이 있는데 선교사들의 재정에 관해서는 그렇게 믿어야 하는 것은 아닐까요?"

"그것은 맞습니다. 열왕기하 12장 14-15절에는 '(왕이) 그 은을 일하는 자에게 주어 그것으로 여호와의 성전을 수리하게 하였으며 또 그 은을 받아 일꾼에게 주는 사람들과 회계하지 아니하였으니 이는 그들이 성실히 일을 하였음이라'라는 구절이 있습니다. 하지만 그것은 일반적인 재정 원리라기보다 당시에 왕이 얼마나 공사하는 사람들을 신뢰했는가에 관한 이야기라고 할 수 있습니다. 일반적인 원리는 우리가 사역적 책무를 이야기할 때 말했던 것처럼 재정 문제에 대해서도 선교사들이 잘못할 수 있다는 전제를 하는 것입니다."

"네? 선교사님들도 재정 문제에 있어 잘못할 수 있다고요?"

신 대표는 웃으며 김 장로에게 되물었다.

"장로님들은 잘못할 수 없나요?"

신 대표의 도발적인 질문에 김 장로의 머리가 갑자기 복잡해졌지만 수긍할 수밖에 없었다.

그러는 사이에 신 대표의 이야기가 계속되었다.

"재정적 책무가 비단 선교사만의 문제는 아닐 것입니다. 교회를 포함한 일반 기독교 기관에서 일하는 모든 전임 사역자에게 적용되는 기준이라고 생각됩니다. 사역자는 하나님이 부르셨기에 재정적 책무란 하나님께만 있는 것이고 따라서 사역자가 쓰는 돈에 대해서 묻지 말라는 것은 바른 자세가 아닙니다."

신 대표의 말은 부드러웠지만 매우 단호해서 김 장로는 마치 한 대 얻어맞는 것 같은 기분이었다.

"그렇다면 구체적으로 선교사의 재정적 책무는 어떻게 실행되고 있나요?"

신 대표는 김 장로가 선교사의 재정적 책무에 대해 구체적으로 알고 싶어하는 열정에 감동되었다.

"네, 저희 단체 선교사들은 개인 통장으로 후원금을 받는 것이 금지되어 있습니다. 모든 후원금은 선교 본부로 보내고 본부는 후원금을 받았다는 사실을 후원자들에게 알립니다. 본부는 후원금을 필드로 보내고 필드에 있는 센터에서는 선교사들에게 후원금을 전달하면서 선교사들이 어떻게 재정을 사용하는지 관리 감독합니다."

김 장로는 고개를 끄덕이면서도 선교사의 재정적 책무에 대해 여전히 풀리지 않는 질문들이 많았다.

"그러면 후원금에 대해서만 관리 감독을 하시는 거지요?"

신 대표는 김 장로의 질문이 얼른 이해되지 않았다.

"무슨 말씀이신가요?"

"제 말은, 후원금 이외에 선교사가 돈을 버는 경우도 있을 수 있지 않습니까? 예를 들어 요즘은 전문인 선교사도 많다고 들었는데 선교지에서 선교사들이 직업을 통해 수입이 생길 때는 후원금이 아니니, 그 부분까지 관리 감독을 받는 것은 아니지요?"

신 대표는 그제야 이해했다는 듯이 웃으며 말했다.

"아, 그럴 경우도 당연히 보고해야 합니다. 선교 후원금이 아니라 자신의 직업과 관련해서 얻는 소득에 대해서도 보고하는 것이 선교사의 재정적 책무입니다."

김 장로는 선교지에서 소득이 생긴 것을 보고해야 한다는 사실에 놀랐다. 그렇지 않아도 김 장로는 자기 친구 중에 선교지로 떠난 의사가 있어서 개인적으로 후원을 하고 있었다. 하지만 나중에 들어보니 그 친구가 현지에서 클리닉을 운영하여 돈을 벌고 있다는 이야기를 듣고 혼란스러워하던 차였다.

신 대표는 웃으며 말했다.

"저희처럼 본국에서 사역하는 선교사의 경우도 강사료 등의 수입이 생기면 본부에 보고하게 되어 있습니다."

김 장로는 깜짝 놀라 다시 물었다.

"그럼 그 돈은 모두 선교회 재정으로 들어가나요?"

김 장로가 갑자기 어린아이같이 순진한 얼굴로 질문을 하는 바람에 신 대표는 절제하지 못하고 웃고 말았다.

"꼭 그렇지는 않습니다. 만약 제 후원 모금액이 부족하다면 제일 먼저 후원 목표액을 채우게 됩니다. 하지만 이미 후원 모금액이 충분하다면 제 개인 사역을 위해 사용할 수도 있습니다. 예를 들어 제가 사역을 위해 새 노트북이 필요하다면 제가 받은 강사료를 노트북을 구입하는 데에 사용할 수 있습니다. 하지만 필요가 이미 다 채워졌다면 다른 선교사님들과 나누기도 하고 본부의 필요를 위해 사용하기도 합니다. 중요한 것은 이 모든 것이 투명하게 이루어진다는 점입니다."

김 장로가 매우 중요한 것을 깨달았다는 듯이 말했다.

"이런 재정적 책무에 대해서는 처음 듣습니다."

신 대표가 이해한다는 듯이 고개를 끄덕였다.

"후원 관리 문제보다 더 중요한 것은 재정에 대한 원리나 자세라고 생각합니다. 저희 단체는 시작 당시부터 재정적 책무를 이행하는 것을 매우 중요한 원리로 지켜 오고 있습니다."

김 장로는 시계를 보고 깜짝 놀랐다. 대화를 시작하고 벌써 두 시간이 지나 시계는 6시를 가리키고 있었다. 대화가 얼마나 유익했던지 신 대표와 대화를 나누는 동안 김 장로는 시간 가는 줄을 몰랐다. 선교회 건물을 나오는 김 장로는 오랜 체증이 풀리는 것 같았다. 길을 잘못 들어선 것, 갑자기 쏟아지는 소나기를 피하기 위해서 우연히 들어갔던 건물에서 동신복 선교회를 발견한 것, 그리고 사무실에서 선교사의 책무에 대해 소상하게 설명해 주던 선교회 대표와의 만남과 대화가 결코 우연이 아니라 하나님께서 자신의 기도에 응답해 주신 것이 확실했다.

신 대표를 만난 이후, 김 장로는 직장에서 퇴근하고 집에 돌아오면 주일에 선교 위원들에게 발표할 내용을 준비하느라 분주했다. 저녁

밥만 먹으면 작은 서재에 들어가 뭔가를 열심히 준비하는 김 장로의 모습이 아내는 낯설게 느껴졌다.

드디어 주일 예배를 마치고 선교 위원회가 다시 모였다. 김 장로는 동신복 선교회를 방문한 이야기, 신 대표에게 들은 이야기를 중심으로 선교사 책무에 대한 이야기를 들려주었다.

늘 호기심이 많은 박우숙 권사가 손을 들고 질문했다.

"장로님, 아직도 혼란스러운 부분이 있어요. 지난번 어떤 강사님이 와서 우리 모두 선교사라고 하셨잖아요. 그럼 우리도 책무를 이행한 다는 뜻인가요? 선교사의 책무 문제를 우리가 쉽게 이해할 수 있도록 예를 들어 설명해 주시면 좋겠네요."

김 장로는 박 권사의 질문이 고마웠다.

"그러면 이렇게 설명을 드려 볼까요? 선교사 책무와 관련해서, 파송받은 선교사와 우리처럼 선교사는 아니지만 선교하는 사람을 요리사와 요리사는 아니지만 요리하는 사람으로 비유할 수 있을 것입니다. 요리사 자격증이 없이도 누구나 요리할 수 있습니다. 하지만 요리사라는 자격이 주어지면 일반 사람과는 다른 책무를 가집니다. 만약 요리사 자격증이 없는 일반 주부가 불량 재료로 음식을 만들어 가족들이 병이 났다고 해도 형사상 책임을 지지는 않습니다. 하지만 요리사 자격을 가진 사람이 음식점을 운영하다가 불량 재료로 음식을 만들어 팔았습니다. 그런데 그 음식을 먹은 사람들이 병이 났다면 그 요리사는 형사상 책임을 피할 수 없습니다. 같은 원리로 후원을 받는 선교사들은 자신을 파송한 교회나 기관의 관리 감독 속에서 사역을 감당해야 합니다."

김 장로는 자기가 이야기를 하고도 선교사 책무에 대한 설명에 스스로 만족해서 어깨에 약간 힘이 들어가는 것을 느꼈다.

책무에 관한 김 장로의 설명을 들은 선교 위원들의 반응은 폭발적이었다. 선교사에게 책무가 있다는 것은 선교 위원들 모두에게 신선한 생각이었다. 모든 선교 위원이 앞으로 후원 선교사들에게 이런 책무를 이행하는지 확인하고 후원 여부를 결정하자고 이구동성으로 말했다. 그리고 동신복 선교회의 신 대표를 초청해 선교 단체와 지역 교회의 관계에 관한 특강을 듣자는 김 장로의 제안에도 모두 긍정적인 반응을 보였다.

그날 저녁 집으로 돌아온 김 장로는 열방을 위한 기도 수첩의 맨 마지막 페이지에 이렇게 적었다.

> "선교사의 사역적, 재정적 책무의 중요성"
> 선교사는 선교지에서 사역할 때 반드시 책무를 이행한다.

## 2장

## 안디옥 교회의 두 모델

교회와 선교 단체의 협력 관계

주일 2부 예배 후, 열방교회 성도들은 교회 식당에 모여 점심 식사를 함께했다. 김 장로는 신 대표에게 강의 전에 교회에서 점심 식사를 함께하자고 제안했다. 신 대표는 김 장로의 제안을 받아들여 약속한 시각에 교회에 도착했다. 식당 안은 성도들로 활기가 넘쳤다. 그 자리에 열방교회 담임 목사인 노충인 목사도 함께했다. 노 목사가 신 대표를 정중하게 환영했다.

"신 대표님, 바쁘실 텐데 이렇게 와 주셔서 감사합니다. 김 장로님에게 동신복 선교회와 신 대표님에 대해 말씀을 들었습니다. 저도 개인적으로 이번 특강에 대해 기대가 큽니다."

신 대표도 노 목사에게 초청해 주어 감사하다는 말로 인사를 하고 함께 식사를 했다.

점심 식사를 마치고 선교 위원들이 속속 강의실에 모였다. 스무 명이 앉으면 꽉 차는 회의실에 일부는 서서 강의를 들어야 할 만큼 특강에 대한 기대가 높았다. 그날 신 대표가 부탁받은 강의 주제는 "선교 단체와 지역 교회의 관계에 관한 성경적 배경"이었다.

신 대표가 앞으로 나오자 참석자들이 박수로 환영했다. 김 장로가 일어나 신 대표를 간단히 소개하고 앉자 강의가 시작되었다.

"말로만 듣던 열방교회에 와서 여러분을 뵙게 되어 기쁩니다. 오늘 저는 여러분과 사도행전에 나타난 지역 교회와 선교 단체와의 관계에 대해 살펴보려고 합니다."

선교 위원들은 사도행전에 선교 단체가 있었다는 신 대표의 말에 모두 의아해하는 표정을 지었다.

"사도행전에서 '선교를 한 사람'이라고 하면 누가 생각나시나요?"

여러 선교 위원들이 "사도 바울"이라고 대답했다.

"네, 사도행전에서 선교를 한 대표적인 사람이 사도 바울이라는 것은 틀림없습니다. 사도행전 13장에서 안디옥 교회가 선교를 위해 금식하며 바나바와 사울에게 위임한 일을 기억하시죠? 그 부분만 읽으면 마치 안디옥 교회가 처음으로 바나바와 바울을 선교사로 보낸 것처럼 보입니다. 하지만 사도행전을 자세히 살펴보면 바나바나 바울 외에도 선교를 한 사람들이 나옵니다."

참석자들 가운데 몇 명이 웅성거렸다. 사도행전에 바나바와 바울 외에 선교를 한 사람들이 있다는 것을 처음 들어 보는 분위기였다. 신 대표는 침착하게 강의를 이어 갔다.

"그 사람들이 어떤 사람들인지 이해하기 위해 사도행전 11장에 나오는 이야기를 살펴볼 필요가 있습니다. 우선 19절을 보겠습니다. '그

때에 스데반의 일로 일어난 환난으로 말미암아 흩어진 자들이 베니게와 구브로와 안디옥까지 이르러 유대인에게만 말씀을 전하는데'라고 쓰여 있습니다. 여기 등장하는 흩어진 자들은 사도행전 7장에 나오는 스데반의 순교로 생긴 핍박을 피해 흩어진 자들입니다. 그들이 행한 사역의 결과로 안디옥에서 많은 헬라인이 교회로 들어오게 되었습니다."

신 대표는 이 흩어진 사람들이 사도행전 11장 20절(그중에 구브로와 구레네 몇 사람이 안디옥에 이르러 헬라인에게도 말하여 주 예수를 전파하니)에서 말하는 안디옥에 이르러 유대인들뿐 아니라 헬라인에게도 '주 예수'를 전하여 할례와 율법과 관계없이 이방인들이 복음을 받아들일 수 있도록 타문화 사역을 감당한 사람들이었음을 자세히 설명해 주었다.

"특히 이 흩어진 사람들이 헬라인들에게 익숙한 '주'라는 단어를 사용해서 예수님을 소개하고 복음을 전한 것을 주목할 필요가 있습니다. 이것을 '상징 빼앗기'(symbol theft)라고 합니다. 상징 빼앗기란 선교사들이 이교도 지역에 들어가 그 지역 사람들이 이미 익숙하게 사용하고 있는 종교적 용어를 차용해서 복음을 설명하는 것을 말합니다. 그렇게 하면 어떤 효과가 나타날까요?"

"그렇게 하면 복음이 현지인들에게 친숙하게 느껴지겠네요."

강의 참석자 중 한 사람이 대답했다.

"네, 그렇습니다. 우리도 그런 용어를 많이 사용하고 있습니다. '기도'와 '제사'라는 단어는 모두 불교, 유교에서 온 단어들입니다. 하지만 우리는 이런 단어들을 가져와서 기독교의 진리를 설명하는 데 사용하고 있습니다. 이런 것을 넓은 의미에서 '상황화'라고 합니다."

흩어진 사람들이 안디옥에 이르러 헬라인들에게 복음을 전한 것이 일종의 상황화 사역이었다는 설명을 듣자 선교 위원들은 흩어진 사람들에 의해 이루어진 타문화 사역이 사도 바울이 한 타문화 사역과 다르지 않다는 것을 이해하게 되었다.

신 대표는 참석자들이 긍정적인 반응을 보이자 강의에 더 힘을 얻는 것 같았다.

"사도행전 11장 22절(예루살렘 교회가 이 사람들의 소문을 듣고 바나바를 안디옥까지 보내니)에는 안디옥에서 예수를 믿게 된 헬라인들의 소문이 예루살렘에 들렸을 때 예루살렘 교회가 바나바를 보냈다고 기록되어 있습니다. 유사한 상황이 사마리아에서도 있었습니다. 사도행전 8장 14절(예루살렘에 있는 사도들이 사마리아도 하나님의 말씀을 받았다 함을 듣고 베드로와 요한을 보내매)에는 사마리아도 복음을 받았다는 소문을 듣고 예루살렘 교회가 베드로와 요한을 사마리아로 보냈다고 기록되어 있습니다. 그런데 안디옥에서 헬라인들이 주님께 돌아왔다는 소식에는 예루살렘 교회가 바나바를 보냅니다. 바나바는 구브로에서 태어난 유대인이었습니다. 바나바와 같은 사람들을 유대인 디아스포라라고 합니다. 우리말로 '해외 동포'라는 뜻입니다. 이 유대인 디아스포라들은 어떤 특징이 있을까요? 너무 어려운 질문인가요? 예를 들어 미국에 있는 한인 동포들은 어떤 특징을 갖고 있나요?"

성격이 급한 강지영 집사가 대답을 했다.

"우리말을 잘 못하겠지요."

강 집사의 대답에 신 대표가 당황하면서 얼른 보완을 하고 나섰다.

"아……, 네. 맞습니다만, 제가 기대한 대답은 영어를 잘한다든지 아니면 서양 문화를 잘 이해할 것 같다는 뭐 이런 대답이었는데…….”
참석자들이 모두 한바탕 웃음을 터뜨렸다.
"사도행전 8장 14절에서 예루살렘 교회가 사마리아에 베드로와 요한을 보낸 것은 이해가 됩니다. 베드로와 요한은 당시 예루살렘 교회에서 최고 리더십을 가진 사도들이었습니다. 그리고 사마리아 사람들은 유대인들과 문화적 뿌리가 같습니다. 그러니 베드로와 요한이 사마리아에 가는 것은 문화적으로 적절했습니다. 하지만 사도행전 11장 20절에 나오는 안디옥의 헬라인들은 사도행전 8장에 등장하는 사마리아 사람들과 전혀 다른 사람들입니다. 그들은 할례를 받지도 않았고, 율법을 지키지도 않는 사람들이었습니다. 만약 철저한 유대인이었던 베드로와 요한이 안디옥에 갔다면 아마도 기독교의 역사가 달라졌을지도 모릅니다.
바나바는 베드로와 요한과는 다른 배경을 갖고 있었습니다. 그는 헬라인들이 살던 곳에서 태어나고 자란 유대인 교포였습니다. 그러니 헬라어도 잘했을 것이고 헬라 문화도 잘 이해했을 것입니다. 바나바는 누가 보아도 예루살렘 교회가 안디옥으로 파송한 선교사라는 것이 타당하겠지요.
바나바가 안디옥에 와서 사역을 한 결과 더 많은 사람이 교회로 들어오게 되었습니다. 그러자 바나바는 다소에 가서 사울을 데려와 안디옥에서 함께 사역을 했습니다. 바나바는 왜 사울을 동역자로 선택했을까요? 사울도 터키 반도 남쪽에 위치한 길리기아 지방의 다소라는 도시에서 태어나고 자란 유대인 디아스포라였기 때문입니다. 그러니 요즘 식으로 표현하면 이중 문화에서 나고 자란 두 사람이 선교사

팀이 되어 안디옥에서 함께 섬겼다고 할 수 있습니다."

신 대표가 제시하는 새로운 시각으로 인해 김 장로의 눈빛은 더욱 빛났다.

"그러던 중 안디옥 교회가 자신들을 섬기던 두 사람을 다시 더 먼 지역에 가서 복음을 전하도록 보내는 것이 사도행전 13장 1-3절(안디옥 교회에 선지자들과 교사들이 있으니 곧 바나바와 니게르라 하는 시므온과 구레네 사람 루기오와 분봉 왕 헤롯의 젖동생 마나엔과 및 사울이라 주를 섬겨 금식할 때에 성령이 이르시되 내가 불러 시키는 일을 위하여 바나바와 사울을 따로 세우라 하시니 이에 금식하며 기도하고 두 사람에게 안수하여 보내니라) 내용입니다. 성도들은 바나바와 바울 같은 사도들만 로마 제국 전체를 돌아다니며 복음을 전한 것처럼 생각합니다. 하지만 사도행전의 기록에 따르면 사도 바울은 수리아, 길리기아, 갈라디아, 아시아, 마게도냐, 아가야에서만 주로 활동했습니다. 하지만 흩어진 사람들은 로마 제국을 두루 다니며 사도 바울보다 더 넓은 지역에서 복음을 전했습니다."

선교 위원들이 신 대표의 강의를 듣고 고개를 끄덕였다.

"그렇다면 흩어진 사람들에 의해 이루어진 선교 사역과 바나바와 바울의 선교 사역은 어떻게 다를까요? 조금 어렵기는 하지만 바나바와 바울의 특별한 점을 '쏘달리티'(sodality)와 '모달리티'(modality)라는 용어로 설명할 수 있습니다. 모달리티란 목양을 중심으로 하는 지역 교회를 말합니다. 쏘달리티는 지역 교회가 아니지만 복음 확산을 위해 활동하는 구조를 말합니다. 생소한 용어라 낯설게 느껴지는 분들이 많겠지만 지난 2,000년 선교 역사를 이해하는 데 많은 도움이 되는 용어입니다. 혹시 여러분 가운데 아직도 이 용어가 혼란스럽다고 생각하시는 분은 쏘달리티를 '쏘다닌다'라고 생각하시면 됩니다."

신 대표의 유머에 좌중은 모두 웃음을 터뜨렸다.

"이건 물론 농담이구요. 쏘달리티는 '선교 구조', 모달리티는 '목회 구조'라고 이해하시면 좋습니다. 같은 '시옷'(ㅅ)으로 시작하는 단어들, 그리고 같은 '미음'(ㅁ)으로 시작하는 단어니까 외우실 때 도움이 될 것 같습니다.

우리가 쏘달리티와 모달리티라는 용어에 대해 생소하게 느끼는 가장 큰 이유는 개신교 안에 쏘달리티 구조가 없기 때문입니다. 초대 교회 안에는 두 구조가 매우 선명했습니다. 예를 들어 사도행전 13장 3절(이에 금식하며 기도하고 두 사람에게 안수하여 보내니라)에서 안디옥 교회가 바나바와 바울을 보내는 것은 교회에 출석하는 평범한 성도를 선교사로 선발해 보내는 것이 아니라 안디옥 교회에서 이미 사역하던 바나바와 바울을 선교사 팀으로 다른 지역에 보낸 것이라고 보는 것이 타당합니다. 그렇다면 안디옥 교회는 목회를 중심으로 하는 모달리티요, 사도 바울 일행은 복음 확산을 위해 일하는 쏘달리티라고 할 수 있습니다.

모달리티인 지역 교회는 회중 구조를 가지고 있어 안정과 성장을 추구합니다. 하지만 쏘달리티는 복음 확산이라는 운동성을 추구합니다. 두 구조는 매우 다른 지향점을 가지고 있어 서로 시너지 효과를 낼 수도 있지만, 잘못하면 긴장이 생길 수도 있습니다."

호기심 많은 박우민 권사가 질문을 했다.

"쏘달리티와 모달리티의 이중적인 교회 구조는 초대 교회 때 처음으로 시작되었나요?"

신 대표는 참석자가 자신의 강의와 관련해 질문한 것을 매우 기뻐하는 표정으로 웃으며 대답했다.

"아주 좋은 질문입니다. 사실 쏘달리티와 모달리티 구조는 초대 교회가 만들었다기보다는 그전에 이미 유대교 구조 안에 있던 모델입니다. 유대인들은 어느 곳에 있든지 성인 남자 열 명이 있는 곳에는 '시너고그'(synagogue)라는 회당을 만들고 그 회당을 중심으로 활동했습니다. 회당의 가장 중요한 기능은 유대인 회중을 돌보는 것이었습니다. 하지만 성경을 자세히 보면 회당이라는 구조 이외에 다른 구조가 회당 주변에 있다는 것을 볼 수 있습니다. 마태복음 23장 15절(화 있을진저 외식하는 서기관들과 바리새인들이여 너희는 교인 한 사람을 얻기 위하여 바다와 육지를 두루 다니다가 생기면 너희보다 배나 더 지옥 자식이 되게 하는도다)에는 서기관들과 바리새인들 같은 전형적인 유대교 리더들이 한 교인을 얻기 위해 바다와 육지를 두루 다녔다고 기록되어 있습니다. 이것이 바로 유대교 안에 있는 쏘달리티의 증거라고 할 수 있습니다."

박 권사가 고개를 끄덕이자 신 대표는 설명을 이어 갔다.

"시간이 지나면서 기독교는 로마 제국과 그 뒤를 잇는 신성 로마 제국의 국교가 되었습니다. 덕분에 가톨릭교회는 매우 안정적으로 운영될 수 있었습니다. 기독교가 국교로 인정된 이후부터 기독교 전파의 방법은 군대를 보내 영토를 확장하고 그곳 주민들에게 세례를 베푸는 것이었습니다. 쏘달리티적인 구조보다는 오히려 모달리적 구조가 더 지배적인 상황이 되었다고 할 수 있겠지요. 하지만 로마 가톨릭교회 내에서도 복음 확산을 위해 일하는 구조들이 있었습니다. 예를 들어 수도회 같은 것이 가장 대표적인 쏘달리티 구조였습니다. 중세 수도회가 복음을 전하기 위해 기울인 노력들은 대단했습니다. 한 예로 '예수회'(Jesuit)는 많은 회원을 라틴 아메리카로 보내 복음을 전했습니다. 혹시 〈미션〉이라는 영화를 보신 분이 계신가요?"

참석자 중 반 이상이 손을 들었다.

"많은 분이 그 영화를 보셨군요. 그 영화에서 나오는 가톨릭 신부들이 예수회 소속 선교사들입니다. 이들은 라틴 아메리카 과라니 족에게 복음을 전했지요. 예수회 소속 선교사들은 아시아까지 와서 복음을 전했습니다. 중국에 왔던 마테오 리치라든지, 일본에 왔던 하비에르라든지…… 이들은 신앙뿐 아니라 서구의 학문과 기술까지 전해 주었지요."

영화 이야기로 강의실 분위기가 조금 산만해지자 신 대표가 긴장하며 강의를 이어 갔다.

"제가 말씀드리려는 포인트는 목회 구조인 모달리티만 교회인 것이 아니라 선교를 담당했던 쏘달리티도 교회의 일부였다는 점입니다. 하지만 개신교는 종교 개혁 과정을 거치면서 쏘달리티에 해당하는 수도회 제도를 가지고 오지 않았습니다. 개신교 교회들은 18세기 말이 되어서야 선교사들을 전 세계에 파송하기 시작했습니다. 그 중심에는 윌리엄 캐리라는 선교사가 있었습니다. 그는 선교 단체야말로 하나님의 위대한 일을 하기 위한 도구라고 설파했습니다. 그의 뒤를 이어 많은 개신교 선교사들이 해외 선교를 위해 앞다투어 선교 단체를 만들었습니다. 윌리엄 캐리로부터 시작된 개신교 선교사들이 처음에는 해안을 중심으로 복음을 전했습니다. 하지만 허드슨 테일러는 중국내지선교회를 만들어, 해안에만 머물지 않고 내지로 들어가 선교하는 시대를 선도했습니다.

하지만 개신교 교회들은 해외 선교 단체에 대한 이해가 많이 부족했습니다. 예를 들어 18세기 말 윌리엄 캐리가 인도로 갈 당시에만 해도 수많은 영국 교회들은 선교 단체를 통해 선교사들을 멀리까지 보내는 것을 이해하지 못했습니다. 심지어 어떤 목사는 윌리엄 캐리가 인도에 가서 복음을 전해야 한다고 말하는 것을 듣고 호통을 치면서 '젊은이 앉게나, 하나님은 전능하셔서 자네가 가지 않아도 이방인들을 얼마든지 구원시킬 수 있어!'라고 말했다는 유명한 일화가 있습니다. 개신교 신학이 하나님의 주권을 극단적으로 해석한 나머지 우리가 선교지에 가지 않아도 하나님은 이민족들에게 복음을 전할 수 있다는 주장이 설득력을 얻고 있었습니다. 하지만 우리가 가지 않는다면 복음을 한 번도 들어 본 적이 없는 사람들이 복음을 듣는 것은 불가능합니다. 만약 우리가 가지 않아도 사람들이 복음을 들을 수 있다면 주님께서 이 세상에 오지 않으셨을 것입니다.

선교가 가장 잘 이루어졌을 때는 선교 단체만 선교할 때도 아니었고, 지역 교회만 선교할 때도 아니었습니다. 지역 교회와 선교 단체와 함께 선교할 때였습니다. 앞에서 설명한 내용이 너무 복잡하게 들릴지도 모르겠네요. 제가 도형으로 한 번 더 설명해 보겠습니다."

신 대표가 슬라이드를 보여 주며 강의가 이전과는 다른 분위기로 전환되자 참석자들은 여기저기서 스마트폰으로 촬영을 하기도 했다.

두 개의 구성 요소

"첫 번째 그림은 선교 단체가 없는 경우입니다. 어느 지역 교회가 선교사를 직접 선교지에 보내어 현지 교회와 사역을 하든지 아니면 새롭게 교회를 개척하는 경우를 말합니다. 하지만 이렇게 된다면 선교사의 책무 확인은 어렵습니다. 책무를 제대로 확인하기 위해서는 현지 구조에 익숙한 선교 단체와 협력하는 것이 중요합니다.

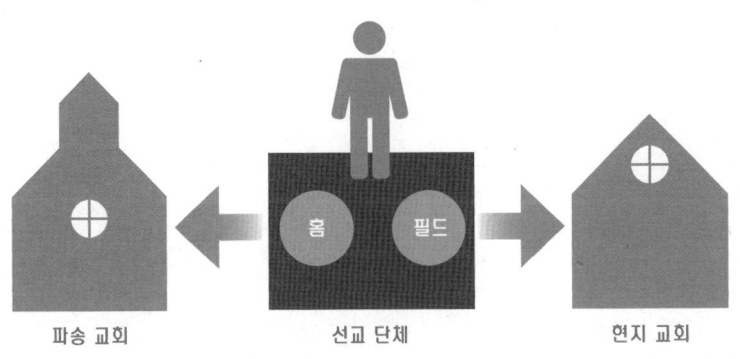

불완전한 협력 관계의 네 개의 구성 요소

두 번째 그림은 선교 단체와 선교사가 연계되어 있는 것입니다. 그런데 선교 단체가 다시 두 구조로 나누어집니다. 본국 쪽에 있는 '홈'이라는 구조와 현지 쪽에 있는 '필드'라는 구조입니다. 따라서 첫 번째 그림에 있는 파송 교회와 현지 교회에 선교 단체 안에 있는 두 구조, 즉 '홈'과 '필드'를 포함시키면 그림처럼 네 개의 구성 요소가 됩니다. 두 번째 그림의 문제는 선교사와 선교 단체와의 관계입니다.

저는 이런 관계를 '불완전한 협력 관계'라고 말씀드리고 싶습니다. 비록 선교사가 선교 단체와 동역한다고 하지만 선교 단체에 그저 발만 담그는 정도로 있다면 책무의 이행이 제대로 되지 않아 결국은 처음의 그림처럼 됩니다. 그렇다면 우리가 앞에서 설명한 쏘달리티와 모달리티의 협력 관계는 사라지고 마는 것이지요. 그래서 다음 그림에 보여 드리는 것처럼 선교사는 선교 단체의 일원으로 책무를 성실하게 이행해야 합니다. 그것이 선교사를 파송한 본국 교회의 입장에서든, 혹은 현지 교회의 입장에서든 유익하다고 생각합니다.

건강한 협력 관계의 네 개의 구성 요소

문제는 선교사가 선교 단체에 깊이 뿌리를 내리지 못하면 본국의 파송 교회와 필드의 현지 교회 사이의 관계만을 강화하고 그 결과로 선교 단체의 역할은 줄어들거나 결국 없어질 수 있습니다. 하지만 우리가 앞에서 이야기한 것처럼 선교 역사 속에서 모달리티와 쏘달리티의 협력 관계가 좋을 때 복음의 진보를 경험했습니다. 그래서 저는 지역 교회와 선교 단체 사이의 건강한 협력 관계가 지속되어야 한다고 생각합니다."

강의를 마치자 참석자들에게서 박수가 터져 나왔다. 열방교회 선교 위원들을 위한 특강은 성공적이었다. 신 대표의 강의는 선교 위원들에게 몇 가지 중요한 점을 분명하게 해 주었다. 그동안 선교는 교회가 한다는 확신에서 선교 단체와의 협력에 소극적이었던 선교 위원들에게 초대 교회 때부터 교회와 선교 단체가 협력해 왔다는 것을 알게 해 준 것이 큰 수확이었다. 또한 교회 역사와 선교 역사를 자세히 공부한 것은 아니지만 교회 역사를 볼 때 교회와 선교 단체 사이에 협력이 있었다는 사실, 그럴 때 선교의 놀라운 진보가 있었다는 사실을 알게 되었다. 선교사가 선교 단체를 통해 선교지에 간다고 해서 문제가 해결되는 것이 아니라 선교 단체와의 관계가 공고해야 책무를 물을 수 있다는 것에 대해서도 분명하게 인식되었다.

특강이 끝나고도 몇몇 선교 위원은 신 대표에게 와서 자신들이 그동안 가지고 있던 궁금한 점들에 대해 묻기도 하고 강의와 관련해서 자신들의 소감을 나누기도 했다. 몇몇 선교 위원은 신 대표에게 예정에 없던 저녁 식사를 함께하자고 제안했다. 열방교회에서 이런 경우는 매우 이례적이었다.

저녁 식사를 하면서 선교 위원들은 신 대표에 대해 개인적인 질문을 많이 했다. 식사 자리에 함께한 사람들은 신 대표가 목사가 아니라는 점에 놀랐다. 열방교회가 후원하는 선교사들 대부분은 목사였다. 그래서 신 대표가 목사가 아니면서 선교 사역을 한 것에 대해 더 많은 관심을 보였다.

신 대표는 자신이 선교지로 가기 전 한국에서 경영학을 강의했다는 것, 자신의 생애 목표가 경영학 교수가 되는 것이 아니라 인도네시아 선교사가 되는 것이었다는 등의 이야기를 선교 위원들에게 들려주었다. 함께 저녁 식사를 하던 선교 위원들은 신 대표가 선교지에서 자신의 직업을 가지고 선교 사역을 했다는 사실에 더욱 관심을 가졌다.

이런 광경을 지켜보는 김 장로의 입가에 계속 미소가 떠올랐다. 전에는 선교 위원회 분위기가 이처럼 화기애애하지 않았다. 서로 다른 의견을 두고 언성이 높아지는 경우도 종종 있었다. 몇 달 전 선교 위원 가운데 한 사람이 회의를 마치고 나오면서 한 말을 김 장로는 기억하고 있었다.

"우리 교회 선교 위원회는 마치 사사 시대 같아."

사사 시대에 왕이 없으므로 각자의 소견에 좋은 대로 행하였다는 성경의 기록처럼 전에는 선교 위원회 회의 때 원칙 없이 각자가 자기의 이야기를 하는 경우가 많았다. 하지만 신 대표의 특강을 듣고 선교 위원들의 생각이나 태도에 이제 뭔가 변화가 일어날 것 같은 예감이 들었다.

김 장로는 집에 돌아와 잠자리에 들기 전 특강을 잘 마친 것에 대해서 하나님께 감사 기도를 드렸다. 동신복 선교회를 알게 된 것, 신 대표와 대화를 하면서 선교사 책무에 대해서 알게 된 것, 특강을 통해 지역 교회와 선교 단체가 하나님 나라를 위해 함께 일해야 함을 알게 된 것, 무엇보다 선교 위원들의 태도가 변한 것에 대해 감사드렸다.

김 장로는 열방 기도 수첩을 꺼내 맨 마지막 장에 이렇게 기록했다.

> "쏘달리티와 모달리티, 혹은 선교 구조와 목회 구조의 협력"
> 2,000년 교회 역사 속에서 선교 구조와 목회 구조가 시너지 효과를 낼 때 선교가 가장 활발하게 이루어졌다.

# 3장
## 킬링필드를 방문하다
필드 구조에 대한 이해

　10월이 되자, 김 장로의 회사 사무실로 들어가는 골목길은 화사한 단풍으로 옷을 갈아입기 시작했다. 김 장로는 오랜만에 신 대표에게 안부 전화를 걸었다가 신 대표가 곧 캄보디아 필드를 방문한다는 사실을 알게 되었다. 김 장로는 그렇지 않아도 선교사 책무와 관련해서 여러 가지를 배우던 터라 선교사의 책무 문제가 실제 현장에서는 어떻게 이루어지는지를 확인하고 싶었다. 더욱이 캄보디아라면 김 장로가 젊은 시절에 본 영화 〈킬링필드〉를 통해 알게 된 나라라 언젠가 꼭 한 번 가고 싶었다. 그래서 김 장로는 신 대표에게 자신도 동행할 수 있는지 여부를 물어보았다. 신 대표는 김 장로의 동행을 어렵지 않게 허락해 주었다.
　캄보디아 프놈펜 공항에 한국 선교사 내외가 허름한 차를 가지고 나와 신 대표와 김 장로를 맞았다. 신 대표는 마중을 나온 공철운 선교사 부부에게 김 장로를 소개했다. 공항에서 숙소인 동신복 선교회의 캄보디아 필드 센터로 직행했다. 한국은 가을이 한창이었지만 캄보디아는 푹푹 찌는 한여름이었다.

프놈펜 도심에 위치한 캄보디아 필드 센터는 캄보디아 전통 건축 양식과 서양식 건축의 기능이 잘 조화를 이룬 3층 건물로, 1층은 사무실과 식당 및 신임 선교사들이 현지 언어를 배우는 장소로, 2층과 3층은 게스트 하우스로 사용하고 있었다.

김 장로는 짐을 정리하고 저녁 식사가 준비된 1층 식당으로 내려갔다. 숙소에 머물던 세 명의 서양 선교사와 공 선교사 부부를 포함해서 모두 일곱 명이 함께 식사를 했다. 세 명의 서양 선교사들은 모두 수도인 프놈펜에서 차로 몇 시간 떨어진 지방에서 지역 개발 사역을 하는 전문인 사역자들이었다. 한 사람은 비자를 연장하기 위해, 또 한 부부는 메디컬 체크를 받기 위해 프놈펜에 왔다고 말했다. 저녁 식사를 하면서 그들의 사역 이야기를 들을 수 있었다.

김 장로와 신 대표는 저녁 식사를 마치고, 공 선교사 내외의 안내를 받아 3층 베란다로 올라갔다. 저녁이 되자 부겐빌레아라는 아름다운 꽃으로 덮인 베란다는 더위가 한풀 꺾여 대화를 나누기에 안성맞춤이었다. 캄보디아 수도라는 느낌이 들지 않는 고즈넉한 분위기에 동네 개들이 가끔 짖는 소리까지 어우러져 평화로운 느낌마저 들었다.

캄보디아 필드에는 한국 선교사 네 가정이 모두 교회 개척 사역을 하고 있었다. 두 가정은 수도 프놈펜에서, 다른 두 가정은 수도에서 꽤 멀리 떨어진 지방에서 교회 개척을 하고 있었다. 모두 다 열악한 환경에서 사역을 하고 있었지만 사역의 열매가 많았다.

동신복 선교회 캄보디아 필드에서는 선교사 자신이 사역지를 결정하지 않고 필드 리더들이 세운 전략에 따라 배치된다고 했다. 심지어 교회를 개척하고 싶은 지역이 있어 초임 선교사가 가려고 해도 선배 선교사의 관리와 돌봄이 없으면 절대로 보내지 않는다는 것도 알게 되었다.

다음 날 숙소에서 맞는 아침은 신선함 그 자체였다. 캄보디아를 생각하면 떠오르는 킬링필드의 흔적은 전혀 보이지 않았다. 센터 3층에서 내려다보이는 가옥들은 싱싱한 야자나무 아래서 붉은 기와를 머리에 얹은 채 단정하게 앉아 있었다. 그 사이로 자전거를 타고 다니는 현지인들의 모습에 생기가 넘쳐 보였다.

김 장로와 신 대표는 아침 식사를 마친 후, 1층 식당 옆 본부 사무실에서 필드 디렉터를 만났다. 영국 출신 필드 디렉터 로빈슨은 웃으며 김 장로와 신 대표를 따뜻하게 맞아 주었다. 필드 디렉터는 캄보디아 지도를 보여 주며 캄보디아 필드가 하는 사역 전체를 일목요연하게 설명해 주었다. 마치 군사 작전을 방불케 하는 계획을 가졌지만 무리하지 않고 교회 개척 사역을 확장하는 모습이 인상적이었다. 필드 디렉터는 자신들이 하는 사역은 캄보디아 내 거점 도시에 교회를 세워 현지 교회들이 다른 지교회를 개척하도록 격려하는 교회 개척 운동을 실천하는 것이라고 설명해 주었다.

필드 디렉터는 특별히 한국 선교사 네 가정이 하는 교회 개척 사역을 높이 평가했다.

 "한국 교회가 선교사들을 캄보디아에 보내 주셔서 얼마나 감사한지 모릅니다. 한국 선교사들은 캄보디아 필드의 비밀 병기입니다."
 필드 디렉터의 말을 제대로 이해하지 못한 김 장로가 필드 디렉터에게 물었다.
 "비밀 병기라는 말이 무슨 뜻인지요?"
 필드 디렉터는 웃으면서 자세히 설명해 주었다.
 "제 말은 한국 선교사들은 교회 개척에 대한 열의가 대단하다는 뜻입니다. 한국 선교사들은 열의만 있는 것이 아니라 구체적으로 사역을 어떻게 해야 하는지를 잘 알고 있는 것 같습니다. 예를 들어 전도, 양육, 교회 일꾼을 세우는 사역이 손에 익어 보입니다."

김 장로는 필드 디렉터에게 한국 선교사들이 교회 개척 사역을 잘 한다는 얘기를 들으니 마치 자신이 칭찬을 듣는 것처럼 기분이 좋아 졌다. 하지만 궁금한 점이 있던 김 장로는 필드 디렉터에게 물었다.

"캄보디아 필드에서 만약 교회가 개척된다면 어느 교파의 교회가 되는 건가요? 장로교 출신의 선교사가 개척한 교회는 장로교, 성결교 출신의 선교사가 개척한 교회는 성결교가 되나요?"

김 장로의 질문에 필드 디렉터는 조금 괴로운 표정을 지으며 대답했다.

"아닙니다. 우리가 하는 교회 개척 목표는 장로교나 성결교를 세우는 것이 아닙니다. 선교사들이 개척한 교회는 모두 캄보디아 교회 연합회라는 교단에 속합니다."

김 장로는 고개를 갸우뚱했다. 그러나 이번에는 신 대표가 김 장로에게 우리말로 보충 설명을 해 주었다.

"한국의 경우 선교사들이 들어와서 감리교 선교사는 감리교회를, 장로교 선교사는 장로교회를 세웠지만 이곳에서는 그렇지 않습니다. 하나의 캄보디아 교단을 만들려고 노력합니다."

김 장로에게 그런 생각은 신선한 충격이었다. 이렇게 교파를 초월해서 사역하는 것이 가능하다는 생각을 하고 있을 때 갑자기 필드 디렉터인 로빈슨 선교사가 김 장로에게 질문을 던졌다.

"그런데 김 장로님께 제가 한 가지 물어봐도 될까요? 왜 한국 선교사들은 교회를 개척하려고 하면 언제나 강대상부터 구입하려고 하는지 모르겠습니다."

김 장로는 필드 디렉터의 질문을 듣고 크게 웃고 말았다. 하지만 그저 웃어넘기기에는 영국인 필드 디렉터의 질문이 너무 진지해서 김 장로는 뭔가 대답해 주어야 할 것만 같았다.

"네, 한국에서는 교회를 개척할 때 강대상이 필수입니다. 제가 현재 출석하는 열방교회를 개척할 때도 마찬가지였습니다. 지금은 원로 목사님이 되셨지만 우리 목사님도 상가에서 처음 교회를 개척할 때, 제일 먼저 구입한 것이 강대상이었습니다. 한국 목사들에게 있어서 강대상은 교회 개척의 상징물이나 마찬가지입니다. 한국에서 교회 개척은 보통 자기 식구들과 함께하는 경우가 많습니다. 예를 들어 목사 부인과 아들딸이 있다면 네 명이 교회를 개척하는 셈인데, 만약 강대상이 없는 곳에서 네 명이 예배를 드린다면 그것은 가족 예배가 됩니다. 하지만 강대상이 있으면 개척 교회가 됩니다."

이런 사실을 모르는 영국 필드 디렉터에게 교회 개척을 시작하는 즉시 강대상을 구입하는 한국 선교사들의 모습이 이상하게 비췄을 것을 생각하니 김 장로는 웃음을 참을 수가 없었다.

필드 디렉터는 김 장로의 설명에 연신 고개를 끄덕였다. 필드 디렉터의 질문 덕분에 진지하던 사무실 분위기가 아주 화기애애해졌다.

점심 식사를 마치고 신 대표는 필드 디렉터와 선교부 일로 공식적인 대화를 나누어야만 해서 그 시간을 이용해 김 장로는 공 선교사가 하는 교회 개척 현장을 방문하기로 했다.

프놈펜이 캄보디아의 수도라고는 하지만 도시의 상태는 말이 아니었다. 제대로 포장이 되지 않은 도로 위를 낡은 자동차들이 먼지를 날리며 달리고 있었다. 재미있는 것은 종종 한국에서 수입한 중고차들이 한글 광고 문구를 단 채 다닌다는 점이었다. 김 장로가 그런 자동차를 보며 공 선교사에게 물었다.

"왜, 한글로 된 광고를 지우지 않는 거지요?"

공 선교사는 웃으며 말했다.

"아, 저래야 진짜 한국에서 수입한 차라는 증거가 된답니다."

김 장로도 따라 웃으며 응답을 했다.

"아, 오리지널이라는 말이군요."

"네, 그런 셈이지요."

김 장로는 비포장도로를 걸으며 프놈펜 거리를 더 자세히 볼 수 있었다. 과거에는 프랑스의 영향으로 '아시아의 파리'라는 말까지 들었던 프놈펜이 크메르 루주의 공산 혁명으로 완전히 망가져 버린 모습에 가슴이 아팠다. 하지만 동시에 그런 상처를 딛고 힘차게 삶을 살아가는 캄보디아 민초들의 모습이 대견해 보였다. 길을 걸으며 공 선교사에게서 들은 이야기 가운데 가장 감격한 것은 1990년대 들어 캄보디아가 아시아에서 기독교 증가율이 가장 빠른 나라라는 사실이었다.

"그런데 공 선교사님은 어떻게 캄보디아로 오게 되셨나요?"

김 장로의 질문에 공 선교사가 수줍어하며 대답했다.

"저는 원래 태국에서 교회 개척을 하려고 기도하고 있었습니다. 태국으로 가기 전 싱가포르에 있는 저희 선교회 국제 본부에서 훈련을 받고 있을 때 갑자기 새로운 제안이 왔습니다. 막 문이 열리기 시작한 캄보디아에서 교회 개척을 해 보겠느냐는 제안이었습니다. 저희 단체에서는 개인 선교사도 하나님의 인도를 받지만 하나님은 리더들을 통해서도 말씀하신다고 믿습니다. 그래서 아내와 함께 하나님의 뜻을 구하기 위해 기도를 다시 했습니다. 놀랍게도 저희 부부 모두 하나님이 캄보디아로 인도하신다는 확신이 들었습니다."

하나님이 리더를 통해서도 말씀하신다는 말이 김 장로에게는 참으로 신선하게 들렸다.

"혹시 리더들의 제안으로 캄보디아에 온 것을 후회한 적은 없나요?"

"아니요! 저희는 하나님께서 이곳에 불러 주신 것을 참으로 감사하게 생각합니다."

공 선교사가 그 말을 할 때 그 눈빛에 진정한 감사가 넘쳐 보였다. 대화를 하는 동안 어느덧 공 선교사가 사역하는 교회에 도착했다. 크지 않은 건물 안에는 캄보디아 청년들과 아이들이 가득했다. 마침 성경 공부반이 열리는데 청년들이 아이들을 모아 성경을 가르치고 있었다. 생기가 넘치는 광경이었다.

공 선교사는 자신이 하는 사역을 김 장로에게 자세히 설명해 주었다. 공 선교사는 교회 개척을 하지만 동시에 동네 아이들에게 공부를 가르치는 일을 병행해 불신자들이 교회에 올 수 있도록 하고 있었다. 무엇보다 김 장로에게 신선했던 것은 공 선교사가 진행하는 교회 개척의 확장 계획이었다. 공 선교사는 현재 교회를 중심으로 반경 한 시간 거리 정도 떨어진 세 지역에 자신의 교회에서 훈련받은 현지인 전도사들을 보내어 교회 개척을 하도록 돕는다고 했다. 공 선교사의 이야기를 들으며 김 장로는 필드 디렉터가 왜 한국 선교사들을 비밀 병기라고 했는지 이해할 수 있을 것 같았다.

둘째 날 아침 식사 자리에서 신 대표가 기분 좋은 얼굴로 김 장로에게 말했다.
"김 장로님, 우리가 정말 좋은 때에 캄보디아에 온 것 같습니다."
김 장로는 그 말뜻을 다 이해하지 못했다.
"무슨 말씀이지요?"
"이렇게 필드 리더들이 한자리에 모이는 경우가 많지 않은데 오늘 오전에 모든 필드 리더가 모이는 회의가 있어서 그들을 모두 만날 수 있다고 하네요. 회의를 잠시 뒤로 미루고 자신들이 하는 일에 대해서 저희에게 자세히 설명해 주기로 했습니다. 이런 기회는 쉽게 오지 않습니다."
김 장로도 필드에서 이루어지는 관리 감독의 현장을 직접 본다는 것에 가슴이 설레었다.
회의실 안에는 여섯 명의 선교사들이 앉아서 신 대표와 김 장로를 기다리고 있었다. 전날 만났던 필드 디렉터가 필드 리더들을 한 명씩 소개해 주었다.
"이분은 인사와 행정을 담당하는 에드 선교사입니다. 그 다음 분은 언어와 문화 오리엔테이션을 담당하는 피오나 선교사입니다. 그 다음 분은 사역 코디네이터를 담당하는 피터 선교사입니다. 그 다음 분은 선교사 자녀 코디네이터인 제니 선교사입니다. 이분은 자녀가 모두 네 명입니다. 선교사 자녀에 대해서 할 말이 많은 분이지요."
제니 선교사는 디렉터의 설명에 웃음으로 화답했다.
"마지막으로 이분은 메디컬 어드바이저로 섬기는 베티 선교사입니다. 베티 선교사는 의사이지만 이곳에서 직접 의료 행위를 하지 않고,

멤버들의 의료에 대한 관리를 해 주고 프놈펜 국립대학교 의과대학에서 강의를 하고 있습니다."

인사와 행정을 담당하는 에드 선교사가 먼저 입을 열었다.

"저는 선교사들의 인사를 담당하고 있습니다. 우리 필드에는 장기 선교사가 서른네 가정이 있고, 단기 선교사가 열 명, 서브 아시아(Serve Asia)라는 프로그램으로 와 있는 초단기 선교사들이 여덟 명이 있습니다. 그리고 단기 선교 여행으로 선교지를 방문하는 팀도 모두 제가 관리를 하고 있습니다. 선교사 숫자로 본다면 캄보디아 필드가 큰 필드는 아니지만, 워낙 역동적이어서 생각보다 할 일이 많습니다. 특별히 장기 선교사들보다 열 명의 단기 선교사와 여덟 명의 초단기 선교사들 관리에 더 비중을 두는 편입니다. 왜냐하면 단기 선교사들이나 초단기 선교사들이 차후에 장기 선교사로 헌신하는 비율이 높기 때문입니다."

"단기 선교사라면 얼마 동안 사역을 하나요?"

김 장로의 질문에 에드 선교사가 대답했다.

"단기 선교사라고 할 때는 1년에서 최장 3년 이내로 섬기는 분들을 말합니다. 초단기라고 하면 1개월 이상 1년 미만의 사역을 하는 경우를 말합니다."

김 장로는 속으로 단기 선교라고 하면 일주일 혹은 열흘 정도 선교지를 방문하는 줄 알았는데, 그보다 더 오랜 기간 사역하는 것을 단기라고 부르는 것에 조금 놀랐다. 하지만 그보다도 단기와 초단기를 구분하는 것이 더 신기했다. 김 장로는 그 차이를 알고 싶어 에드 선교사에게 질문했다.

"단기와 초단기를 굳이 왜 구분하나요?"

그런 질문에 익숙한 듯 에드 선교사가 주저하지 않고 대답했다.

"그렇게 구분하는 이유는 단기 선교사와 초단기 선교사의 돌봄과 관리가 다르기 때문입니다. 단기 선교사들은 거의 장기 선교사에 준하는 관리와 돌봄을 받습니다. 하지만 초단기 선교사의 경우는 그런 원칙을 적용하지 않습니다. 예를 들어 단기 선교사는 언어 훈련에 많은 시간을 할애합니다. 하지만 초단기 선교사들은 현지 언어를 그다지 강조하지 않습니다. 그저 생존 수준의 언어만 하면 됩니다. 초단기 선교사들은 대부분 현지어보다는 영어를 사용하여 사역합니다. 그래서 초단기 선교사는 사역에 있어서도 제한적인 참여를 합니다. 아마 그 부분은 언어와 문화 오리엔테이션을 담당하는 피오나 선교사가 더 자세히 설명할 거라고 생각합니다."

그 말이 떨어지기가 무섭게 피오나 선교사가 김 장로에게 대답을 해 주었다.

"저희 필드에서는 '에스아이엘'(SIL, Summer Institute of Linguistics)이라는 곳에서 출간한 '램프'(LAMP, Language Acquisition Made Practical)라는 책에 나와 있는 '외국어 사용 레벨'에 준해 현지어 사용 레벨을 구분합니다. 장기 선교사의 경우, 저희는 레벨 3의 현지어 사용을 요구합니다. 하지만 단기 선교사는 레벨 2만 요구합니다. 초단기의 경우는 레벨 1을 요구합니다. 레벨 3은 자기 생각을 다른 사람에게 전달할 수 있는 언어 수준을 의미합니다. 그러니까 설교도 하고, 전도도 하고, 성경을 가르치는 것이 가능한 수준이지요. 레벨 2는 현지 회사에서 근무할 수 있는 수준입니다. 업무 지시를 받고 지시를 내리고 할 수 있는 수준입니다. 레벨 1은 생존 언어 수준입니다. 대중교통수단을 이용하고 시장에 가서 물건 값을 흥정하고 돈을 제대로 거슬러 받을 수 있고, 식당에 가면 자기가 먹고 싶은 음식을 주문할 수 있는 수준을 말합니다."

김 장로는 그런 언어 레벨이 있다는 것을 처음 알았다. 속으로 자신이 현재 사용하고 있는 영어는 어느 레벨쯤 될까 궁금하기까지 했다. 하지만 더 궁금한 것이 있었다.

"그럼 만약 장기 선교사가 레벨 3의 현지어를 구사하지 못하면 어떻게 됩니까?"

김 장로의 갑작스러운 질문에 피오나 선교사가 당황하지 않고 웃으며 대답했다.

"좋은 질문이시네요. 죄송하지만 그런 장기 선교사는 본국 사역을 마치고 필드로 다시 귀임할 수 없습니다."

김 장로는 피오나 선교사의 대답에 더 놀랐다. '아, 이렇게 관리가 이루어지는 것이구나!' 그전까지 김 장로는 이처럼 현지어 관리가 이루어진다는 이야기를 들어 본 적이 없었다.

피오나 선교사는 잠시 뭔가를 생각하고 있는 김 장로에게 조금 더 자세한 설명을 해 주었다.

"모든 선교사는 첫 임기 4년 동안 다른 어떤 것보다 언어 습득을 위해 많은 시간을 보냅니다. 그리고 예외 없이 본국 사역을 떠나기 6개월 전에 언어 테스트를 합니다. 그 테스트를 통해 레벨 3에 도달했다는 것이 증명되어야 합니다. 그렇지 않으면 본국 사역으로 떠나는 시간을 늦춰서라도 필드에서 현지어를 더 배우도록 기회를 줍니다. 하지만 그렇게 노력할 기회를 주었는데도 레벨 3이 되지 않으면 미안하지만 본국 사역을 떠나는 선교사에게 필드로 돌아오지 말라고 말해 주어야 합니다."

김 장로가 놀란 표정으로 물었다.

"아, 그래서 다시 못 돌아온 선교사도 있나요?"

피오나 선교사가 조금 슬픈 표정을 지으며 대답했다.

"불행하게도 그런 선교사가 우리 필드에서 벌써 두 가정이나 나왔습니다. 안타깝지만 선교사들을 엄격하게 관리해야만 필드에서 사역을 제대로 할 수 있다고 저희는 믿습니다."

사역 코디네이터를 맡은 피터 선교사가 설명을 이어 갔다.

"저는 전체 선교사를 몇 개의 팀으로 나누어 사역을 잘하도록 돕는 역할을 합니다. 그 가운데는 팀 사역을 잘하는 경우도 있지만 쉽지 않은 팀들도 있습니다. 참고로 저희는 모두 국제 팀으로 일합니다."

김 장로는 다시 의문이 들었다.

"왜, 꼭 국제 팀으로 일합니까?"

피터 선교사가 다부진 어투로 설명했다.

"같은 국적을 가진 사람들끼리 사역하는 것의 장점이 없는 것은 아닙니다. 동일한 언어와 문화를 갖는 사람들끼리 사역할 때 더 효과적일 수 있습니다. 하지만 국제 팀으로 일하면 장점이 더 많습니다. 국제 팀으로 일하면 서로가 서로에게 더 많은 것을 배웁니다. 물론 문화적 차이로 어려움이 발생하지만 그것이 우리의 경험을 더 풍부하게 만들어 준다고 믿습니다. 더욱이 현지인들은 우리가 그리스도 안에서 문화와 언어를 초월해 일하는 것을 보고 우리가 그리스도 안에서 하나라는 메시지를 실감하게 됩니다.

어떤 팀들에게는 사역을 위한 여러 가지 훈련 프로그램을 제공해 주기도 합니다. 물론 국제 팀 안에서 서로가 가진 장점들을 통해 서로 서로 배우기도 합니다. 예를 들면 교회 개척의 경험이 없는 팀원들에게 한국 선교사님들이 자신들의 경험을 나누기도 하지요."

이어서 선교사 자녀 문제를 담당하고 있는 제니 선교사가 입을 열었다.

"선교사 자녀 문제는 매우 독특합니다. 선교사 자녀들은 부모가 가지고 있는 모국 문화도 낯설고, 자신들이 살고 있는 현지 문화도 낯선 이방인입니다. 그래서 우리 단체에서는 선교사 자녀를 뜻하는 'MK'(Missionary Kids)라는 용어 대신 '제3 문화 아이'라는 의미의 'TCK'(Third Culture Kids)라는 용어를 사용합니다."

김 장로는 선교사 자녀 코디네이터의 설명을 들으며 처음으로 TCK라는 개념이 꼭 필요하다는 생각을 하게 되었다. 외교관으로 해외에서 오랫동안 지내던 친구 자녀가 본국에 돌아와 학교에서 제대로 적응하지 못하고 고생한다는 이야기를 들은 적이 있었다. 그래서 MK라는 용어보다 TCK라는 용어를 사용하는 것에 동의가 되었다. 제니 선교사의 설명이 이어졌다.

"저는 홈스쿨링을 포함하여 학교 교육과 관련된 여러 가지 정보를 선교사들에게 제공하기도 하고, 대학 진학을 위해 어떤 준비를 해야 하는지 등의 도움을 주는 일을 합니다. 하지만 학교 교육보다 더 중요한 것은 선교사 자녀들의 정체성 문제를 돕는 것입니다. 예를 들어 한국 선교사 자녀들이 캄보디아에 오래 살다 보면 자신이 한국 사람이라는 정체성에 혼란을 겪을 수 있습니다. 어릴 때 민족적 정체성 문제를 제대로 해결하지 못하면 십 대를 지나면서 더 큰 혼란을 겪습니다. 그러기 위해서는 어릴 때부터, 그러니까 본국을 떠나기 전부터 준비해야 합니다. 저희 단체에서는 어릴 때부터 자신이 TCK라는 것을 인식시켜 주고 자신이 다른 아이들과 어떤 점이 다른지를 계속 배워 나가도록 돕습니다."

무엇보다 김 장로가 관심 있는 분야는 의료를 담당하는 베티 선교사의 역할이었다. 비교적 다른 사람들에 비해 말수가 없이 차분히 앉아 있던 베티 선교사가 드디어 입을 열었다.

"의료 문제는 어느 필드에서나 중요한 문제이지만 캄보디아처럼 의료 시설이 열악한 곳에서는 더욱 심각합니다. 선교사들이 병이 났을 때 적절한 의료 서비스를 받도록 돕는 것도 제가 하는 일이지만, 병이 나기 전에 건강을 유지하도록 돕는 것이 제가 하는 가장 중요한 역할입니다. 그래서 모든 선교사는 자신의 의료 차트를 집에 보관하고 기록하게 되어 있습니다. 한국과 같은 나라에서는 의료 서비스가 잘 되어 있어 병원에 가기도 편하고 진료 기록 같은 것도 잘 보관되어 있겠지만 캄보디아는 그렇지 않습니다. 따라서 가장 안전한 방법은 자신의 의료 차트를 자기가 직접 관리 보관하는 것입니다."

김 장로는 동신복 선교회가 선교사들의 의료에 대해 매우 섬세한 관리와 돌봄을 하고 있다는 사실에 또 한 번 놀랐다.

"일전에 친구가 다니는 교회의 파송 선교사가 선교지에서 심장 마비로 죽을 뻔한 경우가 있었다고 들었는데, 그런 경우 동신복 선교회에서는 어떻게 하나요?"

베티 선교사가 웃으며 여유 있게 대답했다.

"그런 경우를 대비해서 저희 단체의 모든 선교사는 전 세계에서 통용되는 의료 보험 서비스에 가입하고 있습니다. 그렇게 되면 긴급 사항이 발생해도 옆 나라인 태국에서 긴급 의료 장비를 탑재한 헬리콥터가 출동해 모든 의료 서비스가 가능한 병원으로 후송합니다."

김 장로는 회의실을 나오며 자신을 위해 특별한 시간을 내준 필드 리더들의 배려에 특별한 감사를 표했다.

한 시간의 짧은 만남이었지만 김 장로에게는 필드 구조를 통해서 선교사 관리와 돌봄이 실제로 어떻게 이루어지는지 확인할 수 있는 좋은 기회였다. 회의실을 나와 3층 휴게실로 올라가 김 장로는 필드 구조에 대해 들으며 느낀 점들을 신 대표와 나누었다. 그동안 김 장로가 생각하던 선교는 선교사를 선교지로 보내기만 하면 다 해결되는 줄 알았는데, 필드에서 이처럼 관리와 돌봄이 제대로 되어야 한다는 것을 절감하게 되었다. 그리고 그것은 본국의 지역 교회가 직접 하기에는 거의 불가능하다는 것을 깨달았다.

오후에 신 대표는 한국 선교사 네 가정과 만나기로 되어 있었다. 그 중 프놈펜 교외에서 사역하는 두 가정은 신 대표를 만나기 위해서 프놈펜으로 온 것이었다. 신 대표는 네 가정과의 대화가 끝난 후 저녁 식사 자리에 김 장로를 초대했다.

'로터스'(lotus, 연꽃)라는 식당은 꽤 넓었고 실내 디자인이 캄보디아 전통 문양으로 꾸며져 있었다. 스피커를 통해서 캄보디아 전통 악기 소리가 은은히 들려 이국적인 분위기를 물씬 풍겼다. 연꽃이라는 이름에 걸맞게 곳곳에 작은 연못을 만들어 연꽃을 심었는데, 흰색과 분

홍색의 연꽃이 푸른색 잎과 어울려 화사함을 더했다.

　미리 와서 기다리던 선교사 네 가정이 김 장로와 인사를 하고는 다시 자리에 앉았다. 한 선교사가 자기는 이런 곳에 처음 와 본다고 하자 다른 선교사들도 맞장구를 쳤다.

　"저도 이런 곳에는 처음입니다!"

　"아, 그러신가요?"

　김 장로가 조금 놀라서 반문을 하자 신 대표가 얼른 말했다.

　"저희 같은 선교사들은 이런 식당에 오기가 쉽지 않습니다. 오늘은 특별히 김 장로님이 저녁 식사를 사신다며 선교사님들이 가장 좋아할 만한 곳으로 가자고 하셔서 이곳으로 온 것입니다."

　김 장로에게 한국 선교사 네 가정과의 만남은 더욱 특별했다. 저녁

을 먹으며 한국 선교사들은 동신복 선교회 안에서 겪는 어려움과 유익한 점들을 김 장로에게 솔직하게 들려주었다.

프놈펜 교외에서 교회 개척 사역을 하는 이용현 선교사가 먼저 이야기를 꺼냈다.

"저는 3년 전 급성 맹장염으로 고생했습니다. 배가 아픈 것을 며칠 동안 참다가 견디지 못해 병원에 갔는데 이미 맹장염이 복막염으로 진행되었더라고요. 캄보디아 의료진이 더 이상 손을 쓸 수 없다고 말했을 때 아내는 눈앞이 캄캄했다고 합니다. 하지만 저는 의료 보험 때문에 살아날 수 있었습니다. 우리 단체는 모든 선교사에게 매달 일정한 보험료를 강제적으로 지불하도록 하고 있습니다. 태국에서 헬리콥터가 와서 저를 태국 병원으로 데려가 치료를 받았습니다. 평소에는 보험료를 내는 것이 아까웠지만 그런 일이 있고 나서는 보험료가 아깝지 않았습니다. 그리고 필드에 메디컬 어드바이저가 있다는 것이 정말 감사했습니다."

다른 지역에서 사역하는 안정만 선교사도 말을 보탰다.

"제게는 동신복 선교회가 사역을 위한 준비를 시켜 준 것이 정말 감사했습니다. 이곳 사람들이 외지인에 대해 잘 웃고 따뜻하게 대하는 것 같아도 경계심이 대단합니다. 외부의 침략을 많이 받고 크메르 루즈 등의 억압을 받아서 그런지 쉽게 마음을 열지 않습니다. 이런 상황에서 어떻게 현지인들과 신뢰를 쌓는가에 대해 사역 코디네이터에게 많은 것을 배웠습니다. 그렇지 않았다면 많은 시행착오를 겪었을 겁니다."

프놈펜에서 사역하는 권해진 선교사도 말을 거들었다.

"저 같은 경우는 언어와 문화에 대한 훈련이 컸습니다. 저는 성격이 급해 현지어를 조금 배운 후 사람들과 대화를 충분히 할 수 있다고 생각됐을 때 곧 사역을 하려고 마음먹었습니다. 다른 선교사들로부터 1년 만에 현지어로 설교를 했다는 이야기를 듣고 나도 그럴 수 있을 것이라고 생각했습니다. 그래서 사역 코디네이터에게 교회를 개척하겠다고 했지요. 하지만 사역 코디는 허락하지 않았습니다. 그리고 언어와 문화 오리엔테이션을 담당하는 피오나 선교사를 만나도록 주선해 주었습니다. 피오나 선교사는 내 언어 레벨을 정확하게 이야기해 주었습니다. 이제 레벨 2가 되었으니 사역보다는 언어 습득에 더 집중하라고 권해 주었습니다. 그러면서 해 준 말을 지금도 잊을 수가 없습니다.

미국의 어느 대통령이 한 말인데요. '나에게 도끼를 주고 한 시간 동안 나무를 베라고 하면 나는 45분 동안 도끼의 날을 갈겠다.' 얼마나 멋진 말입니까! 그 말을 듣고 1년 동안 언어를 배우는 데 투자를 했습니다. 지금 생각하면 그때 피오나 선교사가 성급하게 사역을 하겠다는 저를 말린 것이 정말 다행이라고 생각합니다."

이번에는 박병기 선교사가 자신의 경험을 이야기해 주었다.

"저는 몇 년 전에 스트레스를 받았습니다. 제가 개척한 교회의 교인이 80명쯤 되었을 때 사역 코디네이터가 이제 교회를 현지인들에게 넘겨주고 떠나라는 것이었습니다."

김 장로가 놀라 물었다.

"캄보디아를 떠나라고요?"

박 선교사가 얼른 대답을 했다.

"아, 제가 말씀을 잘못 드렸네요. 캄보디아를 떠나라는 것이 아니고 다른 지역으로 가서 교회 개척을 하라는 뜻입니다. 캄보디아 필드는 교회 개척 초기부터 선교사의 출구 전략을 계획합니다. 하지만 우리나라에서 출구 전략이라는 말을 들어 본 적이 없는 저로서는 저희를 파송한 교회처럼 중대형 교회가 되는 것이 제 꿈이기도 했고, 그것이 파송 교회의 담임 목사를 포함한 교우들의 바람이기도 했습니다. 하지만 그때 에디 선교사의 제안대로 제가 개척한 교회를 떠나기 잘했다고 생각합니다. 그 교회는 현재 현지인 리더에 의해서 잘 성장하고 있습니다."

김 장로는 선교사들의 이야기를 들으며 필드 사역 현장에서 이루어지는 관리와 돌봄이 얼마나 중요한가를 더 뼈저리게 느낄 수 있었다.

한국 선교사들의 이야기는 끝이 없었다. 선교사들이 캄보디아에서 실수한 이야기나 어려웠던 이야기를 들을 때는 김 장로의 마음이 찡했지만 사역의 열매가 있었던 이야기를 들을 때는 박수를 쳐 주고 싶었고, 기도가 응답된 이야기를 들을 때는 속으로 '할렐루야'를 외치기도 했다. 외국 선교사들과 영어로 이야기할 때와는 달리 한국 선교사들과 이야기할 때는 가슴에 더 진하게 다가오는 듯했다. 김 장로는 한국 선교사들이 캄보디아어로 사역을 하고, 선교부에 오면 다시 모국어가 아닌 영어로 의사소통을 하는 것이 쉽지 않았겠다는 생각에 더 마음이 안쓰러웠다. 저녁 식사를 마치고 김 장로는 아쉽지만 선교사들과 작별 인사를 했다.

숙소로 돌아와 김 장로는 신 대표와 그날 하루 동안 들은 이야기를 정리하는 시간을 가졌다. 김 장로에게는 필드 구조가 무엇인지 확실하게 느낄 수 있는 시간이었다. 그리고 만약 이런 구조가 없었다면 캄보디아 선교사들의 사역이 어떻게 달라졌을까를 생각하면서 열방교회가 후원하는 선교사들을 떠올려 보았다. 그리고 한국으로 돌아간다면 교회 안에서 무엇을 해야 할지 그림을 다시 그리기 시작했다.

캄보디아에서의 체류를 다 마치고 한국으로 돌아오는 비행기 안에서 김 장로는 신 대표와 다시 많은 이야기를 나누었다.

"이번 캄보디아 방문에 저를 데리고 가 주셔서 정말 고맙습니다. 이번 방문을 통해서 필드 구조가 무엇인지를 확실하게 알게 되었습니다. 그런데 동신복 선교회는 언제부터 이런 필드 구조를 유지해 왔습니까?"

신 대표는 미소를 지으며 대답했다.

"저희 단체가 시작될 때부터 필드 구조를 강조해 왔습니다."

신 대표의 말에 김 장로는 깜짝 놀랐다.

"그렇다면 이런 구조가 이미 100년이나 되었다는 얘기 아닌가요?"

"그렇습니다. 오랜 기간 동안 동신복 선교회가 가지고 온 일종의 사역 노하우라고 할 수 있습니다."

"그렇다면 처음부터 캄보디아 필드 같은 구조를 가지게 되었나요?"

신 대표가 특유의 미소를 지으며 대답했다.

"아닙니다. 그럴 수 없지요. 제가 이해하는 바로는 저희 단체 안에서도 많은 시행착오가 있었습니다. 최근에도 국제 본부에서 디렉터들이 모여 어떻게 하면 더 나은 필드 구조를 만들 것인가를 논의한 바 있습니다. 또 선교지의 상황, 아니 전 세계가 변화하고 있지 않습니까. 그러니 그런 변화에 맞추어 필드 구조도 바뀌는 것이 적절하겠지요. 하지만 분명한 것은 감독과 돌봄의 구조가 없이 필드 사역을 시작하지는 않는다는 점입니다."

"그러면 신 대표님이 인도네시아에 계실 때도 이런 구조 속에서 사역하신 겁니까?"

"그럼요. 제가 처음 인도네시아에 간다고 했을 때 저를 '수라바야'라는 도시에 있는 어떤 대학교로 보낼 거라고 들었습니다. 그런데 갑자기 제 사역지를 '족자카르타'라는 도시로 변경했습니다. 나중에 알게 된 것은 수라바야에 있는 제 감독자가 될 선배 선교사가 다른 도시로 옮겨 가는 바람에 저를 감독할 수 있는 선배 선교사가 있는 도시로 변경했다는 것입니다. 처음에는 저도 이런 필드 구조를 이해하지 못해서 의아했지만 지금은 그런 결정을 충분히 이해합니다."

김 장로는 신 대표와의 대화를 마치고 가방에서 열방 기도 수첩을 꺼내어 이렇게 적었다.

> "필드 구조의 중요성"
> 필드에서 사역하는 선교사들이 사역적, 재정적 책무를 이행하기 위해서는 적절한 필드 구조가 확립되어야 한다.

## 4장

## 또 하나의 숙제

신임 선교사 허입 문제

김 장로가 캄보디아 방문을 마치고 돌아온 다음, 주일 예배 후 열방교회 선교 위원회가 다시 모였다. 이번에는 새로운 선교사 파송 문제를 논의하기 위해서였다. 2년 후면 열방교회가 창립 40주년을 맞게 되는데 교회 안에서는 창립 40주년을 맞으면 한 가정을 직접 파송하자는 이야기가 오래전부터 있었다. 마침 노충인 목사가 신학교 후배 한 명이 선교사가 되기를 원한다고 선교 위원장인 김 장로에게 전했기 때문에 선교 위원회에서 이 문제를 의논하기로 한 것이었다.

하지만 선교 위원들 가운데 교회가 직접 선교사를 파송하는 것에 대해 부정적인 견해를 가진 사람들이 많다는 것을 김 장로는 알고 있었다. 그동안 후원하는 선교사들이 잘못된 동기를 가지고 선교지에 가는 경우를 종종 보았기 때문이다. 그래서 김 장로는 선교 위원들에게 열방교회가 선교사를 후원하는 것만이 아니라 이제 선교사를 직접 파송하는 것에 대해서 선교 위원회가 가지고 있는 솔직한 견해를 듣기로 한 것이다.

"바쁘신데 이렇게 모여 주셔서 감사합니다. 이미 공지해 드린 대로 오늘은 새 선교사 파송에 대해 여러분의 의견을 들으려 합니다. 어떤 견해든 기탄없이 말씀해 주시기를 바랍니다. 이런 부분에 대한 내부적 합의가 없이 파송을 하면 잡음이 나기 때문에 은혜롭지 않은 것 같습니다."

단기 선교 여행팀을 이끌고 선교지를 여덟 번이나 다녀온 권오갑 집사가 제일 먼저 입을 열었다.

"저는 우리가 잘 모르는 목사님을 선교사로 파송하는 것에 대해 부정적입니다. 순수하지 못한 목적을 가지고 선교지에 가는 선교사들이 있는 것 같습니다. 자신의 발전을 목적으로 선교지에 간다든지, 외국에 나가 자녀를 영어로 교육할 수 있기 때문에 선교지에 가려는 경우도 보았습니다. 이런 사람들은 선교사로 파송하면 안 된다고 생각합니다."

평소에는 비교적 말을 아끼는 몇몇 선교 위원도 그날은 자신들의 의견을 열심히 개진했다. 선교사 직접 파송에 대해 긍정적인 의견보다 부정적인 의견이 많았다. 김 장로는 선교 위원들이 활발하게 의견을 내는 것은 좋지만 선교사 파송에 대해 전반적인 분위기가 부정적으로 흐르는 것이 염려되었다.

"여러분의 의견에 충분히 공감합니다. 저 역시 같은 생각입니다. 하지만 잘못된 선교사의 파송을 막는 것도 중요하지만 어떻게 제대로 된 선교사를 보낼 것인가에 대해 긍정적으로 생각하는 것도 중요하리라 생각합니다. 다음 모임에서 다시 한 번 긍정적으로 '이런 사람을 선교사로 보내자' 이런 의논을 하기로 하고 오늘은 기도로 모임을 마치겠습니다."

김 장로가 선교 위원들에게 이렇게 말한 이유는 얼마 전에 읽은 위조지폐를 감별하는 전문가에 대한 신문 기사 때문이었다. 그 전문가는 진짜 지폐를 계속 보면 위조지폐는 저절로 구별이 된다고 했다. 김 장로는 잘못 파송된 선교사에 대한 이야기를 많이 하기보다는 제대로 파송된 선교사에 대한 이야기를 많이 한다면 잘못된 부분을 긍정적인 부분으로 개선할 수 있다고 생각했다.

주일에 있었던 선교 위원회 회의 이후, 김 장로는 며칠 동안 파송 선교사 문제로 고민을 하고 있었다. 그래서인지 오후가 되면 목이 조금 뻣뻣해지는 느낌이 들었다. 그래서 복잡해진 머리도 식힐 겸 조금 일찍 퇴근을 하기로 했다. 사무실을 나와 버스 정거장으로 가는 지름길을 놔두고 일부러 동신복 선교회 쪽으로 발걸음을 옮겼다. 캄보디아 방문 이후 신 대표를 만난 지도 몇 주가 지났고 무엇보다 동신복 선교회에서는 선교사 파송을 어떻게 하고 있는지 궁금하기도 했다.

선교회 사무실로 들어가자 신 대표가 반갑게 김 장로를 맞아 주었다. 그간 어떻게 지냈는지 서로 안부를 물은 후 김 장로가 신 대표에게 질문을 던졌다.

"신 대표님, 대표님은 어떤 계기로 인도네시아에 선교사로 가겠다고 생각하셨나요?"

"아, 그게 궁금해서 오셨나요?"

신 대표는 김 장로의 질문이 다소 의외라는 듯 미소를 띠며 바라보았다.

"사실 제가 인도네시아에 선교사로 가겠다고 결심한 것은 비교적 단순합니다. 대학원에 재학할 때 제가 출석하던 교회 담임 목사님이 인도네시아를 다녀오셔서 그곳에 무슬림이 많은데 누군가 가서 그들에게 예수님에 대해 제대로 알려 주어야 하지 않겠느냐고 말씀하셨습니다. 그래서 저는 그저 단순하게 인도네시아에 선교사로 가겠다고 하나님께 서원했습니다."

김 장로는 신 대표의 대답에 조금은 실망스러운 표정을 감출 수 없었다. '아니, 선교지를 고르는데 그렇게 단순하게 고른다는 말인가!' 하지만 잠시 후 그럴 수도 있겠다고 생각했다. 김 장로가 무슨 생각을 하고 있는지 눈치라도 챈 것처럼 신 대표가 말을 이었다.

"물론 그렇게 마음먹었다고 해서 인도네시아로 곧바로 간 것은 아닙니다. 제가 8년 정도 한국에서 대학 교수로 있으면서 알게 된 것은 인도네시아 정부가 선교사 비자는 주지 않지만 대학에서 가르치는 선교사들에게는 비교적 쉽게 비자를 내준다는 사실이었습니다. 그리고 저희 선교 단체 선교사들이 모두 대학에서 뭔가를 가르치면서 비자를 해결하고 있다는 것을 알고는 '아, 하나님이 나를 인도네시아로 보내기 위해 준비를 시켜 주셨구나' 하는 확신을 가지게 되었습니다."

"그렇군요! 선교지를 한 번 정했다고 해서 그대로 가는 것이 아니라 그것을 확정해 주는 과정이 있었네요!"

김 장로는 이어서 자신이 정말 고민하는 문제를 털어놓았다.

"저희 교회가 내후년이면 창립 40주년입니다. 그동안은 협력 선교만 해 왔는데, 담임 목사님과 몇몇 장로님들이 창립 40주년을 맞아 파송 선교사도 나와야 하지 않느냐고 해서 지난 주일에 선교사 파송 문제로 선교 위원회 회의가 열렸습니다. 그런데 선교 위원들에게서 선교사 파송에 대해 부정적인 이야기가 많이 나왔습니다. 그래서 잘 못된 선교사 파송 이야기만 하지 말고 어떻게 하면 제대로 된 파송을 할 것인가에 대한 고민을 하고 난 다음에 다시 회의를 하기로 했습니다. 그런데 답이 쉽게 나오지 않습니다."

그러자 신 대표는 그런 고민이라면 동신복 선교회가 도울 수 있을 것 같다며 대화를 시작했다.

"모든 사람이 선교를 해야 한다고 해서 모든 사람이 선교사가 될 필요는 없습니다. 일전에도 말씀드린 것처럼 선교사가 된다는 것은 선교사로서의 책무를 이행하는 것을 말합니다. 따라서 선교사의 선발 과정도 책무의 이행이라는 관점에서 이루어져야 한다고 생각합니다."

김 장로가 고개를 끄덕였다.

"그 부분은 충분히 이해했고, 특히 캄보디아를 방문하고 나서는 필드 구조를 통해 선교사가 관리와 돌봄을 받는 것이 얼마나 중요한 지를 충분히 깨달았습니다. 하지만 선교사 선발 문제는 조금 다른 문제가 아닌가요?"

신 대표가 동의하지 않는다는 표정을 지었다.

"글쎄요. 제게는 같은 선상에서 생각할 수 있는 문제로 보이는데요."

"지난 주 열방교회 선교 위원회에서 가장 많이 논의한 것은 선교사가 되려는 사람의 동기를 확인하는 방법에 대한 것이었습니다. 동신복 선교회에서는 선교사의 동기를 어떻게 확인하나요?"

신 대표가 미소를 띠며 말했다.

"그거야 하나님만 아시지 않겠습니까? 그렇다고 우리가 아무나 선교지로 보내는 것은 아닙니다. 선교사 선발 문제라면 아마도 선교사 후보자 관리를 담당하는 선교사가 잘 대답해드릴 수 있을 것입니다. 그 선교사를 소개해 드릴 테니 이야기를 나누어 보십시오."

신 대표는 옆방을 찾아가 선교사 한 명을 데리고 왔다.

"이분은 주영광 선교사인데 사무실에서 후보자 관리 담당자로 일하고 있습니다."

주영광 선교사는 공손히 인사를 하고 김 장로를 자기 방으로 안내하여 대화를 시작했다. 김 장로는 주 선교사에게 자신이 선교회 사무실에 들른 이유를 이야기했다. 그러자 주 선교사는 자신이 담당하는 선교사 허입 과정을 김 장로에게 자세히 설명해 주었다.

"장로님, 선교사가 되겠다는 사람의 동기를 확인하는 것이 쉬운 일은 아닙니다. 어떤 분들은 사도행전에서 사도 바울이 환상 중에 마게도냐 사람이 그를 부른 것을 생각하고 그런 신비한 환상을 보아야 선교지에 간다고 생각하기도 합니다. 제가 만난 어떤 후보자는 자신이 중국에 선교사로 가려는 이유가 꿈에 중국 지도가 불에 활활 타는 것을 보았기 때문이라는 겁니다. 하지만 사도 바울이 선교를 하기로 결정한 것을 보면 반드시 그렇게 초자연적인 환상 때문만은 아닙니다."

그러면서 주 선교사는 김 장로에게 사도행전 15장 36절을 읽어 주었다.

"여기에 보시면 바울이 바나바더러 '우리가 주의 말씀을 전한 각 성으로 다시 가서 형제들이 어떠한가 방문하자'라고 제안하는 장면이 나옵니다. 여기서는 사도 바울이 선교를 떠나기로 결정하는 데 환상이 등장하지는 않습니다. 자신들이 복음을 전했던 곳에 있는 형제들의 상황을 돌아보고 싶었던 것입니다. 그러니까 극적인 방법을 구하지 않고도 얼마든지 기도와 말씀을 통해 주님의 인도하심을 구할 수 있습니다. 어떤 사람이 선교사가 되겠다는 결단은 주관적일 수밖에 없습니다. 하지만 이런 주관적 소명을 뒷받침할 수 있는 객관적 절차를 통해 소명을 확인하는 것이 중요합니다. 특히 비전 트립이나 지역 연구 등을 통해 현지 상황을 객관적으로 파악할 필요가 있습니다."

김 장로는 주 선교사의 이야기를 들으면서 조금 전 신 대표와의 대화에서 신 대표가 담임 목사님의 말씀을 듣고 인도네시아에 선교사로 가기로 결심했던 것이 주관적인 소명이고, 나중에 8년간 대학 교수 생활을 하다가 인도네시아 정부가 교수 비자를 잘 내준다는 것을 알고 하나님께서 자신을 인도네시아에 부르셨다는 확신을 가진 것이 객관적 소명이었다는 것을 확실히 알게 되었다. 그 사이 주 선교사의 설명이 이어졌다.

"주관적 소명을 객관화하기 위해 반드시 상황이나 정보가 필요한 것은 아닙니다. 때로는 주변 사람들의 인정 여부가 매우 중요합니다. 영적으로 성숙하고 선교사 후보자를 오래전부터 잘 아는 사람들에게 선교사 후보자가 가지고 있는 선교 소명에 공감하는지 확인하는 것도 중요합니다. 자기는 선교사로 가겠다고 하지만 주위에 있는 사람들이 아니라고 한다면 거의 아니라고 생각하시는 것이 정답일 것입니다."

주 선교사의 설명 속에는 수년간 이 사역을 감당한 베테랑 선교사의 경험이 녹아 있었다.

"성숙한 리더들의 조언은 선교지를 결정하는 데 매우 중요합니다. 리더들은 큰 그림에서 객관적으로 생각할 수 있고 어떤 때는 전략적인 관점에서 선교지를 결정하도록 도울 수도 있습니다. 운동 경기로 말하면 코치의 역할이라고 할 수 있습니다. 코치가 경기를 더 잘해서가 아니라 풍부한 경험을 가지고 있기에 그런 역할을 합니다. 코치는 경기를 큰 그림에서 볼 수 있기 때문에 경기장 안에 있는 선수에게 경기에 대해 지시하는 것입니다."

김 장로는 태국으로 가려던 공철운 선교사가 리더들의 제안을 받아 들여 캄보디아로 간 것을 떠올리며 고개를 끄덕였다.

"그뿐 아닙니다. 우리가 가고 싶다고 무조건 선교지로 가는 것은 곤란합니다. 사역지에서 우리를 오라고 하는가를 확인하는 것이 매우 중요합니다. 선교사가 선교지에 가야 하는 이유 중에 하나는 선교사가 선교지에 필요하기 때문입니다. 때로는 우리가 하고 싶은 사역을 위해서 선교지에 가려는 유혹이 있습니다. 선교사들이 선교지에 자기네 교단 교회가 없다는 이유로, 혹은 자신들의 교회도 그곳에서 사역을 해야 한다는 이유 등으로 가기도 합니다. 하지만 이미 사역이 많이 이루어지는 곳에 굳이 갈 필요는 없을 것 같습니다. 사도 바울도 다른 사람이 닦아 놓은 곳에서는 복음을 전하지 않겠다고 했습니다. 우리가 선교를 비즈니스 하듯 경쟁적으로 해서는 안 된다고 생각합니다. 할 수만 있다면 아무도 복음을 전하지 않은 곳으로 가야 합니다."

김 장로가 주 선교사의 설명 중간에 질문을 던졌다.

"그렇다면 선교지에 그런 필요가 있다는 것을 어떻게 알 수 있나요?"

"네, 좋은 질문이십니다. 저희 단체 같은 경우 필드에서 새로운 사역이 필요하다고 발견하면 홈에 요청을 하고, 홈에서 그 요청에 따라 선교사를 새롭게 발굴해서 필드로 보냅니다. 그래서 필드에서는 사역의 필요에 관한 정보를 늘 본국에 보냅니다. 이와 같은 정보를 많은 홈에서 공유합니다."

"그렇다면 홈에서는 언제나 필드에서 요청이 있어야 선교사를 보내나요?"

"아닙니다! 필드의 필요에 대한 정보가 없는 상태에서도 본국에 헌신자들이 생길 경우, 헌신자들이 할 수 있는 사역에 관한 정보를 홈에서 필드로 보내 주기도 합니다. 그러면 필드 리더들이 그런 후보자를 보내 달라고 홈에 요청할 수도 있습니다. 저는 중국에서 한국어를 가르치는 일을 했습니다. 중국으로 가기 전 제가 한국어 자격증이 있다는 것을 필드에 보냈고, 필드 리더가 마침 한국어를 가르치는 교사를 찾던 대학에 저를 소개시켜 주었습니다."

"일종의 매치 메이킹(match making) 같은 거네요."

"아, 맞습니다. 좋은 표현이네요."

김 장로의 입가에 뭔가 조금씩 분명해지고 있다는 듯한 미소가 떠올랐다가 사라졌다.

"선교지로 가기 전에 선교지 환경의 변화를 살피는 것도 중요합니다. 하나님께서 우리가 선교지로 가도록 새 길을 열기도 하십니다. 경우에 따라 하나님께서 환경을 극적으로 바꾸시는 경우가 있습니다. 예를 들어 인도네시아의 아체(Aceh) 지역은 오랫동안 선교사들이 발붙이기 어려운 곳이었습니다. 아체 사람들은 자신들이 사는 지역이 이슬람 왕국이라는 확신을 가지고 있었기 때문에 외부에서 그리스도인들이 들어오는 것을 철저히 막고 있었습니다. 하지만 10년 전 쓰나미 재난으로 기독교 구호 단체를 포함한 많은 외부인이 들어가게 되었고, 오늘날은 아체 지역에 선교의 문이 조금씩 열리고 있습니다."

주 선교사는 김 장로에게 동신복 선교회가 선교사 후보자를 선교지로 파송하기 전에 반드시 확인하는 네 가지 요소를 추가적으로 설명해 주었다.

"아마, 우리 단체에서 최종적으로 선교사를 선교지로 보내기 위해 확인하는 네 가지 요소에 대해서 아시면 열방교회가 선교사를 파송하는 데에 도움이 되지 않을까 합니다."

주 선교사는 선교사 후보자가 처음 선교회의 문을 두드릴 때 보여 주는 선발 프로세스에 관한 설명서를 김 장로에게 보여 주었다.

홈에서의 확인(Home Clearance)
필드에서의 환영(Field Welcome)
재정 확인(Financial Clearance)
의료 확인(Medical Clearance)

"우선 '홈에서의 확인'(Home Clearance)부터 말씀을 드리겠습니다. 홈에서의 확인 과정은 후보자의 됨됨이와 소명을 확인하는 과정입니다. 이를 위해서 대표와의 인터뷰를 포함해 이미 선교지 경험이 있고 저희 단체의 철학과 가치를 잘 이해하는 분이 인터뷰를 통해 후보자의 됨됨이와 소명을 확인합니다. 물론 인터뷰 전에 후보자가 작성해야 하는 소정의 허입 서류가 있습니다. 후보자가 허입 서류를 작성하여 제출하면 인터뷰하는 사람들은 그 허입 서류에 적힌 사항을 바탕으로 인터뷰를 진행합니다."

"홈에서의 확인 과정 중에는 이사들의 인터뷰가 반드시 포함됩니다. 이사들은 사회적으로 많은 경험을 가지고 계셔서 사람의 됨됨이를 이해하는 데 탁월한 분들이 많습니다. 경우에 따라서 이사들은 분야별로 나누어 인터뷰를 하는 경우도 있습니다. 예를 들어 어떤 이사는 영성에 대해서, 어떤 이사는 소명에 대해서, 어떤 이사는 가족 관계에 대해서, 어떤 이사는 필드에서 필요한 사역적 전문성과 직업적 전문성에 대해 인터뷰를 합니다. 이렇게 인터뷰한 결과를 취합해 이 사회에서 모든 이사가 다시 검토합니다."

김 장로는 인터뷰에 큰 관심이 있었다.

"그럼 인터뷰는 내부 사람들에 의해서만 이루어지나요?"

"네, 그렇습니다. 인터뷰는 저희 단체의 내부인들에 의해서 이루어집니다. 하지만 외부인들의 피드백도 중요합니다. 예를 들어 후보자가 출석하는 교회의 담임 목사 의견이나 친지들의 의견을 광범위하게 듣습니다. 후보자에게 보통 세 명 정도의 추천서를 부탁합니다. 우리는 그분들의 추천서를 참고합니다."

"그런데 우리나라는 정서상 추천서를 그저 형식적으로 써 주지 않나요?"

"그런 면이 없지 않습니다. 그래서 추천서에 칭찬 일색이면 추천의 신빙성이 많이 떨어집니다. 우리는 후보자가 가지고 있는 장점만이 아니라 연약한 점도 알고 싶은데 많은 분들이 선교사가 되는 것을 무슨 대학 입시 합격하는 것처럼 생각해서 추천서를 지나치게 포장해 써 주는 경향이 있습니다."

오랜만에 김 장로가 밝은 표정으로 물었다.

"그렇다면 홈에서의 확인 과정에서 지역 교회의 역할이 매우 중요하겠네요? 후보자의 일거수일투족을 지역 교회가 가장 잘 알지 않겠습니까?"

"네, 맞습니다. 우리 같은 선교회는 지역 교회에서 보내 준 추천서를 통해서만 후보자가 어떤 사람인지 알게 됩니다. 그래서 지역 교회가 선교사 선발에 매우 중요한 역할을 합니다."

김 장로가 공감한다는 의미로 고개를 끄덕였다. 주 선교사의 설명이 이어졌다.

"두 번째로 중요한 것은 '필드에서의 환영'(Field Welcome), 즉 필드에서 후보자를 초청하는가 여부입니다. 우리 단체의 경우 선교사가 필드에서 자신의 사역을 새롭게 개발하려면 얼마 동안 그곳에서 사역의 필요를 보고 또 그곳 리더들의 인정을 받은 경우에만 가능합니다. 처음 필드로 가는 선교사는 반드시 기존 사역이 있는 곳에 가서 팀으로 사역하게 되어 있습니다. 후보가 아무리 훌륭한 재원이라도 필드에서 사역의 필요가 없다면 우리는 허입하지 않습니다. 따라서 필드로부터의 정보와 홈의 정보 교류가 매우 중요합니다."

김 장로가 질문했다.

"그렇다면 필드의 요청이 없는 분은 선교지에 가지 못하나요?"

주 선교사는 당황하며 대답했다.

"아닙니다. 선교지에 갈 수 있습니다."

"그런데 아까 주 선교사님은 필드의 요청이 없다면 갈 수 없다고 하셨잖아요?"

"그분이 꼭 저희 단체 선교사로 가시지 않고 다른 단체로 가시면 되지요. 우리 단체가 그곳에서 그런 사역을 하지 않는다는 것이지 그 후보자가 가지고 있는 전문성과 맞는 선교 단체가 얼마든지 필드에 있을 수 있습니다. 얼마 전에 어떤 의사 분이 동신복 선교회를 통해서 미얀마에서 사역하기를 원하셨습니다. 그분이 미얀마에 의료 선교를 몇 번 다녀왔고, 그것이 계기가 되어 미얀마에 장기 선교사로 가기를 원하셨습니다. 그분이 이미 동신복 선교회를 알고 있어서 우리 단체를 통해 가고 싶어했습니다. 하지만 우리가 미얀마 필드와 연락을 해 본 결과 우리 단체는 미얀마에서 의료 사역을 하지 않는다는 연락을 받았습니다. 그래서 그분은 다른 단체를 통해 미얀마에 가게 되었습니다."

김 장로는 '아차!' 하는 생각이 들었다.

"아, 하나님 나라라는 차원에서 보면 그렇게 생각할 수 있겠네요!"

김 장로는 자기 생각이 짧았다는 것 때문에 얼굴이 붉어졌다.

"필드에 이미 현지 교회가 있는 지역이라면 현지 교회가 원하는 사역을 돕기 위해 가는 것이 매우 중요합니다. 이미 현지 교회가 하고 있는 사역을 선교사가 중복해서 한다면 현지 교회와 경쟁적인 관계가 되지만 현지 교회가 하고 싶은데 할 수 없는 사역을 선교사가 와서 해 준다면 서로 협력하고 보완적인 사역이 될 것입니다."

김 장로는 자신이 그동안 가졌던 생각에 큰 변화가 일어나고 있음을 느꼈다. 이전에는 선교사가 선교지에 가서 하나님의 인도를 따라 사역을 마음대로 결정할 수 있다고 생각했다. 하지만 필드의 요청이 얼마나 중요한지에 대해서 다시 생각하는 계기가 되었다.

"세 번째 확인, '재정 확인'(Financial Clearance)에 대해서도 말씀드리겠습니다. 후보자들이 선교지로 가기 전에 꼭 확인해야 하는 것은 이들을 위해서 재정적으로 후원할 후원 교회나 개인 후원자들이 있는지 여부입니다. 우리는 하나님께서 우리가 선교지로 가는 것을 원하신다면 후원자들도 허락하실 것이라고 믿습니다. 우리가 군에 입대하면서 자신의 먹을 것을 걱정하지 않는 것처럼 하나님의 선교를 한다면 하나님께서 후원자들을 통해 공급해 주시겠지요."

김 장로가 고개를 갸우뚱했다.

"주 선교사님, 그렇다면 본국에서는 아직 후원자가 없지만 하나님께서 공급하실 것이라고 믿고 선교지로 가는 것도 믿음이 아닌가요? 본국에서 반드시 후원하는 사람들이 있는지를 확인해야 합니까?"

"좋은 질문이시네요. 하나님께서 선교지에서 공급하신다면 왜 본국에서 공급을 시작하시지 않을까요? 장로님, 제가 앞서 주관적 소명을 객관적으로 확인하는 절차가 필요하다고 말씀드린 것 기억나시지요? 어떤 사람이 혼자 선교지에 가겠다고 하는 것은 주관적이지만 만약 주변에서 많은 사람이 그 후보자가 선교지에 가는 것에 동의한다면 우리는 그것을 후보자의 소명이 객관적으로 증명되었다고 말합니다. 그런데 만약 주변 사람들이 '우리는 당신이 선교지에 가는 것이 하나님의 뜻이라고 생각합니다. 하지만 후원은 하지 않겠습니다'라고 한다면 뭔가 이상하지 않습니까? 그분들의 말에 진정성이 있으려면 이렇게 말하는 것이 당연하지요. '우리는 당신이 선교지에 가는 것이 하나님의 뜻이라고 생각합니다. 그래서 당신을 위해서 재정 후원도 하겠습니다.' 이렇게 말하기를 기대해도 좋지 않을까요?"

김 장로가 심각한 표정으로 물었다.

"그렇다면 선교사가 처음 선교지로 나갈 때만 재정적 확인이 필요한가요?"

주 선교사는 웃으며 대답했다.

"아닙니다. 선교사가 필드에 나가 있는 동안 후원이 감소하면 우리는 '당신의 소명에 대해 다시 한 번 생각해 보십시오'라고 권합니다.

어떻게 생각하면 후원이 부족해진 선교사가 생활에 어려움을 겪지 않도록 그저 후원만을 더 모으면 될 것 같지만 후원 감소야말로 하나님이 정말 선교사로 부르셨는가를 확인하는 좋은 계기가 됩니다."

"그러면 재정 후원이 얼마나 채워져야 선교지로 갈 수 있습니까? 사전에 결정이 됩니까?"

"네, 선교사가 선교지로 가기 전에 반드시 예산을 세워야 합니다. 예산에는 주거비와 식비 등의 생활비, 자녀 교육비, 현지 언어를 습득하는 데 드는 비용, 행정비 등이 포함됩니다."

"그럼 그 예산의 100퍼센트가 채워져야만 선교사로 파송되나요?"

김 장로의 돌발 질문에 약간 당황한 표정으로 주 선교사가 약간 주저하며 대답했다.

"음……. 그러면 가장 바람직하지만 저희는 85퍼센트 정도만 채워지면 일단 파송할 준비가 되었다고 봅니다."

주 선교사의 솔직한 대답이 김 장로에게는 큰 도움이 되었다. 김 장로가 고개를 끄덕이는 것을 보자 주 선교사가 네 번째 확인, '의료적 확인'(Medical Clearance)에 대해서 설명하기 시작했다.

"하나님은 우리가 선교지에서 건강하게 주님을 섬기기 원하시겠지요?"

"당연한 말씀입니다."

김 장로가 당연하다는 듯이 맞장구를 쳤다.

"그래서 후보자들은 선교지로 가기 전에 의료적으로 건강한가를 확인할 필요가 있습니다. 요즘은 달라졌지만 몇십 년 전만 해도 선교지는 본국보다 의료 환경이 매우 열악했습니다. 본국에서 건강했던 선교사도 선교지에서 병이 자주 나고, 또 병이 나면 치료하는 데 애를 먹었기 때문에 건강에 더욱 신경을 썼습니다. 지금도 여전히 선교사가 자신의 건강을 잘 돌보는 것은 중요합니다. 현지에서 선교사에게 건강 문제가 생기면 그것은 단순히 선교사 개인의 문제로 그치지 않습니다. 선교회, 파송 교회, 후원하는 모든 사람에게 염려와 걱정을 끼치는 일이 됩니다."

고혈압이 있는 김 장로는 특별히 의료 문제에 대한 이야기가 나오자 더 집중해 들었다.

"그럼 만약 선교사가 지병이 있는 경우는 선발이 안 되나요?"

주 선교사가 웃으며 대답을 했다.

"그렇지 않습니다. 선발 과정에서 선교사의 건강 문제를 다룬다고 해서 우주선에 탑승할 우주 비행사를 선발하는 것처럼 완벽하게 건강한 사람을 선발하는 것은 아닙니다. 선교사가 완벽한 건강을 가지고 있다면 더할 나위 없이 좋겠지만 의료적 문제가 있다고 해서 선발에서 제외되는 것은 아닙니다. 선교사가 가지고 있는 질환을 본국에서 고칠 수 있다면 치료한 후에 선교지로 가는 것이 좋고, 그렇지 않다면 현지에서 관리가 가능한가를 확인할 필요가 있습니다."

갑자기 김 장로가 약간 긴장된 표정으로 물었다.

"예를 들면 고혈압이 있는 선교사는 어떻게 되나요?"

김 장로가 혈압이 높아서 늘 염려하고 있다는 것을 모르는 주 선교사가 담담하게 설명을 이어 갔다.

"그럴 경우 전문적인 의사의 소견이 중요합니다. 만약 후보자가 고혈압이 심한데 사역할 지역이 고산 지대라면 당연히 그곳에서 사역하는 것이 허락되지 않을 것입니다. 하지만 운동이나 약물로 자신이 가지고 있는 질병의 통제가 가능한 상태라면 문제가 되지 않습니다."

김 장로는 약간 안도하는 듯한 표정을 지으며 고개를 끄덕였다.

"그러면 의료 기관에서 이 사람이 건강하다고 증명만 할 수 있으면 선발이 되나요?"

"그렇지는 않습니다. 저희 단체 안에는 '메디컬 어드바이저'라는 직책을 수행하는 선교사가 있습니다."

김 장로는 캄보디아에서 만났던 메디컬 어드바이저 베티 선교사가 기억났다.

"아, 필드에서 선교사들의 건강을 돌봐 주는 분 말씀이지요? 지난번 신 대표와 캄보디아를 방문했을 때 베티 선교사를 만난 적이 있습니다."

"네, 맞습니다. 베티 선교사는 캄보디아 필드에서 섬기는 메디컬 어드바이저입니다. 메디컬 어드바이저는 캄보디아 필드에만 있는 것이 아니고 모든 필드에 있습니다. 그리고 홈이라고 불리는 파송 국가의 센터에도 메디컬 어드바이저가 있습니다. 한국에도 메디컬 어드바이저가 있습니다. 그 메디컬 어드바이저가 후보자의 의료 문제에 대해서 공식적으로 확인해 주어야 합니다."

"의료적 확인은 육신적인 질병에만 국한되지 않습니다. 정신 건강도 포함됩니다. 요즘은 점점 더 정신 건강 분야에 대한 관심이 높아지고 있습니다. 그래서 저희 단체에서는 모든 후보자에게 심리 검사를 요구합니다. 평소에 모르던 정신 건강 문제를 선발 과정 중에 알게 되는 경우도 있습니다. 만약 자신이 내면에 가지고 있는 심리적인 혹은 정신적인 문제가 선교지에서 다른 문제를 야기할 가능성이 있다면 선교사로 파송되기 전 상담을 권합니다."

김 장로는 처음 열방교회에서 선교사 파송 이야기를 시작했을 때 이런 부분까지는 미처 생각하지 못했지만 주 선교사의 이야기를 들으며 이런 확인들이 꼭 필요하겠다는 생각을 하게 되었다.

김 장로는 시계를 보고 깜짝 놀랐다. 한 시간 정도 지난 줄 알았는데, 주 선교사와 대화를 한 지 벌써 두 시간이 훌쩍 넘어 버렸다. 퇴근 시간이 다 되었기 때문에 자신이 사무실을 떠나야 주 선교사도 편하게 퇴근할 수 있을 것 같았다.

"주 선교사님, 정말 감사합니다. 오늘 아주 많은 것을 배웠습니다. 우리 교회가 선교사를 파송할 때 이런 내용들이 많은 도움이 될 것 같습니다."

"도움이 되셨다니 저도 기쁩니다. 언제라도 선교사 선발이나 파송과 관련해서 궁금하시면 연락을 주십시오."

김 장로는 주 선교사에게 파송 전 단계에서 확인할 네 가지를 알게 된 것이 매우 유익했다고 스스로 생각하며 주 선교사의 방을 나왔다. 그리고 신 대표에게 작별 인사를 하기 위해서 신 대표 방을 노크했다.

신 대표는 김 장로가 문 앞에 나타나자 간사들과 이야기를 나누다 말고 일어나 문밖으로 나왔다.

"주 선교사님과 무척 진지한 대화를 나누셨나 봅니다."

"네, 아주 유익한 시간이었습니다. 그런데 선교사 허입 과정이 생각보다 쉬운 것은 아니네요!"

신 대표는 김 장로의 이야기가 무엇을 의미하는지 이해한다는 표정으로 미소를 지으며 대답했다.

"하지만 충분한 준비 없이 후보자를 선교지로 보내는 것은 나중에 더 큰 문제를 일으킬 수 있습니다. 선교사 선발 과정을 영어로 '스크리닝'(screening) 혹은 '필터링'(filtering)이라고 하는데 저는 개인적으로 이 용어를 별로 좋아하지 않습니다. 선발 과정은 하나님의 뜻을 알아 가는 과정이라고 생각합니다. 저희는 후보자를 대학 입시처럼 떨어뜨리려는 것이 아니라 선교지로 파송하기 전에 미리 준비를 하도록 요청하는 것입니다."

"아, 선교사 선발이 그런 개념이군요!"

"급하게 선교지로 가겠다고 찾아오는 후보들은 저희 단체의 긴 후보자 선발 과정을 기다리지 못합니다. 하지만 저희 단체가 요구하는 것을 위해 긴 시간을 함께 기도하며 준비한 분들은 선교지에 가서 귀한 사역들을 잘 감당하고 있습니다."

문밖까지 나와 인사를 하는 신 대표와 악수를 하고 버스 정거장으로 가면서 김 장로는 신 대표가 한 마지막 말을 되새겨 보았다.

늦은 저녁 식사를 하고 잠자리에 들기 전, 김 장로는 다시 열방 기도 수첩에 이렇게 적었다.

> "선교사 허입 과정의 중요성"
> 선교사의 선발 과정은 하나님의 뜻을 알아 가는 과정이다.

# 5장
## 1박 2일
선교 위원회의 운영

11월이 되자 열방교회로 들어가는 입구에 줄지어 서 있는 은행나무들이 황금색으로 물들었다. 풍성한 수확의 계절에 걸맞게 열방교회도 한 해를 마무리하기 전 중요한 결정들을 내리기 위해 분주했다.

주일 예배를 마치고 선교 위원회실에 선교 위원들이 모두 모였다. 김 장로는 캄보디아 필드 방문을 통해 알게 된 필드 구조와 신임 선교사 파송 절차 등 그동안 동신복 선교회와 교류하면서 알게 된 것들을 선교 위원회에서 보고했다.

김 장로의 보고를 듣고 한주환 집사가 먼저 말을 꺼냈다.

"지난번 회의에서 후원 선교사 정리 건에 대해 결론을 내리지 못했는데 지금이라도 이 문제에 대해 결론을 내리는 것이 좋겠습니다. 김상진 장로님이 설명한 책무 문제를 우리가 후원하는 선교사들에 대해서도 적용할 필요가 있을 것 같습니다. 우리가 후원하는 선교사들이 어떤 사역을 하는지 사역 보고도 받아야 하고, 재정을 어떻게 쓰는지 재정 보고도 매달 혹은 적어도 1년에 서너 번은 받아야 할 것 같은데요."

한 집사의 말에 선교 위원들이 고개를 끄덕이기 시작했다. 그 반응에 고무된 한 집사가 조금 더 구체적인 제안을 했다.

"그래서 6개월에 한 번씩 후원 선교사의 사역 보고를 받고 재정 보고도 매달 받도록 했으면 좋겠습니다. 김 장로님이 위원장으로서 보고를 받으면 좋겠습니다. 그리고 보고를 하지 않는 선교사는 1년 후에 후원을 중단하면 좋겠습니다."

선교 위원들 중 많은 사람이 고개를 끄덕이며 그 의견에 찬동하는 표시를 했다. 하지만 대학에서 경제학을 강의하는 김영관 집사가 약간 걱정스러운 표정을 지으며 이야기를 꺼냈다.

"하지만 저는 조금 다른 생각을 가지고 있습니다. 이미 선교사들에 대한 관리 감독을 선교회가 잘하고 있는데 지역 교회가 다시 비슷한 관리 감독을 하려고 한다면 선교사들에게 이중 부담을 주는 게 아닐까요? 동신복 선교회처럼 이미 필드 구조가 탄탄하고 책무의 이행 여부를 늘 확인하는 선교사들에게 후원 교회가 다시 사역적, 재정적 책무를 확인하기 위해 정기적인 보고를 요구한다면 선교사들이 사역에 전념할 시간을 중복되는 보고 때문에 허비하는 결과를 가져오지 않을까 염려가 됩니다."

조금 전 한주환 집사가 제안한 것에 동의했던 사람들이 이번에는 김영관 집사의 의견에 다시 동의하는 몸짓을 보였다. 회의 분위기가 어수선해지자 김 장로가 끼어들었다.

"저는 여러분이 선교사 책무에 대해 깊은 관심을 보여 주신 것에 정말 감사드립니다. 그리고 지역 교회로서 우리가 그 부분을 어떻게 다룰지에 대해 깊이 있는 논의를 하고 있다는 것 자체가 큰 발전이라고 생각합니다. 저는 한 집사님의 의견에 전적으로 공감하면서도 선교사님들이 행정적 중복을 피하고 사역에 집중하도록 돕는 것이 우리의 목표가 되어야 한다고 생각합니다. 김영관 집사님 말씀처럼 필드 구조가 잘 되어 있는 선교회의 경우는 이미 선교사들의 책무를 잘 이행하고 있어서 우리는 그 선교 단체를 신뢰하고 믿어 주는 것이 중요하다고 생각합니다."

선교 위원들이 김 장로의 제안에 긍정적인 반응을 보이자 권오갑 집사가 김 장로의 말을 이어 발언했다.

"저도 김 장로님의 말씀에 전적으로 동의합니다. 그동안 선교 단체와 지역 교회는 경쟁 관계에 있다고 생각했습니다. 하지만 이제 보니 교회 역사 속에서 쏘달리티와 모달리티로 서로 보완적인 역할을 한 것이네요. 따라서 앞으로는 각자가 잘할 수 있는 것에 집중하면서 하나님 나라를 함께 이루어 가면 좋을 것 같습니다."

권 집사의 발언에 선교 위원들은 두 달 전 신 대표에게 들었던 쏘달리티와 모달리티에 대한 기억을 다시 떠올렸다. 선교 위원회는 다음 모임까지 열방교회가 후원하는 선교사들이 책무를 묻는 구조 안에 있는지를 확인하기로 했다.

두 번째 안건으로 신임 선교사 파송 문제를 다루기로 했다. 김 장로는 동신복 선교회에서 들은 선교사 파송 절차를 선교 위원들에게 전달했다. 특히 주영광 선교사에게서 들은 네 가지 확인의 의미를 위원들에게 상세히 설명해 주었다.

> 홈에서의 확인(Home Clearance)
> 필드에서의 환영(Field Welcome)
> 재정 확인(Financial Clearance)
> 의료 확인(Medical Clearance)

김 장로의 설명을 듣고 선교 위원들은 동신복 선교회가 가지고 있는 파송 전 네 가지 확인이 선교사 파송에 있어 중요한 지침이라는 데 동의했다. 스무 명이나 되는 선교 위원들이 다같이 논의하는 것도 좋지만 효율적인 회의를 위해 김 장로는 그날 위원회에 참석한 선교 위원들을 네 그룹으로 나누었다. 그리고 각 그룹이 네 가지 확인 가운데 하나씩 맡아 지역 교회가 할 수 있는 부분에 대해 심도 있는 논의를 하기로 했다.

첫째 그룹은 '홈에서의 확인'(Home Clearance) 부분을 다루었다. '홈에서의 확인' 부분에서 지역 교회로서 열방교회가 감당할 역할은 선교부에서 최종 판단을 하도록 최대한 돕는 것이라는 논의가 있었다. 선교사 후보자에 대한 지역 교회의 공정한 평가가 선발에서 매우 중요한 역할을 한다는 데 동의하고 앞으로 선교사의 성품, 인간 관계, 사역의 열매 등을 상세히 선교 단체에 알려 줄 필요가 있음에 공감했다. 그리고 담임 목사가 추천서를 작성하는 경우 형식적이 아니라 후보자의 장점과 단점을 모두 객관적으로 서술하도록 요청하기로 했다.

둘째 그룹은 '필드에서의 환영'(Field Welcome)을 다루었다. '필드에서의 환영'은 선교 단체의 홈 사무실이 필드 본부와 긴밀하게 의사소통하는 것을 믿고 맡기되 수시로 필드와의 의사소통 결과를 교회에 알려 달라고 부탁하기로 했다. 또 후보자가 아직 없어도 필드에서 필요로 하는 사람이 있다면 교회에서 적극적으로 발굴하기로 했다.

셋째 그룹은 '재정 확인'(Financial Clearance) 부분을 다루었는데 파송 선교사에 대해 열방교회가 전적으로 재정을 후원하든지 아니면 일부만 파송 교회가 지원하고 다른 후원 교회를 찾을 수 있도록 최선을 다해 돕자는 두 가지 안이 나왔다. 파송 선교사라면 열방교회가 전적으로 후원을 하면 좋겠지만 그렇게 하는 것이 오히려 위험할 수 있다는 의견에 대부분 선교 위원들이 동의했다. 한 교회가 100퍼센트의 후원을 하는 경우 선교사가 후원자를 모집하려는 의지가 약해질 수도 있고, 혹시 교회에 재정적인 어려움이 왔을 때 선교사에게 치명적이 될 수도 있음을 고려해 파송 교회는 50퍼센트 정도만 후원하고, 나머지는 후원에 관심이 있는 다른 교회들을 찾도록 하는 것이 좋겠다는 결론을 내렸다.

넷째 그룹은 '의료 확인'(Medical Clearance) 부분을 다루었다. 의료 부분에 대해서는 선교 단체가 요구하는 메디컬 체크 항목을 알 수 있으면 좋겠다는 의견을 제시했다. 만약 후보자가 의료적으로 문제가 있어 치료가 필요할 경우 성도 가운데 개업하고 있는 의사를 소개하는 것도 제안했다. 그리고 만일 후보자가 메디컬 체크가 필요하다면 선교 위원회 예산으로 지원해 주기로 했다. 무엇보다 정신 건강에 대한 체크가 필요하다는 것에 대해서 공감했다.

김 장로는 선교 위원들이 진지하게 토의하고 그 결과를 발표하는 모습을 보면서 크게 고무되었다. 이전의 선교 위원회 모습과는 두 가지 면에서 크게 달라졌다. 우선, 선교 위원회가 선교에 대한 전문성을 가지고 토론을 하게 되었다는 점이다. 그 다음은 문제에 집중하고 서로의 연약한 점에 대한 공격을 하지 않는다는 점이었다. 전에는 회의를 하고 나면 머리가 지끈지끈 아팠다. 하지만 이제는 아무리 반대되는 의견을 제시해도 그 문제에 대해서만 토론하고 대부분 생산적인 결론에 도달하는 모습에 김 장로는 감동을 받았다.

김 장로가 다음 모임은 한 달 후에 1박 2일 워크숍을 하면서 깊이 있게 논의를 하면 어떻겠느냐고 하자 모든 선교 위원은 박수를 치며 환영했다.

워크숍은 12월 첫째 주 금요일 저녁과 토요일에 걸쳐 진행되었다. 한주환 집사가 용인에 있는 자기 별장으로 선교 위원들을 초대했다. 선교 위원회 회의를 교회 밖에서 하는 것은 처음 있는 일이었다. 별장의 넓은 정원은 주위가 측백나무들로 둘러싸여 있어 바비큐 파티를 하기에 안성맞춤이었다. 12월 초라고는 믿기 어려울 정도로 날씨도 포근하고 햇살도 따가워 참석자들은 야외에서의 바비큐 파티를 즐겼다. 교회 안에서 모일 때보다 야외에서 함께 식사를 하는 것이 관계를 더욱 돈독하게 하는 것 같았다. '이런 시간을 미리 가졌다면 더 좋았을 텐데'라고 생각하며 김 장로는 흐뭇하게 선교 위원들이 교제하는 모습을 바라보았다.

저녁 식사가 끝나고 거실에 모여 앉아 예배를 드린 후 선교 위원들은 지난 번처럼 조로 나누어 토론했다. 토론 주제는 '지역 교회와 선교 단체의 협력'이었다. 우선 지역 교회와 선교 단체가 협력해야 할 분야를 다섯으로 나누었다.

> 선교사 선발
> 선교사 훈련
> 기도와 돌봄
> 본국 사역 선교사 관리
> 동원

스무 명의 참석자를 다섯 그룹으로 나누어 각 분야에서 선교 단체와 지역 교회가 서로 어떻게 협력해야 할 것인가에 대해 토론하고 각 조의 토론 결과를 한 사람이 나와 발표하기로 했다. 지역 교회만이 할 수 있는 것은 10점, 그리고 지역 교회가 전혀 할 수 없는 경우는 0점이라고 할 때 열방교회는 어느 정도를 감당할 수 있는지 점수로 표시해 발표하도록 했다.

선교사 선발팀이 제일 먼저 발표를 했다. 선교사 선발은 선교 단체가 많은 노하우를 가지고 있을 것이라고 전제했다. 하지만 한 달 전 선교 위원회에서 선교사 선발 문제를 이야기할 때 지역 교회의 역할 또한 필요하다고 결론을 내렸기 때문에 지역 교회의 역할에 3점을 주었다.

다음으로 선교사 훈련 팀이 발표를 했다. 선교사 훈련에 대해서는 아무래도 선교 단체의 전문성이 지역 교회의 전문성을 앞설 것으로 판단했다. 하지만 지역 교회에서 하는 제자 훈련이 선교 훈련의 초석이 되어야 한다는 전제 아래 제자 훈련을 지역 교회에서 잘해야만 좋은 선교사 후보가 될 수 있다고 생각해 지역 교회의 역할에 2점을 부여했다.

기도와 돌봄팀에서는 앞의 두 팀보다 지역 교회의 역할이 더 많을 것으로 보았다. 물론 선교사가 필드 사역을 하는 동안 필드에서의 돌봄은 지역 교회가 직접 담당하기 어렵지만 지역 교회에는 선교를 위한 기도팀들이 있는데 그 팀들은 자신들을 '무릎 선교사'라고 부를 정도로 선교사들을 위해서 열심히 기도하고 있었다. 돌봄도 목회에 대한 노하우를 가진 지역 교회가 많은 역할을 할 수 있다고 생각해 6점을 주었다.

본국 사역 선교사 관리팀에서는 자신감을 갖고 지역 교회의 역할에 9점을 주었는데, 이렇게 큰 점수를 준 가장 큰 이유는 본국에 온 선교사는 지역 교회와 사역을 할 것이기 때문이었다. 다만 10점이 아니라 9점이라고 한 것은 선교 단체의 홈도 선교사 관리의 일부를 감당하기 때문이었다.

동원은 계속되는 선교의 유지를 위해 꼭 필요한 사역이라고 보았다. 인적, 물적, 기도의 동원은 역시 지역 교회가 선교 단체보다 더 잘할 수 있다는 결론을 내리게 되어 지역 교회의 역할에 8점을 주었다.

김 장로는 다섯 그룹에서 발표한 것을 작은 칠판 위에 다음과 같이 도표로 정리해 보았다.

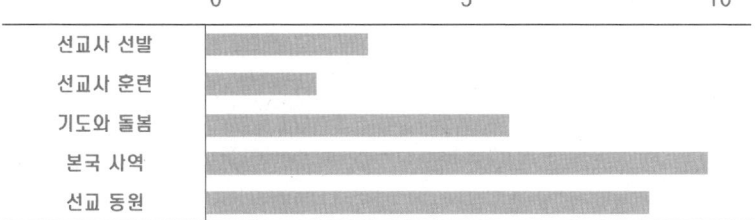

이렇게 도표로 표시해 보니 지역 교회와 선교 단체의 협력이 어떻게 이루어져야 할 것인가가 더욱 선명해지는 것 같았다. 선교 위원들은 자신들이 토론한 결과이지만 지역 교회가 선교 단체와 협력해야 할 분야를 이처럼 분명하게 표시할 수 있다는 것에 대해 대견스러워 했다. 그날 저녁 선교 위원회 모임은 대성공이었다.

12월의 밤 별장 주변은 고요했다. 모임을 마친 후에도 선교 위원들은 바로 잠자리로 직행하지 않고 거실 벽에 붙어 있는 스토브 앞으로 모여들었다. 어떤 사람들은 작은 담요로 무릎을 덮고 스토브에서 나오는 따뜻한 열기를 만끽했다. 연료로 장작을 태우는 스토브는 고풍스러운 무쇠로 만들어져 있어 고구마를 구워 먹기에 안성맞춤이었다. 별장 주인인 한 집사는 별장 안에 있는 작은 텃밭 가꾸는 것을 좋아해서 봄여름 내내 정성스럽게 가꾼 고구마를 가을에 수확해 두었는데 선교 위원회 워크숍을 위해 기꺼이 꺼내 놓았다. 장작 타는 소리와 고구마 익는 냄새가 한데 어우러진 거실 분위기가 참석자들로 하여금 잠 못 들게 만들었다.

자영업을 하는 이완구 집사가 잘 구워진 고구마를 먹으며 말을 꺼냈다.

"저는 그동안 선교 위원회에 대해 회의적일 때가 많았습니다. 별로 생산적이지도 않고 자주 의견이 대립되면서 회의가 겉도는 것 같았습니다. 하지만 최근 들어 선교 위원회 회의에 오는 것이 즐겁습니다. 우리 분위기가 이렇게 잘 익은 고구마 같습니다."

평소 말수가 적은 장영호 집사도 거들었다.

"처음에 김 장로님이 무슨 선교회에 다녀왔다느니, 캄보디아에 가서 필드 구조를 보고 왔다느니 할 때만 해도 그저 '저러다가 또 말겠지' 하고 생각했습니다. 왜냐하면 우리 교회에서 뭔가 새로운 것을 시도했다가도 1년만 지나면 언제 그런 이야기를 꺼냈느냐는 식으로 사라지지 않았습니까? 그래서 저는 그동안 새로운 이야기가 나와도 적극적으로 반대하지 않았습니다. 하지만 이번에는 완전히 달라진 것 같아요. 무엇보다 우리 선교 위원회가 나아가야 할 방향이 보이는 것 같아요. 특별히 김 장로님을 존경하게 되었습니다."

김 장로가 겸연쩍어하며 말을 가로막았다.

"맛있는 고구마 먹으며 왜 쓸데없는 소리를 하나!"

일동이 모두 웃었다. 장영호 집사가 계속 말을 이었다.

"요 몇 달 동안 선교 위원회에서 우리가 배우고 토론한 내용들을 열방교회 모든 성도가 알아야 할 것 같아요. 성도들은 선교가 너무 어렵고 이해하기 힘들다고 생각해서 선교라고 하면 아예 근처에 오려고도 하지 않아요. 요즘에는 선교 위원회라고 하는 것을 아예 없애는 것이 더 낫지 않을까 하는 생각이 들 정도입니다. 교회에서 선교는 선교 위원회가 알아서 하면 되는 일인 것처럼 생각하는 것 같아요. 사실은 저도 처음에 그렇게 생각했지요. 하지만 점점 제 생각이 잘못이었다는 것을 깨닫습니다. 제가 선교 위원회에 대해 부정적으로 말하는 것이 아니라는 것은 다들 이해하시지요?"

자기가 한 말이 혹시라도 의도와는 달리 부정적으로 들릴까 봐 염려스러운 표정을 짓는 장 집사의 말에 많은 선교 위원이 고개를 끄덕였다. 사실 김 장로는 선교 위원들의 생각 속에 이처럼 빠른 속도로 변화가 일어날 줄은 생각지도 못했다. 김 장로는 특별히 장 집사가 말한 '차라리 선교 위원회를 아예 없애는 것이 더 낫지 않을까요'라는 말이 마음속에 남았다. 김 장로는 선교 위원회에서 일어나고 있는 이런 변화가 열방교회 모든 성도 사이에서 일어날 것을 상상해 보았다. 별장의 밤이 깊어질수록 선교 위원들의 대화도 점점 더 깊어 갔다.

차가운 아침 공기를 가르고 동쪽 창으로 조금씩 햇빛이 들어오기 시작했다. 별장에서 맞는 아침은 신선했다. 새벽 기도회 대신 선교 위원들은 조금 늦게 일어나 아침 식사 전에 함께 모여 경건회 시간을 가졌다. 경건회를 마치고 이어진 아침 식사는 간단하지만 매우 독특한 메뉴였다. 중국에서 단기 사역을 했던 권영옥 집사가 쌀과 조를 섞어 중국의 소수 부족들이 아침 식사로 먹는 죽을 만들었다. 선교 위원들은 모두 신기해하며 권 집사가 만든 죽을 맛있게 먹었다.

워크숍 둘째 날 오전에 해야 할 과제는 선교 위원회의 새로운 매뉴얼을 만드는 일이었다. 매뉴얼 작업은 쉽지 않았다. 매뉴얼 자체가 열방교회 선교 위원들에게는 매우 생소한 개념이었다. 장난기 많은 양연희 집사가 다소 어색한 분위기를 깼다.

"우리가 언제 집에서 매뉴얼 보나요? 우리나라 사람들은 먼저 전원에 연결하고 문제가 생기면 바로 서비스 센터에 전화하지 않나요?"

일동이 모두 큰 소리로 웃었다. 이전에는 이렇게 매뉴얼을 만들어 보자는 생각을 해 본 적이 없었다. 하지만 앞으로 열방교회가 선교를 더 잘하기 위해서는 꼭 필요한 작업이라고 확신했다.

전체 토론을 위해 매뉴얼에 들어갈 내용을 크게 다섯 가지로 구분하고 이것을 다시 다섯 그룹에서 문장으로 만들어 함께 매뉴얼 만드는 작업을 하기로 했다.

      매뉴얼의 작성 목적
      파송 선교사 선발 절차
      후원 선교사 책무 관리

선교 위원회 운영
본국 사역 선교사 규정

　문장을 다듬는 일로 얼마간의 시간을 더 보내기는 했지만 매뉴얼이 완성되자 참석자 전원이 박수를 치며 좋아했다.
　열방교회 선교 위원회는 선교 위원들뿐 아니라 일반 성도들이나 교회를 방문하는 후원 선교사들도 쉽게 접근할 수 있도록 매뉴얼을 출력해 선교 위원회 방 안에 비치하기로 했다. 그리고 매뉴얼이 열방교회가 하는 모든 선교 활동의 기준이 되도록 내용을 수시로 검토하기로 했다.
　매뉴얼 작업이 마무리되자 대학에서 물리학을 강의하는 탁오근 집사가 발언했다.
　"어제 저녁 우리가 토론한 것을 기초로 선교 단체와의 건강한 협력 관계를 도표로 만들어 보았습니다. 지역 교회와 선교 단체 사이의 협력 관계를 만들어 보면 다음과 같이 네 가지 유형이 될 것 같습니다."

|  | 건강한 교회 | 건강하지 않은 교회 |
|---|---|---|
| 건강한 단체 | 이상적 파트너십 | 갈등적 파트너십 |
| 건강하지 않은 단체 | 피해 의식 파트너십 | 없어야 할 파트너십 |

지역 교회와 선교 단체 사이의 협력 관계의 종류

언제 준비했는지 커다란 종이 위에는 위와 같은 도표가 그려져 있었다.

"가로 축에는 건강한 교회와 건강하지 않은 교회를 두었습니다. 세로 축에는 건강한 선교 단체와 건강하지 않은 선교 단체를 두었습니다. 그러면 네 가지 조합이 나오지요. 만약 건강한 교회와 건강한 단체가 만나면 이상적인 파트너십이 됩니다. 여기서 건강한 교회란 지역 교회의 목표만 생각하는 것이 아니라 하나님 나라의 관점(kingdom perspective)에서 선교하려는 교회를 말합니다. 건강한 단체란 필드 구조를 통해서 선교사의 책무를 수행하는 단체를 말합니다. 건강한 교회와 건강한 선교 단체의 만남이 아마도 가장 바람직한 관계일 것이라고 생각합니다.

만약 건강하지 못한 교회와 건강한 단체가 생기면 갈등적 파트너십이 됩니다. 건강하지 않은 교회란 하나님 나라의 관점보다 자기 지역 교회의 특정 목표를 이루기 위해 선교를 수단으로 생각하는 교회를 말합니다. 지역 교회가 선교를 통해 건강하지 않은 목적을 실현하려고 한다면 원칙대로 선교를 하려고 하는 선교 단체가 마치 지역 교회의 선교를 방해하는 듯한 인상을 줄 수 있을 것이고 그렇게 된다면 갈등만 생기겠지요. 만약 건강한 교회와 건강하지 않은 선교 단체가 만나면 건강한 지역 교회가 피해 의식을 느낄 수 있을 것 같습니다. 선교 단체가 지역 교회를 이용해 먹는다는 느낌을 받을 수 있어 피해 의식이라는 표현을 써 보았습니다. 마지막으로 건강하지 못한 교회와 건강하지 못한 단체와의 관계는 서로 만나지 말아야 하는 관계라고 할 수 있습니다."

참가자들은 탁 집사의 분류를 통해 지역 교회와 선교 단체의 관계를 명확하게 이해할 수 있어 모두 탄성을 질렀다.

선교 위원들은 건강한 협력을 위해서 어떤 노력을 해야 할지 추가적으로 논의했다. 그 결과 세 가지 원리를 도출해 냈다.

- 지역 교회와 선교 단체 사이에 신뢰를 쌓아야 한다.
- 의사소통을 원활하게 해야 한다.
- 서로의 단점을 탓하지 말고 서로의 장점을 인정하고 장점에 집중한다.

도출한 세 가지 원리는 액자에 넣어 선교 위원회 방 벽에 걸어 두기로 했다.

오전 회의를 끝으로 1박 2일 워크숍의 모든 일정을 마쳤다. 매뉴얼 작성을 성공적으로 마친 선교 위원들은 점심 식사를 한 후 등산을 하기로 했다. 마침 식당에서 얼마 떨어지지 않은 거리에 그리 높지 않은 산이 있었다. 그 산은 바위와 흙길이 적절하게 조화를 이루고 있었고, 넓고 완만한 탐방로가 잘 정비되어 있어 등산하기에 안성맞춤이었다. 12월답지 않게 포근한 날씨 속에 선교 위원들은 삼삼오오 대화를 나누며 산행을 즐겼다.

김 장로는 선교 위원회에서 오랫동안 함께 섬겨 온 두 명의 집사와 함께 산길을 걸었다. 평소에 선교 위원회에 가장 애정을 갖고 있는 이재호 집사가 김 장로에게 제안을 했다.

"김 장로님, 이번 워크숍 준비하시느라 정말 수고가 많았습니다. 이렇게 뭔가를 이루어 낸 워크숍은 제가 열방교회를 다닌 후로 처음 같습니다."

김 장로는 쑥스러워하며 다른 회원들에게 그 공을 돌렸다.

"아닙니다. 저는 한 것이 아무것도 없습니다. 이번 워크숍은 별장 주인인 한 집사를 포함해 준비 위원들이 정말 수고를 많이 했습니다. 또한 참여자들이 적극적으로 아이디어를 내서 좋은 결과를 얻게 된 것 같습니다. 저도 이번 워크숍이 이렇게 좋은 결과를 가져올지 몰랐습니다. 앞으로 1년에 서너 번은 이렇게 교외로 나와 1박 2일 회의를 해도 좋을 것 같습니다."

함께 걷던 윤경우 집사도 동의했다.

"좋은 생각입니다. 그런데 이번 워크숍에서 선교 위원들 사이에 논의한 내용을 우리만 알고 있기에는 너무 아깝다는 생각이 들었습니다. 제 생각에는 이런 내용을 열방교회 성도들이 모두 알 수 있으면 좋겠습니다."

등산을 마치고 선교 위원들이 모두 집으로 돌아간 뒤 김 장로는 별장 주인 한 집사가 별장을 치우는 것을 돕고 늦게 집으로 돌아왔다. 이제 뭔가 열방교회의 선교가 체계를 잡아 효과적으로 진행될 것 같은 희망이 생겼다.

잠자리에 들기 전 김 장로는 다시 열방 기도 수첩을 꺼냈다. 그리고 이렇게 적었다.

"지역 교회와 선교 단체의 건강한 협력 관계"
지역 교회가 할 수 있는 일과 선교 단체가 잘 할 수 있는 일이 서로 조화를 이룰 때 시너지 효과를 낼 수 있다.

# 2부

## "열매보다는 건강한 나무를"

좋은 나무가 좋은 열매를 맺는다. 선교라는 이름으로 뭔가를 하는 것 이상으로 중요한 것은 지역 교회가 얼마나 선교적 체질을 가지고 있는가다. 좋은 열매를 맺기 위해서는 나무가 건강해야 하는 것처럼 건강한 선교를 위해서는 지역 교회가 건강한 선교적 체질(being missional)이 되어야 한다.

2부에서는 지역 교회가 선교적 교회로 가기 위한 로드맵을 다루고 있다. 선교적 교회에 대해 눈뜨기 시작한 김 장로는 산호세 여행을 통해, 그리고 자기가 사는 동네의 선교적 상황을 통해 가까이 와 있는 선교지를 보게 된다. 김 장로의 기도대로 열방교회 내에 선교적 교회에 눈뜨는 일들이 동시다발적으로 벌어진다.

열방교회는 동신복 선교회 대표의 코칭을 받아 전 교회가 선교적 교회로 체질을 바꾸기 위한 과감한 과정을 밟는다. 체질을 바꾸는 것은 불편함을 감수하는 과정이다. 마치 건강해지기 위해 편안히 지내던 삶의 방식을 바꾸는 것처럼 선교적 체질이 되기 위해서도 그동안의 라이프 스타일을 바꾸는 불편한 과정을 겪어야 한다.

# 6장

## 코치의 도움

선교적 교회 로드맵

 

12월 중순이 되자 해가 지면 영하로 내려가는 날씨가 계속되었다. 아침 식사를 마치고 조간신문을 읽다가 김 장로는 갑자기 목이 뻣뻣해지는 것을 느꼈다. 평소에도 컨디션이 나쁠 때면 간혹 그런 느낌이 들 때가 있었지만 대수롭지 않게 넘겼는데 이번에는 느낌이 달랐다. 김 장로는 아내의 권유로 가까운 내과 의원을 찾았다.

결국 의사에게 고혈압 진단을 받았다. 올해 60세가 된 김 장로는 평소에 건강하다고 생각하고 있었는데 그날 혈압이 무려 200까지 올라간 것이다. 김 장로는 신장 175센티미터에 몸무게가 85킬로그램이나 나가 평소에 과체중을 걱정하고 있었는데 고혈압이라는 이야기를 듣자 속으로 '드디어 올 것이 왔구나'라는 생각이 들었다.

의사는 약을 처방해 주면서 약을 먹는 것도 중요하지만 운동을 규칙적으로 해야 한다고 강조했다. 김 장로는 이미 얼마 전부터 자가용보다는 대중교통수단을 이용하려고 노력하고 있었지만 그래도 여전히 편안함을 떨치지 못해 자가용을 이용하는 경우가 많았다.

"결국 건강하려면 불편하게 사는 것을 감수해야 합니다."

집으로 돌아오면서 '건강하려면 불편하게 사는 것을 감수해야 한다'는 의사의 말이 계속 마음에 남았다. 그동안 편하게 사는 것이 몸에 배어 있었는데 편한 삶이 건강에는 좋지 않았던 것이다. 김 장로는 우선 다른 운동을 시작하기보다 피트니스센터에서 규칙적으로 운동을 하기로 했다.

마침 집에서 가까운 곳에 피트니스센터가 있었다. 피트니스센터에 등록하자 20대 후반으로 보이는 건장한 청년이 김 장로의 코치로 배정되었다. 코치는 먼저 김 장로의 체질량 지수를 체크하고 나서 최근에 먹었던 음식이며 생활 습관에 대해 자세히 물어보았다. 코치는 김 장로의 생활 습관 가운데 고쳐야 할 것에 대한 목록을 작성해 주고 앞으로 집에서 할 일에 대해 자세히 일러 주었다. 그리고 피트니스센터에 매주 두 번씩 나와 자기와 운동을 해야 한다고 말했다.

"아버님, 목표는 1년 안에 체중을 75킬로그램으로 유지하는 것입니다. 그러기 위해서는 다이어트와 운동을 계속하셔야 합니다."

김 장로는 자기 아들 나이의 코치가 친절하게 어떤 운동을 하고 어떤 음식을 먹어야 할지에 대한 목록을 만들어 주는 것에 매우 만족하며 집으로 돌아왔다.

피트니스센터를 다녀온 후 김 장로는 안심이 되었다. 처음 목이 뻣뻣할 때만 해도 걱정이 많이 되었지만 의사가 처방해 준 약을 먹고 조금 안정이 되는 것 같아 좋았고, 귀찮지만 운동을 계속하면 좋아진다는 코치의 말에 더욱 안심이 되었다. 특히 피트니스센터의 코치가 한 말이 계속 뇌리에 남아 얼굴에 슬그머니 미소가 지어지기도 했다.

"만약 아버님이 이렇게 운동하시면 젊은 사람들처럼 근육도 좋아지고 날씬한 체형을 유지하실 수 있습니다."

하지만 먹는 것을 좋아하는 김 장로에게 다이어트는 쉽지 않은 도전이었다. 더욱이 그동안 남편 내조한다고 고생하던 아내가 자신을 위해 특별 식단을 작성하고 조리할 생각을 하니 미안하기 짝이 없었다. 하지만 자신의 생활 패턴을 고치지 않고는 건강을 유지할 수 없다는 것을 이번 기회에 절실하게 느꼈기 때문에 마음을 다지기로 했다. 그리고 차를 타지 않고 걸을 기회가 있다면 가능한 많이 걷기로 했다.

김 장로는 운동을 하려고 평소보다 조금 일찍 퇴근했다. 의사가 제안한 대로 사무실에서 버스 정거장까지 갈 때도 더 많이 걸으려고 일부러 동신복 선교회가 있는 골목 쪽으로 돌아갔다. 동신복 선교회 간판을 보자 지난번 신 대표에게서 들은 선교적 교회(missional church)에 대해 더 알고 싶어져 예정에도 없이 선교회 사무실로 들어갔다. 마침 신 대표가 두 명의 선교사들과 이야기하고 있었다. 신 대표와 대화를 하고 있던 선교사들이 자신들을 김 장로에게 소개했다.

"안녕하세요, 저는 김정오 선교사라고 합니다. 중학생 때부터 미국에서 살고 있습니다. 보통 사람들은 저를 1.5세대라고 하지요. 저는 선교지에서 성경 번역 사역을 하다가 지금은 미국에서 동원 사역을 하고 있습니다."

"네, 저는 이기훈 선교사라고 합니다. 캐나다에 거주하고 있습니다. 저는 1.5세대는 아니고 1세대입니다. 한국에서 대학을 나오고 다 커서 캐나다로 이주한 경우입니다. 저도 김 선교사와 같은 선교 단체에서 일하고 있고 동원 사역을 하고 있습니다."

김 장로도 두 선교사에게 자신을 소개했다.

"저는 열방교회에서 시무 장로로 섬기고 있는 김상진입니다. 선교위원장으로 고민이 있을 때마다 신 대표님에게 많은 도움을 받고 있습니다. 세 분이 중요한 모임을 하고 계시는데 제가 방해한 것 같아 미안합니다. 사무실 앞을 지나다가 신 대표님이 사무실에 계시면 인사라도 드릴까 하고 약속도 없이 잠깐 들렀습니다."

신 대표가 웃으며 말했다.

"저희는 오랜만에 만나 그간 어떻게 지냈는지 이야기를 나누던 중이니 전혀 문제없습니다. 본격적인 대화는 내일부터 시작할 겁니다. 두 분 선교사님이 한국에 오신 것은 다음 주부터 있을 포럼에 참석하기 위해서입니다. 매년 1월 중에 '코디아넷(KODIANET) 포럼'이라는 모임이 있습니다. 해외에 있는 한인 교회들을 선교적으로 동원하는 선교 동원가들의 모임입니다. 지난 2년 동안 이 두 분과 제가 '선교적 교회를 위한 로드맵' 만드는 작업을 하고 있습니다. 며칠 후 열릴 정식 포럼 전에 로드맵 작업을 더 진행하기 위해 두 분이 한국에 조금 일찍 오신 겁니다."

김 장로는 선교적 교회를 위한 로드맵이라는 이야기를 듣자 반가워했다.

"그렇군요! 사실은 그렇지 않아도 신 대표님이 지난번 저희 교회에 오셨을 때 선교적 교회라는 말씀을 하시지 않으셨습니까? 그래서 그 선교적 교회라는 말이 무엇인지 정확하게 이해하고 싶어서 언젠가 신 대표님에게 물어봐야겠다고 생각하고 있었습니다."

신 대표가 반색을 했다.

"아! 그렇다면 오늘 가장 적절한 분들을 만나신 겁니다. 이분들이 지난 2년 동안 그 부분을 가지고 씨름하셨습니다. 김정오 선교사님이 로드맵에 대해 김 장로님께 설명을 해 주시면 어떨까요?"

김 선교사가 기다렸다는 듯이 대답했다.

"아, 그럴까요? 선교적 교회란 단순히 선교를 많이 하는 것이 아니라 교회의 체질이 선교적으로 바뀌는 것을 말합니다. 나무로 비유한다면, 나무의 상태를 고려하지 않은 채 어떻게 하면 열매를 많이 맺게 할까만 생각하는 것이 아니라 어떻게 하면 나무를 건강하게 만들까를 생각하는 것이지요. 만약 나무가 건강하다면 좋은 열매를 맺는 것은 자연스러운 일이겠지요."

건강한 나무가 되어야 좋은 열매를 맺을 수 있다는 김정오 선교사의 말에 김 장로는 절로 고개가 끄덕여졌다.

"교회라고 하면 구체적으로 어떤 의미인가요?"

김 장로의 질문에 이번에는 이기훈 선교사가 대답했다.

"네, 담임 목사님과 당회원들을 중심으로 하는 교회 리더십, 선교를 구체적으로 이루어 가는 선교 위원들, 교회 성도 모두를 의미합니다."

김 장로의 머릿속에 그동안 고민하던 문제 해결의 실마리가 잡히는 것 같았다. 열방교회에서는 선교 위원들만 선교를 하는 것처럼 인식되는 경우가 많았다. 아직도 성도들은 선교에 대해 관심이 없었다. 그런데 로드맵에서는 선교 위원들뿐 아니라 일반 성도들도 포함하고 있다는 것이 큰 매력이었다.

"그렇다면 선교에 관심 없는 성도들에게는 어떻게 선교에 대해 이야기를 해야 하나요?"

김종오 선교사가 얼른 대답했다.

"그런 성도들을 돕기 위해 저희가 로드맵을 만드는 중입니다."

그러면서 김 선교사는 자신의 노트북을 들고 와 김 장로에게 파일 하나를 보여 주었다. 파워 포인트로 되어 있는 파일에는 '선교적 교회를 위한 로드맵'이라는 제목이 붙어 있었다.

"이 그림이 그동안 저희가 작업한 내용을 가장 잘 보여 줍니다."

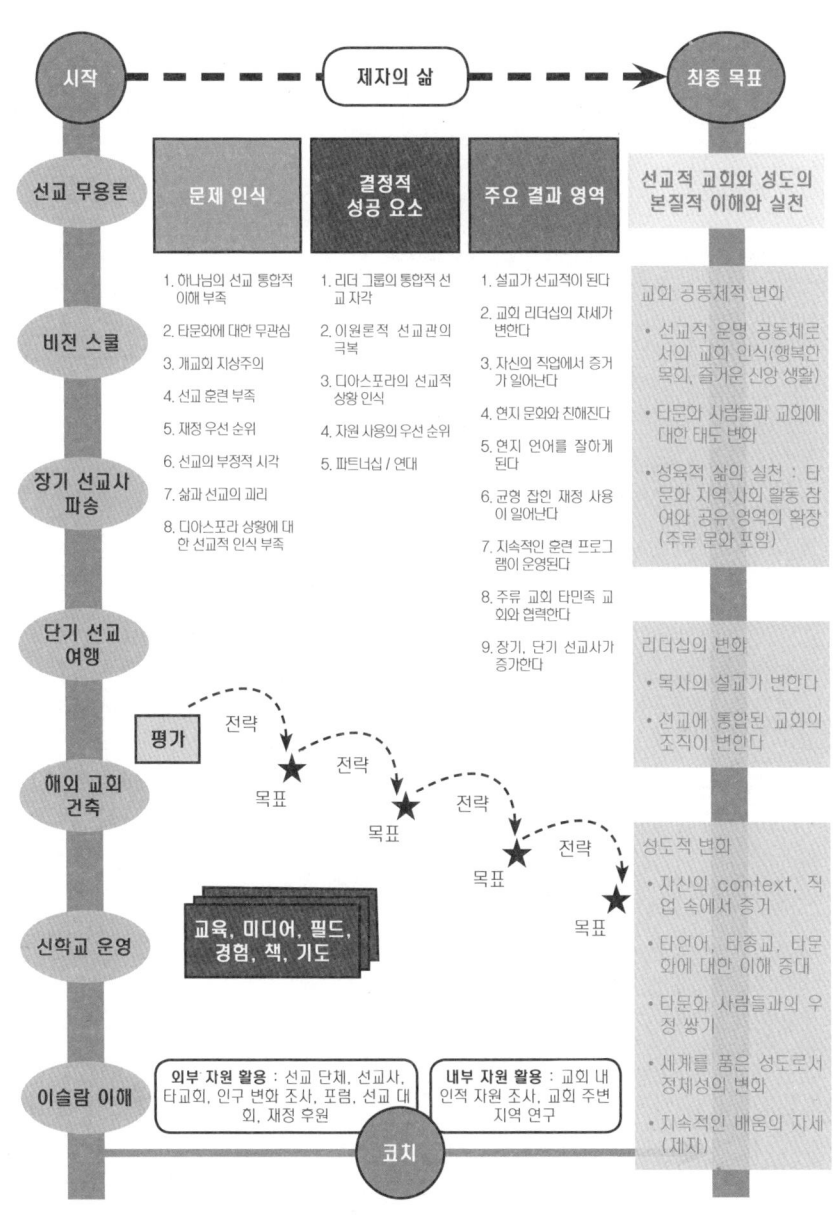

선교적 교회를 위한 로드맵

김 선교사가 보여 준 그림이 너무 복잡해서 김 장로는 현기증이 날 것 같았다. 눈치 빠른 신 대표가 김 장로의 표정을 보더니 설명을 이어 갔다.

"아마도, 이 그림은 로드맵의 전체 내용을 모두 포함시켰기 때문에 복잡해 보일 것입니다. 그래서 복잡한 도표를 부분으로 나누어 차근차근 설명을 드려 볼까 합니다. 우선 선교적 교회가 되기 위해 현재 교회가 하고 있는 선교(doing missions)에 대해서 생각해 볼 필요가 있습니다. 비전 스쿨도 하고, 단기 선교 여행도 가 보고, 외국인 근로자 사역도 해 보고, 장기 선교사도 파송해 보고, 해외에 교회 건물을 짓거나 신학교를 운영하는 등 이런 일들을 많이 하는 교회를 가정해 볼 수 있습니다."

**교회의 현황**

김 장로가 의아하다는 듯 질문을 던졌다.

"그러니까 이런 교회가 선교적 교회라는 말씀이지요?"

신 대표가 서둘러 대답했다.

"아닙니다. 이런 교회라고 해서 저절로 선교적 교회가 되는 것은 아닙니다. 선교적 교회란 선교라는 이름으로 여러 활동을 많이 하는 교회를 의미하는 것이 아니라 체질적으로 선교적인 교회를 말하는 것입니다."

김 장로는 선교사들이 하는 이야기가 여전히 이해되지 않았다. 뭔가 중요한 이야기인 것 같기는 한데 아직 전체적으로 그림이 그려지지 않는 상태였다.

이번에는 김정오 선교사가 설명을 이어 나갔다.

"김 장로님, 무엇을 하는 것과 어떤 사람이 되는 것은 같은 이야기가 아닙니다. 예를 들어 건강한 사람과 운동을 하는 사람이 언제나 같은 의미는 아닙니다."

김 장로는 김 선교사가 설명을 하자 그제야 이해가 되었다. 전에 자신이 골프를 즐겨 쳤지만 건강한 상태는 아니었다. 그래서 최근에는 오히려 운동을 그만두고 건강한 몸을 만들기 위해 피트니스센터를 다니며 노력을 하고 있지 않은가. 그러는 동안 신 대표가 다음 슬라이드를 김 장로에게 보여 주었다.

"김 장로님, 다음 그림을 보시지요. '뭔가를 하는 선교'에서 '선교적 체질'이 되는 것 사이의 차이를 명확하게 하려면 '선교적 체질'이 되는 것이 어떤 모습이 될지를 먼저 살펴볼 필요가 있습니다.

**최종 목표**

**선교적 교회와 성도의 본질적 이해와 실천**

**교회 공동체적 변화**
- 선교적 운명 공동체로서의 교회 인식(행복한 목회, 즐거운 신앙 생활)
- 타문화 사람들과 교회에 대한 태도 변화
- 성육적 삶의 실천 : 타문화 지역 사회 활동 참여와 공유 영역의 확장 (주류 문화 포함)

**리더십의 변화**
- 목사의 설교가 변한다
- 선교에 통합된 교회의 조직이 변한다

**성도적 변화**
- 자신의 context, 직업 속에서 증거
- 타언어, 타종교, 타문화에 대한 이해 증대
- 타문화 사람들과의 우정 쌓기
- 세계를 품은 성도로서 정체성의 변화
- 지속적인 배움의 자세 (제자)

선교적 교회

선교적 교회가 되는 모습

"첫째는 공동체적으로 선교적 교회가 되는 것입니다. 이것은 교회를 단순히 유지하고 발전시키는 것을 교회의 목적으로 삼는 것이 아니라 선교적 공동체가 되는 것이 교회의 목적이라고 인식하는 것입니다. 그 가운데 가장 중요한 인식의 변화는 타문화 사람들에 대한 태도의 변화입니다."

이기훈 선교사가 설명을 추가했다.

"선교를 하는 교회와 선교적 교회가 비슷해 보일지 모르지만 둘의 차이는 매우 현저합니다. 선교를 하는 교회는 선교를 교회 부흥의 수단이거나 혹은 목회의 한 가지 프로그램 정도로 생각할 수 있습니다. 하지만 선교적 교회는 교회의 목적 자체가 선교입니다."

김 장로가 다시 답답하다는 표정을 지으며 말했다.

"저는 아직도 그 차이를 분명하게 인식하지 못하겠는데요."

"그러면 예를 들어 드릴까요?"

신 대표의 물음에 김 장로는 고개를 끄덕이는 것으로 대답했다.

"어느 교회가 선교를 잘하는 교회로 소문이 나 있었습니다. 여러 선교사를 이미 파송했고, 선교사 후원도 많이 하고, 선교지에서 큰 프로젝트를 진행하는 교회일 뿐 아니라 일반 성도와 청년들로 구성된 단기 선교 여행팀들이 여름과 겨울이 되면 스무 팀 넘게 선교지를 다녀오는 교회이기도 합니다."

"와, 선교를 정말 많이 하는 교회네요!"

김 장로는 부럽다는 듯이 입을 벌리고 신 대표의 설명을 경청했다.

"그런데 그 교회 근처에 공장이 있었는데 그 공장에 인도 사람들이 많았습니다. 교회는 인도 사람들에게 복음을 전하려고 노력했습니다."

인도 사람들이 한두 명씩 모이더니 얼마간 시간이 지나자 서른 명이 모이게 되었습니다. 인도 사람들이 토요일에 모여서 예배를 드리고 음식을 나누다가 성가대원들이 사용하는 식판을 사용했다고 합니다. 그것을 안 성가대 부장 장로님이 더럽게 손으로 먹는 사람들이 성가대 전용 식판을 이용했다며 노발대발했다고 합니다."

김 장로는 이제 무슨 말인지 알아듣겠다는 표정을 지으며 말했다.

"그 장로님이 좀 심했네요. 그렇게까지 할 필요가 있었을까요."

"그런데 문제는 거기서 끝난 것이 아닙니다. 그 다음 주에 그 장로님이 인도 사람들에게 그 식판을 다시 사용하라고 했습니다."

김 장로의 얼굴에 미소가 떠올랐다.

"그 장로님이 회개를 했군요!"

"그랬다면 얼마나 좋았겠습니까! 그게 아니고 성가대가 사용할 식판을 새로 다시 구입하고 이전 것은 인도 사람들에게 그냥 사용하라고 했다고 합니다."

김 장로의 입에서 한숨이 나왔다. 김 장로의 얼굴이 잠시 찡그려졌지만 이내 다시 평상시 얼굴로 돌아왔다.

"그러니까 그 교회는 선교하는 교회라고 할 수는 있지만 선교적 교회라고 하기에는 부족한 점이 있네요. 이제 그 차이를 알 것 같습니다."

신 대표가 설명을 이어 갔다.

"선교적 교회가 되면 목사님을 포함한 교회의 리더십도 달라집니다. 그리고 성도들 개개인도 달라집니다. 그것을 위 도표의 맨 오른쪽에 적어 둔 것입니다. 목사님의 설교, 목회 계획, 교회 리더들의 자세, 그리고 일반 성도들의 삶에 커다란 변화가 일어날 것입니다."

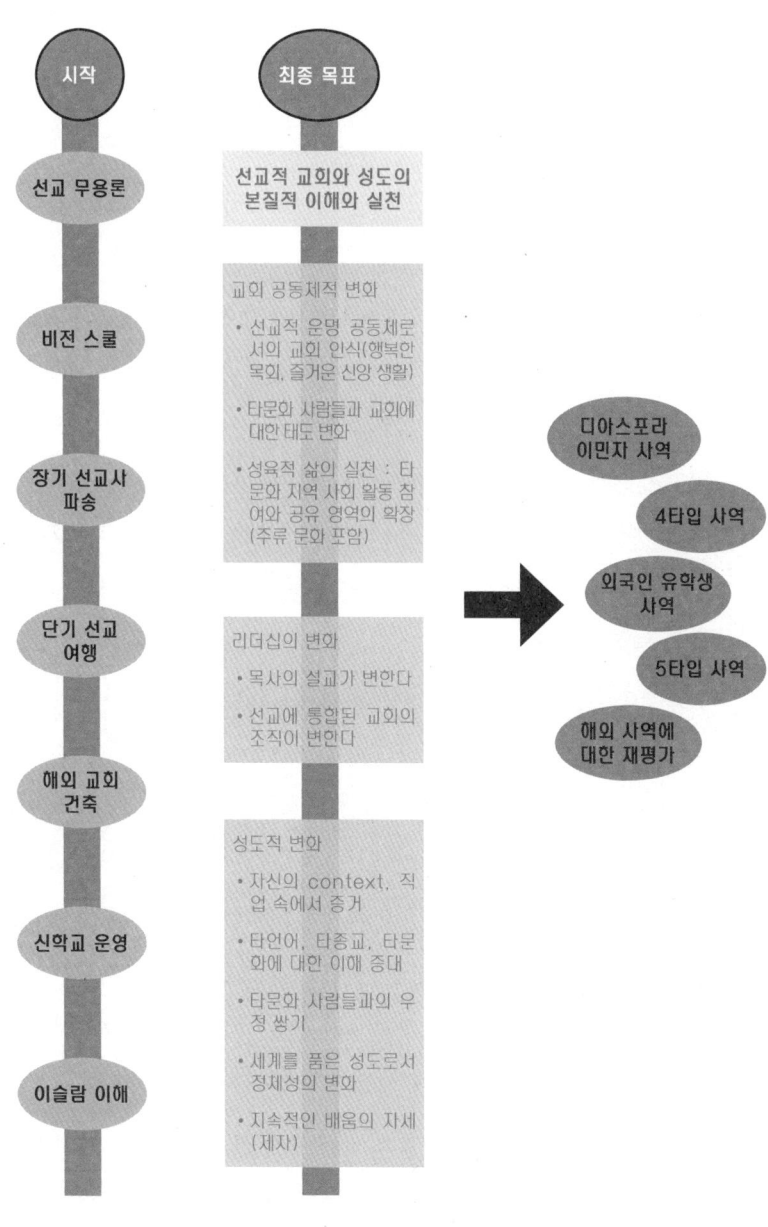

선교적 교회의 성도들의 사역 변화

김 장로가 갑자기 궁금해졌다.

"예를 들면 성도들의 삶에는 어떤 변화가 나타날까요?"

김 선교사가 차분하게 설명해 주었다.

"예를 들면 성도들이 성경을 선교적 관점에서 읽고 적용할 수 있습니다. 그 결과 성도들은 선교에 대해 충분한 이해를 바탕으로 선교 활동을 하는 것이지요. 그러면 맨 왼쪽에 표시된 여러 가지 선교 활동을 할 수도 있지만 조금은 다른 결과를 가져올 수도 있습니다. 그 상황을 다시 그려 보면 오른쪽과 같을 겁니다.

그렇다고 해서 왼쪽의 '선교를 하던 교회'에서 오른쪽의 '선교적인 교회'로 한 번에 옮겨 가기는 어려울 겁니다. 오히려 단계적인 변화가 필요하다고 생각됩니다. 그래서 다음과 같은 표시를 해 본 것입니다. 처음에는 문제가 무엇인지를 확인(Identifying issues)해야겠지요. 그렇게 되면 자연스럽게 어떤 부분을 변화시켜 나가야 할지가 보입니다. 그것이 바로 '결정적 성공 요소'(Critical success factors)입니다. 그러면 어떤 결과들이 나올 것인가를 생각할 수 있겠지요. 그것이 바로 '주요 결과 영역'(Key result area)입니다.

앞에서 예를 든 그 교회의 사건 같은 경우는 통합적 선교에 대한 이해 부족에서 나왔다고 볼 수도 있고, 타문화에 대한 인식이 부족한 데서 나왔다고도 볼 수 있지요. 성가대 부장 장로님이 가장 불쾌하게 생각한 것은 인도 사람들이 식판을 사용한다는 것이 아니라 사실은 인도 사람들이 손으로 밥을 먹는다는 것, 그리고 화장실에서 왼쪽 손으로 일 처리를 한다는 오해 때문이었을 겁니다. 하지만 그것은 문화적으로 우리와 다른 관습일 뿐인데 그런 문화적 차이에 대한 이해가 없었기 때문에 나타난 결과라고 할 수 있습니다. 우리는 숟가락으로 밥이나 국을 떠먹기 때문에 손으로 먹는 것보다 깨끗하다고 생각하지만 숟가락은 여러 사람의 입에 들어갔다 나왔다 하지 않습니까. 우리가 남의 칫솔로 양치질을 하지는 않지만 숟가락에 대해서는 무척 관대한 편입니다. 화장실에서 일을 본 후 뒤처리를 하는 방식에 대해서도 우리가 오해를 하고 있는데, 엄밀하게 말하자면 인도 사람들은 손으로 하는 것이 아니라 물로 합니다. 우리는 휴지로 닦으니 물로 하는 사람들보다 더 깨끗하다고 말할 수 있을까요? 그 장로님의 생각을 다른 말로 자기 문화 중심주의라고 하는데 이 자기 문화 중심주의를 탈피하는 것이 결정적 성공 요소라고 할 수 있습니다."

| 시작 | 최종 목표 |
|---|---|

| 문제 인식 | 결정적 성공 요소 | 주요 결과 영역 |
|---|---|---|
| 1. 하나님의 선교 통합적 이해 부족 | 1. 리더 그룹의 통합적 선교 자각 | 1. 설교가 선교적이 된다 |
| 2. 타문화에 대한 무관심 | 2. 이원론적 선교관의 극복 | 2. 교회 리더십의 자세가 변한다 |
| 3. 개교회 지상주의 | 3. 디아스포라의 선교적 상황 인식 | 3. 자신의 직업에서 증거가 일어난다 |
| 4. 선교 훈련 부족 | 4. 자원 사용의 우선 순위 | 4. 현지 문화와 친해진다 |
| 5. 재정 우선 순위 | 5. 파트너십 / 연대 | 5. 현지 언어를 잘하게 된다 |
| 6. 선교의 부정적 시각 | | 6. 균형 잡힌 재정 사용이 일어난다 |
| 7. 삶과 선교의 괴리 | | 7. 지속적인 훈련 프로그램이 운영된다 |
| 8. 디아스포라 상황에 대한 선교적 인식 부족 | | 8. 주류 교회 타민족 교회와 협력한다 |
| | | 9. 장기, 단기 선교사가 증가한다 |

김 장로는 김정오 선교사의 설명을 듣고 한 대 얻어맞은 기분이었다. 자신도 선교지를 방문했을 때 손으로 밥을 먹는 현지 사람들을 보고 더럽다고 생각한 적이 많았다. 하지만 김 선교사의 설명을 듣고 나자 슬그머니 부끄러워졌다.

"만약 성도들이 다른 나라의 문화를 이해하고 친숙해진다면 그런 일이 발생하지는 않을 것 같네요. 아, 이제 선교적 교회가 무슨 말씀인지 알 것 같습니다. 그동안 저는 선교를 많이 하면 되는 줄 알았습니다. 아직 변해야 할 것이 많이 남았군요."

이번에는 이기훈 선교사가 말을 이었다.

"네, 맞습니다. 선교는 먼 곳에 가서 선교지 사람들에게 뭔가를 베풀고 돌아오는 것이 아니라 우리의 삶이 타문화 사람들을 향하여 열리는 것입니다. 우리가 선교적 체질이 되지 않은 상태에서도 선교를 할 수는 있습니다. 하지만 우리의 삶이 선교적이 되면 우리가 하는 선교는 매우 달라질 겁니다."

갑자기 김 장로의 얼굴이 어두워졌다.

"그렇게 선교적으로 살려면 불편하지 않을까요?"

이 선교사가 맞장구를 쳤다.

"네, 맞습니다. 정확하게 이야기하셨네요. 선교적 삶은 불편해지는 것입니다. 단기 선교 여행을 가는 것도 현지에서 얼마 동안 불편하게 지내는 것이라고 할 수 있습니다. 하지만 단기 선교 여행은 마치고 본국으로 돌아오는 순간 불편한 상태에서 빠져 나오지 않습니까? 하지만 선교적 삶은 계속 불편한 삶을 유지하는 것입니다."

김 장로는 그 말이 무엇을 의미하는지 알 것 같다는 듯이 고개를 끄덕였다. 최근에 자신이 고혈압 문제로 불편하게 사는 것과 선교적 교회가 되는 것 사이의 묘한 유사성 때문에 슬그머니 웃음이 나왔다.

김 장로가 로드맵의 하단에 있는 외부 자원과 내부 자원에 대해 궁금증을 표시하자 신 대표가 설명을 이어 갔다.

"선교적 교회가 되는 데 도움이 될 만한 수단이 많습니다. 요즘은 선교 훈련이나 선교 교육을 위한 프로그램들이 많습니다. 대표적인 것은 퍼스펙티브스라는 프로그램인데 12주 동안 교육을 통해 참석자들의 선교적 관점을 바꾸어 줍니다. 퍼스펙티브스 훈련에서 소개하는 책이나 비디오 등도 도움이 되지요."

이번에는 통계 전문가인 김정오 선교사가 설명을 이어 갔다.

"그 밖에도 선교적 교회로 가는 데 도움이 되는 자원이 많이 있습니다. 어떤 자원은 교회 외부에 있고 어떤 자원은 교회 내부에 있습니다. 교회 외부 자원은 선교 단체가 가지고 있는 오랜 경험 같은 것입니다. 또 정부가 발표하는 인구 변화에 대한 통계 자료 같은 것도 중요한 외부 자원입니다. 한 예로 우리 주변에 있는 타문화 사람들이 얼마나 되는가, 어떤 나라 사람들이 있는가, 그 사람들의 종교는 무엇인가 등은 매우 중요한 정보로서 외부 자원이라고 할 수 있습니다."

듣고만 있던 김 장로가 밝은 표정으로 말했다.

"코디아넷에서 논의하는 로드맵 같은 정보도 좋은 외부 자원이 되겠네요."

신 대표가 밝은 목소리로 김 장로의 말에 칭찬을 아끼지 않았다.

"네, 맞습니다. 최근에 많은 선교 포럼이나 선교 세미나가 열리는데 여기서 나눈 정보도 선교적 교회를 위한 중요한 외부 자원이 됩니다."

캐나다에서 동원 사역을 하는 이 선교사도 거들었다.

"하지만 교회 내부에도 자원들이 많습니다. 열방교회 주변의 타문화 상황에 대해서 교회나 성도들이 이미 알고 계신 내용들이 아주 중요한 내부 자원입니다."

신 대표가 로드맵의 설명을 이어 갔다.

"만약 우리가 선교적 교회가 되기를 원한다면 처음부터 거창한 목표를 설정하기보다 몇 가지 작은 목표들을 세우는 것이 좋습니다. 너무 큰 목표를 설정하면 중간에 지쳐서 그만둘 가능성이 높습니다. 하지만 도달 가능한 목표를 세우고 그 목표를 성취하면 다음 목표로 나가는 데 큰 동기 부여가 될 수 있습니다."

김 장로는 신 대표가 하는 말이 무슨 뜻인지 이해할 수 있을 것 같았다. 피트니스센터에서도 코치는 김 장로에게 지나치게 높은 목표를 제시하지 않았다. 일단 다음에 만날 때까지 김 장로가 해야 할 일을 적어 주었는데 그것은 김 장로가 충분히 할 수 있을 만한 일이었다. 아마 선교적 교회의 로드맵을 실행하는 과정에서도 피트니스센터의 코치가 해 준 것과 같은 도움이 필요할 것이라고 생각하자 저절로 고개가 끄덕여졌다. 김 장로가 고개를 끄덕이자 신 대표는 더욱 힘이 나 설명을 이어 나갔다.

"그래서 이 모든 내용을 종합한 것이 이와 같은 그림입니다."

김 장로가 그림을 보며 약간 상기된 목소리로 말했다.

"그런데 그림 맨 아래에는 코치라는 표시가 들어 있네요."

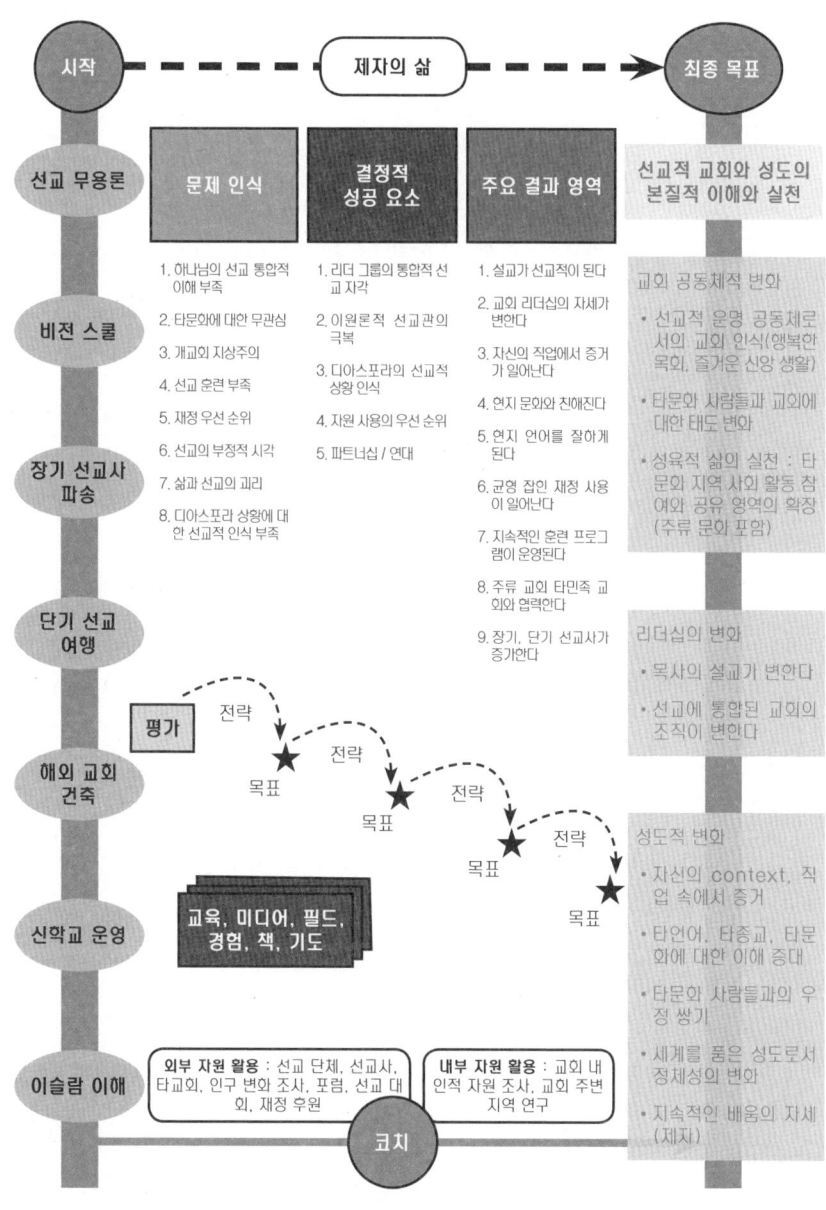

신 대표도 조금은 흥분한 듯 대답했다.

"맞습니다. 선교적 교회로 가는 데 있어 코치의 역할이 매우 중요합니다. 처음에는 저희들도 코치의 역할에 대해 생각하지 못했습니다. 그런데 이 두 분 선교사님이 달라스의 한인 교회들과 토론토의 한인 교회들을 대상으로 테스트를 해 보았는데, 교회들이 로드맵을 이해하는 것이 쉽지 않았습니다."

김 장로는 선교사들이 이미 여러 교회에서 실험을 거쳤다는 말에 로드맵의 유용성에 대해 다소 안심했다. 왜냐하면 그림을 처음 보았을 때는 지나치게 이론적이라는 느낌이 들었기 때문이다.

이 선교사가 말을 이었다.

"그래서 저희들은 코치가 지역 교회와 처음부터 이 과정을 함께 가는 것이 필요하다는 결론을 내리게 되었습니다."

김 장로가 진지한 표정으로 다시 물었다.

"코치가 하는 일은 구체적으로 무엇인가요?"

김 선교사가 대답했다.

"코치가 가장 먼저 하는 일은 질문을 통해 교회의 선교적 상황을 평가하는 것입니다. 코치가 사용하는 질문 대부분은 정량적인 질문들이지만 정성적인 질문들도 있습니다. 질문은 리더십, 선교 위원들, 일반 성도들을 대상으로 이루어집니다. 하지만 코치의 중요한 역할은 선교적 교회가 되었을 때의 최종 모습을 설명해 주는 것입니다. 그리고 그 목표에 이르기까지 해야 할 일들을 알려 줍니다. 앞에서도 말씀드린 것처럼 너무 높은 목표를 제시하면 쉽게 지칠 수 있으므로 조금씩 진보를 경험하도록 돕는 것이 필요합니다."

김 장로는 선교적 교회가 되는 프로세스가 피트니스센터에서 하는 프로세스와 유사한 것에 놀랐다.

김 장로가 코치들이 단계별로 목표를 설정할 때 구체적으로 어떻게 하는지 알고 싶다고 질문하자 신 대표가 대답해 주었다.

"목표를 설정할 때는 아래와 같은 질문을 통해서 도움을 줄 수 있습니다.

- 무엇을 줄일 것인지
- 무엇을 그만둘 것인지
- 무엇을 새롭게 할 것인지
- 무엇을 더 할 것인지

그리고 각 단계에 적합한 외부 자원을 어떻게 활용하고 내부 자원은 어떻게 활용하는지 방법을 알려드립니다. 다음 목표에 이르기까지 필요한 기간도 말씀드리는 것이 좋습니다."

김 장로는 코치가 하는 질문이 구체적으로 어떤 것들인지 궁금했다. 그러자 이 선교사가 코치 매뉴얼에 있는 몇 가지 항목을 보여 주며 설명했다.

"코치가 한 교회의 선교적 상황을 알아보기 위해서 하는 질문에는 이런 것들이 있습니다. 우선 이것들은 성도들에게 묻는 질문입니다."

- 당신 주변에 외국인이나 혹은 당신이 외국에 산다면 현지인 친구가 얼마나 있습니까?

- 당신은 선교 훈련을 받은 적이 있습니까?
- 성경에 나오는 이야기 가운데 당신이 선교적으로 생각할 수 있는 이야기가 몇 가지나 있습니까?
- 당신은 타민족을 위해서 얼마나 자주 기도합니까?
- 담임 목사는 선교에 관한 설교를 얼마나 자주 한다고 생각합니까?

"이런 질문에 나온 결과를 토대로 해당 교회의 상태를 확인하는 것이지요."

김 장로는 선교적 교회가 되기 위한 다음 단계가 궁금했다.

"그런 다음에 코치는 교회에게 어떻게 하라고 제안하나요?"

이번에는 김 선교사가 대답을 했다.

"몇 가지로 나누어 생각할 필요가 있습니다. 일반 성도들을 대상으로 교육을 하기에 앞서 우선 선교 위원들이나 교회 리더들을 대상으로 컨설팅을 하는 것이 필요합니다."

이기훈 선교사가 추가 설명을 해 주었다.

"코치는 교회가 전교인을 대상으로 선교적 교회에 관한 세미나를 열도록 도울 수 있습니다. 많은 경우 일반 성도들이 조금 전에 보신 로드맵을 처음부터 이해하기는 어려울 겁니다. 하지만 지금 우리가 하는 것과 같은 과정을 따라오다 보면 어렵지 않게 이해할 수 있습니다. 저희는 워크샵을 개최하는 것도 권합니다. 세미나가 일방적인 강의식이라면 워크샵은 성도들이 참여하는 활동을 통해 선교적 교회에 대한 이해도 높이고 구체적인 실천 방향을 스스로 찾도록 하지요. 가장 중요한 것은 그것이 컨설팅이든, 세미나든, 워크샵이든, 매번 참석자들에게 선교적 교회의 큰 그림을 볼 수 있도록 도와야 한다는 것입니다."

김 장로는 동신복 선교회에 오면 언제나 시간 가는 줄 모르고 대화에 빠져든다고 느꼈다. 그날도 김 장로는 꽤 늦은 시각에 선교사들과 작별을 하고 자리를 떴다. 사무실에서는 서둘러 퇴근을 했지만 김 장로가 집으로 돌아온 것은 꽤나 늦은 시각이 되어서였다.

취침 전 늘 하는 것처럼 하루를 정리하기 위해 김 장로는 열방 기도 수첩을 열어 이렇게 적었다.

> "선교적 교회로 가기 위한 로드맵"
> 선교라는 이름으로 뭔가를 하는 것보다 더 중요한 것은 선교적 체질이 되는 것이다. 지역 교회가 선교적 체질이 되기 위해서는 코치의 역할이 중요하다.

# 7장
## 종족 무지
미국 방문

　연말연시로 바쁜 시간을 보낸 후 조금의 여유를 가지려던 김 장로에게 뜻하지 않게 미국에서 조만간 방문해 달라는 초청이 왔다. 산호세에 위치한 발주 회사가 지난해 말 새로 임원 개편을 했는데 1월 중순에 자기네 회사를 방문하여 새로운 부품 공급 계획에 대한 프레젠테이션을 할 수 있느냐고 타진해 온 것이다. 부품을 공급하는 사업자 입장에서는 웬만하면 구매자의 요구에 맞추어야 한다고 생각해 김 장로는 급하게 미국 출장을 가게 되었다.
　미국 출장을 쉽게 결정한 또 하나의 이유는 이번 출장 길에 김 장로가 꼭 하고 싶은 일이 있었기 때문이다. 그것은 산호세에 있는 대학교 동창 황동식을 만나는 것이었다. 동식은 대학 때만 해도 예수님을 믿지 않았다. 김 장로는 동식에게 복음을 전하기 위해 기도도 많이 하고 그와 대화도 많이 했다. 하지만 동식이 3학년 때 군대를 가는 바람에 더 이상 만나지 못하고 연락이 끊어졌다. 우연히 다른 동창을 통해 동식이 제대 후 대학을 마치고 대기업에서 일하다가 미국으로 이민 갔다는 소식만 듣고 있었다.

그러다가 몇 년 전 집으로 걸려온 국제 전화에서 반가운 친구의 목소리를 듣게 되었다.

"상진아, 나 동식이야. 오랜만이다. 지금 산호세에 살고 있어. 나 예수님 믿고 교회 다닌다. 너와 연락하려고 백방으로 노력했는데, 얼마 전에 우연히 정욱이를 만나서 네 연락처를 알게 되었어."

김 장로는 동식이 예수님을 믿는다는 사실이 꿈만 같았다. 그런데 더 놀라운 것은 동식이 현재 출석하는 교회의 선교 위원장이라는 사실이었다. 김 장로는 대학 시절과는 달라진 동식이 어떤 모습일까 궁금했다.

"우리 비행기는 산호세 공항에 착륙하기 위해 곧 하강을 시작하겠습니다."

기내 방송 소리에 비행기 안이 갑자기 부산해지기 시작했다. 김 장로는 덮고 있던 담요를 옆에 개어 놓고 흩어진 물건들을 정리했다. 비행기가 하강을 시작하자 북가주의 풍경이 조금씩 눈에 들어오기 시작했다. 산호세는 실리콘 밸리라 불리는 세계적인 전자 산업의 메카다. 김 장로는 공무원 시절 통신기술부에서 일하면서 전자 산업에 대해 얻은 지식과 네트워크로 퇴직 후 작은 비즈니스를 하게 된 것이 정말 다행이라고 생각하며 창밖으로 펼쳐지는 산호세의 풍경을 감상하고 있었다. 산호세에서 뭔가 새로운 경험을 할 수 있을 것이라는 기대로 김 장로는 흥분되어 있었다.

공항에서 이민국 수속을 마치고 짐을 찾아 밖으로 나가자 동식이 반갑게 맞아 주었다. 30년 넘는 세월이 흘렀지만 역시 친구는 친구였다. 공항에서 호텔로 가는 동안 차 안에서 오랜만에 만난 친구들의 이야기는 끝이 없었다.

호텔 방에 짐을 넣어 두고는 저녁 식사를 위해 곧장 동식이 사는 집으로 갔다. 동식의 아내가 정성스럽게 차린 저녁 식사를 마치고도 친구와의 이야기는 시간 가는 줄 모르고 계속되었다. 미국에서 사는 이야기도 중요했지만 김 장로는 동식이 어떻게 교회에 나가게 되었는지가 궁금했다.

"그래, 교회는 어떻게 나가게 된 거야? 대학 다닐 때 내가 그렇게 믿으라고 해도 안 믿더니만."

"응, 미국에 와서도 처음에는 믿음이 없었어. 내가 미국 이민을 택한 이유는 아들 교육 때문이었지. 아들은 이곳 학교에서 공부를 곧잘 해서 이민 와 고생하는 보람을 느끼고 있었지. 그러다가 고등학교에 들어간 아들 녀석이 고민하는 것을 보고 내가 뭔가 크게 잘못 생각하고 있었구나 하는 마음이 들었어."

김 장로는 어떤 고민이 동식을 이렇게 바꾸어 놓았을까 궁금했다.

"나는 아들이 빨리 미국 주류 사회에 들어가기를 바라서 한국 사람들과 별로 어울리지 않았어. 아들 친구들도 대부분 백인 아이들이었어. 그런데 어느 날 학교에서 돌아온 아들이 자기 방에서 나오지 않더라고. 무슨 일인가 하고 들어가 대화를 나누어 봤지. 친구들이 아마 여자아이들과 미팅을 하기로 했는데, 자기를 빼놓고 간 모양이야. 운동도 같이하고 늘 함께 어울리던 친구들이 자기만 따돌린 것이 야속해서 우리 아들이 친구들에게 물었던가 봐. 왜 미팅에 자기를 빼놓고 갔느냐고. 그러자 친구들이 서로 말을 하지 않으려고 하다가, 한 아이가 솔직하게 말해 주었다네. 여자아이들이 모두 백인인데, 아시아 애는 데리고 나오지 말라고 했다고."

그 말을 하는 순간 동식의 눈이 촉촉해지는 것을 느낄 수 있었다.

"아들에게 큰 상처가 됐겠네."

"응, 우리 아들은 어릴 때 이민 와서 미국 아이들과 어울리며 자기도 미국 아이라고 생각하며 살아왔는데 갑자기 정체성에 큰 혼란이 온 거지. 그 얘기를 듣고 아내와 솔직한 대화를 나누었어. 사실은 아내도 비슷한 경험을 많이 했나 봐. 이웃들과 사귀면서 늘 뭔가 부족하다는 느낌이 있었다고 말하더군. 결국 우리 부부는 한인 사회에 발을 들여놓기로 했지. 미국에서 가장 건전한 한인 사회는 그래도 한인 교회야.

하지만 한인 교회에 섣불리 발을 들여놓기 쉽지 않았어. 교회들이 서로 다투고 갈라져서 한인 교회에 대한 좋지 않은 소문을 너무 많이 들었거든. 마침 애 엄마가 잘 아는 권사 한 분이 자기 교회에 아이들을 위한 프로그램이 좋고 자기 교회는 개척해서 한 번도 나뉜 적이 없다고 소개해서 현재 다니는 '주님의 교회'를 다니게 된 거야."

"그럼 신앙 생활 시작해서 지금 출석하는 교회를 계속 다닌 거야?"

"응, 우리 교회는 정말 좋은 교회야. 우선 목사님이 무척 겸손하시고 설교도 성경에 충실하게 전해 주셔."

김 장로는 친구가 자신이 출석하는 교회에 대해 만족하는 것이 정말 기뻤다.

"교회는 그렇다고 하고 믿음은 언제부터 생긴 거야? 교회에 다니면서 저절로?"

"아니, 그럴 리가 있나."

동식은 웃으며 말을 이었다.

"처음 미국 와서 조그만 회사에 자리가 있어 취업을 했어. 당시에는 영어가 되지 않아 허드렛일부터 했지. 영어로 의사소통이 되고 성실하다고 인정을 받으면서 사무실에서 경리 일을 맡게 되었어. 그때쯤 교회를 나가기 시작한 거야. 하지만 불경기가 오자 회사가 나를 자르더군. 요즘 한국에서 말하는 비정규직이었지. 아들이 아직 학교에 다녀야 하는데 정말 큰일 났다 싶었어."

"그래서 어떻게 되었나?"

"이곳 한인들이 세탁소를 많이 해. 마침 어떤 분이 하던 세탁소를 정리하고 자녀들이 있는 뉴욕으로 간다고 해서 아주 좋은 가격으로 세탁소를 인수하기로 한 거야. 안 해 보던 일을 한다는 것이 얼마나 힘든 줄 알아? 아침부터 밤늦게까지 일을 했어. 세탁이 잘못되었다고 불평하는 손님들 때문에 자존심도 상하고. 세탁을 잘못해서 물어준 경우도 있고. 그 과정에서 나 자신이 얼마나 부족하고 무능한지를 깨닫게 되었어. 자네도 알다시피 내가 자존심이 강했잖아. 그런데 그 자존심이 전혀 소용이 없더군. 그러면서 하나님이라는 존재에 대해 심각하게 생각하게 되었지. 어느 날 교회에서 새신자 초청 집회가 있었어. 그날 목사님에게 들은 말씀을 절대 잊지 못할 거야.

목사님이 설교 시간에 무슨 이야기를 했는지 알아? 마태복음 20장에 나오는 포도원 일꾼 이야기를 해 주셨지. 오후 5시에 온 일꾼하고 아침 9시부터 포도원에서 일한 일꾼하고 동일하게 삯을 주었다는 이야기였어. 그 말씀을 들었을 때 처음에는 화가 났지. 왜냐하면 내가 아침 9시부터 포도원에서 열심히 일하는 사람이었잖아? 그러니 나는 열심히 일한 사람이 당연히 더 많이 받아야 한다고 생각했어. 하나님이든 부처님이든 잘하는 사람에게는 상을 주고 못하는 사람에게는 벌을 주셔야 하는 것 아닌가? 내가 전에 절에 다녔잖아. 나는 인과응보를 믿고 있었지. 기독교식의 은혜니 하는 말은 딱 질색이었어."

김 장로는 빙그레 웃었다. 대학 시절 동식에게 하나님의 은혜에 대해 말했을 때 동식이 화를 내며 자리를 박차고 일어섰던 것이 기억났다. 동식은 죄를 지은 사람이 아무런 대가를 치르지 않고 구원을 받는 것은 공정하지 않다고 생각했다.

"그런데 어떻게 그 생각이 깨졌어?"

"그런데 그날은 정말 이상했어. 설교를 마치고 목사님이 성도들에게 함께 기도하자고 해서 눈을 감았는데 화가 나 있는 내 모습이 보이는 거야. 그러면서 누군가 내 옆에서 '너는 아침 9시에 온 것 같으냐, 아니면 오후 5시에 온 것 같으냐' 하고 묻는 것 같았어. 그런데 평소에는 내가 '아침 9시에 와서 등골 부러지게 고생하고 있다'고 불평을 했는데, 그날은 그렇게 대답을 할 수 없었어. 그래서 '어, 내가 오후 5시에 온 사람인데, 똑같이 받는다면……' 이런 생각을 하자 눈물이 나기 시작하는 거야. 옆에 사람이 있는 것도 전혀 의식하지 못하고 눈물을 펑펑 쏟으며 울었지. 그리고 하나님께 이렇게 기도할 수밖에 없었어. '하나님, 죄송합니다. 제가 오후 5시에 온 사람입니다. 저를 받아 주세요!' 그러고는 얼마를 울었는지 몰라."

김 장로도 자신의 눈에서 흐르는 눈물을 닦고 있었다. 시간이 가는 줄 모르고 이야기를 하다가 시계를 보니 밤 11시였다. 다음 날 아침 9시에 미팅이 잡혀 있어 김 장로는 숙소로 돌아가야 했다. 숙소에 도착해서도 김 장로는 동식이 주님을 알게 되었다는 사실에 너무 감동이 되어 잠을 제대로 이룰 수 없었다.

산호세의 아침은 찬란한 태양 빛으로 물들었다. 태양이 떠올라 비추는 곳마다 황금색으로 물들었다. 나무가 거의 없는 야트막한 야산이 동쪽으로 병풍처럼 서 있어 겨울인데도 아늑한 느낌을 주었다.

발주 회사에서의 비즈니스 미팅은 예정대로 무리 없이 진행되었다. 거래에 대한 논의는 한국에서 출발하기 전에 보낸 서류로 이미 다 마무리가 된 상태였고 새로운 임원들로서는 한국의 납품 업자가 얼마나 신뢰할 만한 사람인지를 알고 싶어 만나는 일종의 상견례 같은 모임이었다. 김 장로 쪽에서도 새로운 임원들에게 신뢰를 주어야 한다는 생각에 최선을 다해 공급 계획에 대한 프레젠테이션을 했고 새로운 임원들은 매우 만족스러워했다. 미팅은 점심 식사를 포함했지만 다행히 그렇게 길게 이어지지 않았다.

김 장로는 점심 식사를 마치고 바로 동식과 만나기로 한 별다방으로 향했다. 어제는 동식이 주님을 만난 이야기를 들려주었는데 오늘은 동식이 그 후 어떻게 선교에 헌신하게 되었는지를 듣고 싶었다.

동식은 미리 와서 김 장로를 기다리고 있었다. 김 장로는 자리에 앉자마자 커피를 한 모금 마시고 동식에게 어떻게 선교에 관심을 갖게 되었는지 물었다.

"교회에 처음 출석할 때는 선교에 별로 관심이 없었어. 우리 교회에 조금 유난스러운 사람들이 있었지. 그 사람들은 무슨 선교 집회니 훈련이니 하고 다녔는데 나와는 상관없는 일이라고 생각해서, 나는 그저 교회만 열심히 다녔지. 교회에 다니면서 좋아하던 술도 끊고, 담배도 끊고, 주일 성수하고, 십일조도 내고, 교회 다니는 그저 충성스러운 교인이었지.

그러던 어느 해에 담임 목사가 멕시코로 단기 선교 여행을 가는데 같이 가지 않겠느냐고 해서 담임 목사를 따라가게 되었어. 미국으로 이민 와 해외에 가 본 적도 없어서 좋은 기회라고 생각했지. 그런데 막상 가 보니 멕시코는 미국과 붙어 있지만 완전히 다른 곳이더군. 가난으로 사람들은 정말 힘들어 보였어. 내가 미국에서 누리는 풍요로움과 비교하면 너무나도 열악한 환경이었어. 거기에 사는 이 사람들에게 뭔가를 해 주어야만 한다는 생각이 들었지. 가지고 간 물건들을 빈민가에 가서 나누어 주면서 희열 같은 것을 느꼈어. 옛날 한국이 가난하던 시절 미군들이 껌과 초콜렛을 나누어 주면 따라다니며 받던 시절을 떠올리면서 우리도 그렇게 시혜를 베푸는 것처럼 선교지를 다녀왔지. 그리고 매년 단기 선교 여행을 정기적으로 가게 된 거야.

어떤 때는 아들과 함께 갈 때도 있었어. 선교지에서 가난하게 사는 아이들을 보면서 우리가 미국에서 얼마나 잘 살고 있는가를 아들에게 알려 줄 수 있는 절호의 기회라고 생각했지. 다녀오면 나도 그렇고 우리 아들에게도 도전이 되었지만 한 달만 지나면 완전히 옛날로 다시 돌아가 버렸어. 그래도 다음 해에는 다시 선교지로 단기 선교 여행을 가곤 했지. 그리고 다시 도전을 받고, 또 잊어버리고. 그렇게 몇 년을 반복했어. 우리는 그렇게 하는 것이 선교를 잘하는 것이라고 생각했지."

그게 어떤 기분인지 김 장로도 충분히 알고 있었다. 동식이의 이야기는 끝이 없는 것처럼 들렸다.

"그러다가 실망스러운 사건이 하나 생겼어. 멕시코에 있는 현지 교회 담장에 페인트칠을 해야 한다고 해서 우리 교회 성도들 열 명이 페인트와 칠하는 도구를 가지고 가서 3일 동안 열심히 작업을 해 주었지. 작업은 아주 만족스러웠어. 그런데 그 다음 해에 그곳을 방문했을 때 우리가 칠해 준 파란색이 오렌지색으로 바뀌어 있더라구. 그래서 어떻게 된 것이냐고 물었더니, 다른 교회에서 와서 그 위에 다시 칠을 해 주었다는 거야. 그때 '아, 이건 아니다'라는 생각이 들었지. 마치 그 교회가 단기 선교 여행팀이 필요하다기보다 우리 같은 단기 선교 여행팀이 그런 현지 교회를 필요로 했다는 생각이 들었어.

그런데 그해 말에 우연히 장만혁이라는 선교사가 우리 교회를 방문했어. 그 선교사가 우리 교회 담임 목사와 신학교 동기라던데. 내가 선교 위원장이라 장 선교사에게 식사 대접을 할 기회가 있었지. 식사 중에 우연히 내가 가지고 있는 고민을 말했어. 그동안 단기 선교 여행을 하면서 실망스러웠던 일 등을 솔직히 털어놓았지. 장만혁 선교사는 내 이야기를 듣고 별로 놀라지도 않더라고. 아마도 이미 그런 이야기를 많이 들었던 모양이야. 그러면서 내가 전에 전혀 들어 보지 못한 이야기를 해 주었어.

'장로님, 마음이 어려우셨겠네요. 세계 선교는 이제 많이 바뀌고 있습니다. 100년 전과 지금의 선교 상황은 어마어마하게 다릅니다. 우리가 마치 언더우드 선교사가 조선에 가는 것 같은 생각으로 선교지에 가서 뭔가를 해야 한다면 시대를 바로 알지 못하고 선교를 하는 것과 같습니다. 예전에는 선교하는 나라가 따로 있고 선교지가 따로 있었습니다. 하지만 이제는 그렇지 않습니다. 혹시 아프리카에 있는 나라들의 기독교인 비율이 얼마인지 아시나요?'

장 선교사의 질문에 무척 당황했지. 내가 명색이 선교 위원장인데. 그래서 적당히 얼버무리면서 '한 5퍼센트?'라고 말했어. 그러자 장 선교사가 대답했지. '아니요. 사하라 사막 이남의 기독교인 비율은 70퍼센트에 육박합니다.' 나는 깜짝 놀랐어. 나는 그저 아프리카 하면 복음이 전해지지 않은 선교지라고만 막연하게 생각했는데 말이야.

그런데 더 충격적인 이야기를 들었어. 내가 알고 있던 전통적인 선교가 얼마나 힘들어지고 있는지에 대해서였지. 선교사들이 선교지에 가기가 무척 힘들어졌다는 거야. 사실 선교사들의 기도 편지를 보면 비자 이야기가 많이 나오는데 나는 당연히 선교사 비자를 받기가 힘들다는 줄 알았지. 그런데 알고 보니 선교사 비자를 주는 나라는 정말 몇 나라가 되지 않는다는 거야. 비자 연장 이야기가 나오는 것이 대부분 선교사 비자가 아닌 다른 형태의 비자 문제라는 것도 그때 알게 되었지.

장 선교사가 던진 또 하나의 도전은 그처럼 선교사들이 들어가기 어려운 나라 사람들이 미국에 많이 와서 산다는 것이었어. 그 말이 정말 충격이었지. 우리 세탁소만 해도 한인들은 30퍼센트 정도 밖에 오지 않아. 나머지는 현지 미국인들, 일자리를 찾아 온 인도 사람, 난민으로 와 있는 베트남 사람, 심지어 사우디아라비아 사람, 이란 사람들까지 와. 그런데 나는 그런 사람들에 대해서 거의 무관심했어. 선교를 하기 위해서는 무조건 비행기 타고 선교지로 가야 한다고 생각했고, 그런 선교사들을 후원하든지 아니면 단기 선교 여행이라도 다녀와야 한다고 생각했지. 사실은 우리 세탁소에만 외국에서 온 사람들이 여섯 명이나 일을 하고 있어. 멕시코에서 온 사람이 셋, 베트남 사람이 셋이야. 그런데 나는 단기 선교 여행을 몇 년 다니면서도 그 사람들에게 별 관심이 없었어. 우리 집 주변에는 더 많은 타문화 사람들이 살고 있지. 장 선교사 덕분에 나는 완전히 새로 눈뜨는 경험을 하게 되었어. 그래서 먼저 주변에 있는 사람들에게 그리스도의 사랑을 전하기로 했지.

그 후로 세탁소에서 직원들과 스페인어로 대화도 하고 베트남어로 인사하는 법을 배웠어. 그러자 고객들과 직원들도 달라지기 시작하더군. 최근에 멕시코 직원 한 명은 예수님을 영접했어. 베트남 직원들을 위해서도 기도하고 있지. 적절한 때가 되면 베트남 사람들을 자기 언어로 예배드리는 교회에 소개할까 해."

김 장로는 친구의 말에 충격을 받았다. 동식은 자기보다 훨씬 나중에 믿었고 선교에 대해서도 나중에 입문한 것 같은데, 자기보다 선교에 대해 훨씬 많은 이해를 가지고 있는 것 같았다.

"그러면서 장 선교사가 퍼스펙티브스 훈련을 한번 받아 보라고 권하더라구. 마침 담임 목사도 장 선교사의 제안을 받아들여 한국에서 퍼스펙티브스 책임을 맡고 있는 한철용 선교사와 연락을 했지. 원래 훈련은 12주로 매주 한 번씩 하는 프로그램인데 우리처럼 미국에 사는 사람들을 위해서는 한 주 동안 집중 과정을 해 줄 수 있다고 해서 한 선교사를 산호세로 초청해 퍼스펙티브스 훈련을 받았어. 정말 놀라운 프로그램이었지. 우리 교회에서는 교역자들과 중직자들이 모두 들었어. 모두 쉰 명가량 들었지. 그리고 교회가 변하기 시작한 거야."

김 장로는 동식이 출석하는 교회가 퍼스펙티브스를 통해 변했다는 말에 정신이 번쩍 들었다.

"교회가 어떻게 달라졌는데?"

"우선 성도들 사이에 성경을 읽는 관점이 달라졌어. 예전에는 성경 안에 선교에 대한 가르침이 있다고 생각했지."

김 장로가 짐짓 놀라는 표정을 지었다.

"아니 그럼 성경에 선교에 대한 가르침이 없다는 말이야?"

"그게 아니고 성경이 말하려고 하는 목표가 선교라는 것을 알게 되었지. 그러니까 성경 일부에 선교에 대한 이야기가 기록된 것이 아니고 성경 전체가 선교를 말하고 있다는 사실을 깨닫게 되었다고."

동식이 들려주는 이야기는 김 장로에게 참으로 새로운 관점이었다. 그동안 김 장로는 선교에 대해서 많이 알고 있다고 생각했지만 성경 전체가 선교를 이야기한다고는 생각하지 못했다. 그저 성경 여러 곳에 선교에 대한 이야기가 있다고 생각했을 뿐이다.

"그뿐이 아니야. 성도들이 자기 주변을 바라보는 관점이 달라졌어. 과거에는 선교지가 먼 곳에만 있다고 생각했지. 그래서 멀리 있는 선교지 사람들에게만 관심을 가졌어. 하지만 퍼스펙티브스 훈련을 받고 난 후, 주변에 있는 타문화 사람들에 대해서도 깊은 관심과 이해를 갖게 되었어. 훈련을 받고 나니 신기하게도 타문화 사람들이 보이기 시작하더군. 우리는 그동안 일종의 색맹처럼 종족 무지 같은 상태였지."

그 말에 김 장로는 소리 내어 웃었다.

"종족 무지? 그거 정말 좋은 표현이다."

"그리고 성도들이 구체적으로 주변에 살고 있는 타문화 사람들의 문화와 세계관을 이해하려고 노력하게 되었지. 그 후 교회에는 소수민족 문화와 언어를 배우는 작은 클래스들이 생겼어.

"그런 건 선교지에서 선교사들이나 하는 것 아닌가?"

"글쎄 전에는 나도 그렇게 생각했다니까. 하지만 퍼스펙티브스에서 말하는 것은 모든 성도가 선교적으로 살아야 한다는 거야. 특히 맨 마지막 과를 배우면서 한철용 선교사가 평생 동안 선교적 삶을 실천하며 살자는 도전에 성도들이 그렇게 하겠다고 반응을 보였어. 사실 미국은 인종 전시장이나 마찬가지야. 복음이 전해지기 어려운 지역에서 온 사람들도 많고. 해외 동포들이 선교적인 삶을 실천한다면 어마어마한 일이 벌어질 수 있을 거라는 가능성 때문에 놀랐지.

우리 교회 모습이 달라진 것 중에 하나는 성도들의 주요 관심사가 변했다는 거야. 이전에는 매일 모이면 골프 이야기, 아이들 학교 이야기, 한국 정치 이야기, 연예인 이야기만 했지. 하지만 요즘은 교인들이 모이면 자기 회사 주변에 와 있는 타문화 사람들에 대한 관심, 동네에 사는 타국인과 대화를 하기 시작했다느니, 자기 집으로 초대를 했다느니, 초대를 받았다느니 하는 이야기로 시간을 보내. 이제는 교회 분위기가 정말 달라졌어. 우리 삶이 선교적이 된 거야."

김 장로는 동식이 들려주는 이야기에 완전히 몰입하고 있었다. 동식이 전하는 내용도 내용이었지만 동식이 선교에 대해 이야기할 때 얼굴에 나타나는 열정에 감탄을 금할 수가 없었다.

"이제 저녁 먹으러 가자!"

친구의 말에 김 장로는 시계를 보고 깜짝 놀랐다. 별다방 창밖은 벌써 어두워져 있었다. 식당으로 가는 길에 동식이 운영하는 세탁소에 잠깐 들러 보기로 했다. 김 장로는 우선 세탁소 규모에 놀랐다. 동식이 운영하는 세탁소는 모든 것이 자동화된 기업형 세탁소였다.

세탁소는 듬직하게 생긴 동식의 아들 제이슨이 운영하고 있었다. 제이슨은 뉴욕에서 경영학 석사 공부를 하고 있었는데, 운동을 하다 인대를 다치는 바람에 집으로 돌아와 몇 달을 쉬게 되었고 그것이 계기가 되어 아버지가 운영하는 세탁소 운영을 맡게 되었다고 했다. 아버지와 함께 일하는 제이슨도 선교적인 마인드가 투철했다. 제이슨은 고등학교에서 배운 적 있던 스페인어를 세탁소에서 일하며 다시 배웠다고 했다.

"처음에는 멕시코 직원들을 호의적으로 대하려고 스페인어를 배웠지만 그것이 세탁소에 오는 멕시코 고객들에게도 호감을 주어 매출이 늘었습니다. 선교적으로 사는 것이 비즈니스를 위해서도 결코 마이너스가 아님을 깨닫게 되었습니다."

김 장로는 이제 서른을 갓 넘은 제이슨이 이토록 선교적 실천을 하는 것이 놀라울 뿐이었다. 김 장로는 그에 대해 궁금한 면이 많았다.

"제이슨은 언제부터 선교에 관심을 갖게 되었지?"

"네, 학생 때 아버지와 멕시코로 단기 선교 여행을 몇 번 다녀왔습니다. 하지만 단기 선교 여행은 솔직히 형식적인 면이 많았습니다. 선교지에 가서 어렵게 사는 아이들을 보면서 '나는 정말 복을 받았구나!' 하고 생각하지만 한 달만 지나면 단기 선교 여행에서 받은 감동은 다 잊고 다시 넉넉한 미국 생활에 젖어 살곤 했습니다. 그러다가 교회에서 하는 퍼스펙티브스 훈련을 받게 되었습니다. 처음에 아버지께서 함께 훈련을 받자고 했을 때만 해도 거의 강제적으로 받는다고 생각했습니다. 하지만 그 프로그램이 제 모든 생각을 바꾸어 버렸습니다. 퍼스펙티브스 훈련 마치고 처음에는 전통적인 선교사가 되어 선교지로 가려고 결심을 했습니다. 하지만 선교사님들이 선교지에서 비자 때문에 어려움이 많다는 것을 듣고 전문적인 직업을 갖고 타문화에서 복음을 전하려고 생각하고 있습니다."

제이슨은 교회 청년부에서 셀 리더로 섬기며 불신자에게 복음을 전하는 것, 양육하는 것, 성경 공부를 인도하는 것 등에 대한 훈련을 받아 사역자처럼 섬기고 있었다. 제이슨은 그저 예수님을 믿는 성도가 아니라 진정한 일터 사역자였다.

"제이슨, 뉴욕에 있는 좋은 대학교에서 경영학 석사까지 공부한 사람이 이곳에서 세탁소를 운영하면서 주변에 있는 멕시코 사람들이나 베트남 사람들과 친구가 되어 시간을 보내고 그 사람들에게 성경을 가르치는 것에 대해 정말 만족하나? 이곳을 떠나서 더 큰일도 할 수 있을 텐데."

제이슨은 김 장로의 질문을 받고 활짝 웃었다. 그 웃는 모습이 대학 시절에 보았던 동식과 너무 닮아 놀랐다.

"발목 인대를 다쳐서 집으로 돌아와 처음 세탁소에서 일할 때는 저도 그런 생각을 했습니다. 선교에 대해 눈뜨기 전에는 성공해서 돈도 많이 벌고 좋은 집에 살면서 골프도 치고 미국의 풍요를 누리는 것이 제 삶의 목표였습니다. 하지만 선교에 눈뜨게 되자 그 목표가 바뀌었습니다. 주님이 저를 위해 하신 일을 생각하면 제가 주님께 드리는 것을 헌신이라고 할 수 있겠습니까?"

제이슨의 대답이 너무나 분명해 김 장로는 눈물을 글썽거렸다. 김 장로가 제이슨과 대화를 하고 있을 때, 세탁소에서 일하는 멕시코 출신의 직원 한 명이 업무 차 제이슨과 대화를 하러 사무실로 들어왔다. 제이슨은 그 직원과 유창한 스페인어로 대화를 나누었는데 그 모습이 매우 인상적이었다.

몇 마디를 나눈 뒤, 제이슨은 그 멕시코 출신 직원을 김 장로에게 소개시켰다. 그리고 그 직원에게 바쁘지 않으면 한국에서 오신 손님께 잠시 간증을 들려줄 수 있느냐고 묻는 것 같았다. 가르시아라고 하는 직원은 공손히 그러겠다며 자리에 앉았다. 그러고는 자신이 미국에 오게 된 이야기부터 어떻게 예수님을 알게 되었는지를 김 장로에게 들려주었다.

"드릴 말씀이 많지요. 저는 몇 년 전 아메리칸 드림을 좇아 멕시코에서 캘리포니아로 불법 이민을 왔습니다. 처음에는 혼자 왔는데 고생이 이만저만이 아니었습니다. 험한 일을 하고 적은 월급으로 겨우 생존을 하다가 3년 전부터 이 세탁소에 들어와 일을 하기 시작했습니다. 그런 후에 경제적으로도 여유가 생겨 얼마 전에는 멕시코에서 가족들도 데리고 오게 되었습니다.

이곳에 와서 일하는 동안 저는 주님을 만났습니다. 제이슨과 성경 공부를 하면서 주님이 어떤 분인지 확실히 알게 되었습니다. 이전에는 친구들과 어울려 옳지 못한 일도 많이 했지만 이제는 달라졌습니다. 제이슨이 소개해 주어 주일에는 스페인어 예배에 출석하고 있습니다. 이런 변화가 저에게만 일어난 것은 아닙니다. 주변에 있는 친구들도 변화된 제 삶을 보고 주님을 믿게 되었습니다."

김 장로는 의문이 생겼다. 혹시 사장이 믿으라고 해서 마지못해 믿는 경우는 아닌가 하는 의심이 들었다. 그래서 조심스럽게 질문했다.

"가르시아, 예수를 믿어야겠다고 생각한 솔직한 동기는 뭔가요?"

가르시아가 씨익 웃으며 제이슨을 손으로 가리켰다.

"제이슨과 사장님 때문이지요."

김 장로는 속으로 '역시 그런 건가' 하고 생각하고 있는데 가르시아가 계속해서 하는 이야기에 정신이 번쩍 들었다.

"세탁소에서 함께 일하니까 저분들의 삶을 투명하게 볼 수 있잖아요. 여러 직장을 다녀 봤지만 제이슨과 황 사장님 같은 분은 본 적이 없어요. 그분들은 정직하고 부지런하고 불쌍한 사람들을 돌봐 주세요. 전에도 제게 전도하려는 사람들을 몇 명 만난 적이 있지만 성경대로 사는 사람은 황 사장님과 제이슨이 처음이었어요. 저는 이분들의 삶을 보고 참 매력적이라고 생각했습니다. 그것이 제가 예수님을 믿게 된 동기입니다."

그 말을 하고 가르시아는 급하게 처리해야 할 일이 있다며 공손히 인사를 하고 사무실을 나갔다. 제이슨은 가르시아가 자기에 대해 한 말 때문에 무척 쑥스러워하는 표정이었지만 김 장로는 가르시아의 말에 깊은 감동을 받았다.

저녁 식사를 마치고 다시 호텔로 돌아와 김 장로는 그날 있었던 생각들을 정리했다. 지난번 신 대표와 함께 사무실에서 보았던 선교적 교회의 로드맵이 조금 더 확실하게 이해되었다. 김 장로는 동식의 삶 주변에서 일어나고 있는 선교적 부흥을 보는 것 같았다.

산호세를 떠나는 날 동식이 김 장로를 공항까지 데려다주었다.

"동식아, 이번에 산호세에 온 것은 하나님의 특별한 계획이었어. 너와 제이슨을 만난 것은 하나님께서 나에게 큰 교훈을 주시려고 준비한 선물이었다. 그동안 희미하게 알고 있던 것을 눈앞에서 본 것 같아. 정말 고맙다!"

동식이 손사래를 쳤다.

"무슨 소리를······. 너와 며칠을 함께 보내서 얼마나 좋았는지 몰라.

내가 예수님 믿지 않았다면 우리 대화는 완전히 달랐겠지. 계속 연락하자."

김 장로는 공항 건물 안으로 들어가기 전 친구를 꽉 안아 주었다. 동식은 이제 단순한 친구가 아니라 동역자라는 생각이 들었다.

비행기 안에서 김 장로는 열방 기도 수첩을 열어 이렇게 기록해 두었다.

"종족 무지"
가까이에 있는 다문화 사람들이 바로 선교의 대상이다.

# 8장

# 눈을 열어 보게 하소서

주변에서 일어나는 변화들

산호세에서 돌아온 후 김 장로는 열방교회에도 산호세에서 본 것과 같은 선교적 부흥이 일어날 수 있기를 위해 간절히 기도했다. 열방교회 성도들의 삶이 선교라는 목표로 재조정된다면 놀라운 일들이 일어날 것이라고 생각하자 김 장로의 가슴이 두근거렸다.

김 장로는 교회가 선교적이 되기 위해서는 무엇보다 담임 목사와의 소통이 중요하다고 생각했다. 주일 예배 후 김 장로는 노충인 목사와 진지한 대화를 나누었다. 김 장로가 평소와 달리 매우 상기된 목소리로 산호세에서 경험한 내용을 노 목사에게 들려주자, 이야기를 다 들은 노 목사는 미소를 지으며 말했다.

"이번 산호세 방문이 김 장로님께 엄청난 영향을 주었군요?"

"그렇습니다. 산호세에 가기 전 그곳에서 그런 경험을 하게 되리라고는 생각지도 못했습니다. 그동안 우리 선교 위원회는 선교지에 선

교사를 보내거나 단기 선교 여행을 다녀오는 것만 생각하고 있었습
니다. 내가 처한 상황 속에 타문화가 들어온 것에 대해 인식도 없었고
설령 인식이 있다고 해도 그런 상황에서 어떻게 행동하는 것이 적절
한지에 대한 아무런 그림도 없었습니다."

 노 목사가 웃으며 김 장로의 말에 반응했다.

 "제게도 김 장로님이 방금 나누어 주신 말씀이 큰 도전이 됩니다.
그동안 우리는 편한 선교를 하려고 했는지도 모릅니다. 여지껏 우리
가 했던 선교는 마치 우리가 축구를 하기보다는 선수들이 하는 축구
를 보면서 대리 만족을 한 것이라고 볼 수도 있습니다. 하지만 장로님
말씀은 '우리도 축구를 하자! 그리고 경우에 따라서는 우리 중에 축
구하는 사람들을 축구 경기장으로 보내자!' 이런 말씀으로 들리네요."

 "맞습니다. 목사님께서 정확하게 말씀해 주셨네요. 그동안 우리가
해 왔던 선교는 마치 교회에는 축구하는 사람이 없어도 멀리 가서 축
구할 엘리트 선수만 찾으려고 한 것처럼 느껴졌습니다. 축구 선수를
찾아내어 보내는 일도 중요하지만 모든 사람이 축구를 즐기는 가운
데 축구 선수가 나오는 것이 더 중요하다고 생각합니다."

 갑자기 노 목사가 김 장로에게 물었다.

 "장로님, 그런데 성도들에게 그렇게 선교적인 삶을 살자고 하면 성
도들이 힘들어하리라고 생각하지 않으세요?"

 김 장로도 갑자기 얼굴이 굳어졌다. 그런 생각은 미처 해 보지 않았
기 때문이었다. 잠시 멈추었다가 김 장로가 대답했다.

 "목사님, 그 생각을 못했네요. 그렇게 하면 성도들의 삶이 불편해지
겠지요."

김 장로는 자기 입에서 그런 말이 나오는 것을 보고 깜짝 놀랐다.

"맞습니다. 장로님, 성도들의 삶이 불편해질 것입니다. 그리고 반발도 있을 겁니다. 하지만 교회가 당연히 선교적으로 변화되어야 한다고 생각합니다. 저부터 변해야 할 것 같은데요."

김 장로는 노 목사의 단호한 의지에 감사했다. 처음 노 목사에게 대화를 청했을 때만 해도 만약 노 목사의 반응이 부정적이면 어떻게 할까 하고 걱정도 되었었다. 하지만 이제 노 목사의 반응이 이토록 긍정적이라면 열방교회 선교도 소망이 있다는 생각이 들었다.

노 목사와의 대화를 마치고 집으로 돌아온 김 장로는 자기 동네에 있는 외국인들에 대해서 알아보기 시작했다. 김 장로가 사는 동네를 가장 잘 아는 사람은 김 장로 부인이다. 김 장로 부인은 동네 대소사에 빠지지 않아 동네 사정을 잘 아는 마당발이다. 김 장로가 살고 있는 상도동은 최근 들어 이전에 있던 단독 주택들을 헐고 새로운 아파트를 많이 지었지만 동네 길 끝에 있는 언덕을 올라가면 이전의 동네 모습이 그대로 남아 있었다. 김 장로 부인은 언덕 너머에 외국인 근로자들이 많이 있다고 알려 주었다.

김 장로가 아내의 말을 듣고 찾아간 언덕 너머에는 허름한 건물들이 늘어서 있었다. 그 가운데 조금 큰 건물이 있었는데, 그곳은 모자를 만들어 수출하는 공장이었다. 마침 주일이라 공장 안에는 사람이 없었지만 옆 건물에 인기척이 있어 그곳으로 가 보니 작은 창고를 개조해 만든 방 안에 인도네시아 사람으로 보이는 외국인 몇 명이 모여 담소를 나누고 있었다.

그런데 가만히 보니 그 가운데에 한국 사람으로 보이는 청년이 한 명 있었다. 김 장로는 무척 반가웠다. 서로 소개를 하다가 그 청년이 같은 대학 후배라는 것도 알게 되어 더욱 반가웠다. 양동민이라고 자신을 소개한 청년은 현재 대학을 졸업하고 직장을 다니고 있었다.

인도네시아 사람들이 김 장로를 방으로 들어오라고 초대해서 김 장로는 계획에 없이 숙소 안으로 들어갔다. 방안은 좁았지만 간식과 커피 등이 있어 마치 사랑방 같은 느낌이 물씬 났다. 양동민 형제는 자기가 어떻게 인도네시아 사람들과 친해지게 되었는지를 김 장로에게 자세히 들려주었다.

"저는 요 옆에 있는 제일교회에 출석하고 있습니다. 청년부 집회 때문에 매주 토요일에 교회에 갔습니다. 어느 날 교회 로비에 앉아 있는데 그곳에 설치된 공중전화에서 전화를 거는 외국인을 보았습니다. 처음에는 저도 외국인을 그저 남 보듯 했습니다. 하지만 조금씩 그분들에게 마음이 가기 시작했습니다.

그러던 어느 날 전화를 걸고 나가려는 사람에게 다가가 영어로 '헬로'라고 인사를 했습니다. 그러자 그 사람이 얼마나 반가워하는지 저도 놀랐습니다. 아마도 교회에서 마주치는 한국 분들 가운데 말을 거는 사람이 거의 없었던 것 같습니다. 그 사람이 인도네시아에서 온 무슬림이라는 것을 알게 되었고 전도를 하려고 이곳 근로자 숙소에 자주 놀러오게 되었습니다.

어느 날 이곳에서 인도네시아 근로자들과 종교 이야기를 하게 되었는데 제가 예수님에 대해서 이야기를 하자 이들은 자신들이 무슬림이라며 이슬람이 바른 종교라고 말하는 것이었습니다. 저는 이슬람이 잘못되었다고 이야기했지만 그들이 코란을 가지고 와서 설명하는데 제가 이슬람에 대해서 정말 아는 것이 없다는 것을 그때 절절히 느꼈습니다. 그때부터 이 사람들의 언어, 문화, 종교에 대해 공부를 하기로 했습니다.

 인도네시아 말을 조금씩 배웠지만 한국에서는 인도네시아어를 배우는 데 한계가 있다고 생각했습니다. 그때 마침 우리 교회 장로님에게 인도네시아에서 사역하는 선교사님 한 분을 소개받았습니다. 제가 메일을 보냈더니, 그 선교사님이 인도네시아어를 배우기 위해 자기가 사역하는 족자에 와도 된다고 친절하게 회신해 주셨습니다."

 김 장로는 자신의 귀를 의심했다.

 "족자에서 사역한 선교사님이라면 신정호 선교사님 말씀인가요?"

 양 형제는 김 장로가 신 선교사를 안다는 것이 신기한 듯 물었다.

"네, 맞습니다. 그런데 김 장로님도 신 선교사님을 아시나요?"

"네, 최근에 자주 뵙는 분입니다."

김 장로는 결코 우연으로 생각되지 않는 이 연결 고리가 그저 놀라울 뿐이었다.

"그러면 신 선교사님이 인도네시아에서 하시던 학생 사역에 대해서는 잘 아시겠네요?"

김 장로가 애매한 표정을 지으며 대답했다.

"신 선교사님을 잘 안다고 할 수는 없겠지요. 하지만 지난 몇 달 동안 신 대표님과 만나 대화도 많이 하고 일전에는 캄보디아도 함께 다녀왔습니다."

"그럼 장로님께서 신 대표님을 저보다도 더 잘 아실 것 같은데요."

대학을 졸업했다지만 아직도 앳되어 보이는 양 형제의 미소가 얼굴 전체에 드러났다.

"족자에 도착해서 신 선교사님이 제안하신 대로 저는 대학생들이 사용하는 자취방에서 지냈습니다. 족자는 대학 도시라고 불릴 만큼 대학이 많고 대학생도 많았습니다. 제가 아는 바로는 족자에만 대학이 100개쯤 있고 대학생의 수도 30만 명이 넘는다고 합니다. 대학생들이 많아 언어를 배우는 데는 그만한 곳이 없었습니다."

"족자의 자취방은 지낼 만하던가요?"

양 형제가 입가에 살짝 미소를 지으며 대답했다.

"많이 열악했습니다. 제가 지냈던 하숙집에는 바퀴벌레도 나오고, 천장에는 도마뱀도 있고, 어떤 때는 쥐도 나왔습니다. 하지만 그런대로 지낼 만했습니다. 그곳에서 현지 대학생들과 지내면서 언어도 배

왔지만 성육신적인 삶에 대해서 많이 이해하게 되었습니다. 현지인들을 이해하는 가장 좋은 방법은 그들처럼 되는 거지요."

김 장로는 양 형제의 용기가 대단하다고 생각했다.

"신 선교사님은 그때 대학교에서 경영학을 가르치면서 대학생들 모임을 개척해서 한창 사역하실 때라 저와는 일주일에 한 번 정도 만나 한 주간 지낸 이야기도 나누고 대학생 사역에 대해 설명도 해 주셨습니다. 그렇게 선교사님에게 사역에 관한 이야기를 듣는 것은 사역 경험이 많지 않던 제게는 사역을 배울 수 있는 좋은 기회였습니다."

김 장로는 연신 고개를 끄덕이며 양 형제의 말에 귀를 기울였다.

"족자에서 인도네시아어를 배우는 또 다른 장점은 이슬람에 대해서 많은 것을 알게 되고 무슬림들을 어떻게 대해야 하는지 배우게 된 것입니다. 족자에서 돌아온 뒤 이곳에서 일하는 인도네시아 근로자들과 더 친해지게 되었습니다."

김 장로는 고개를 끄덕였다. 현지 언어를 할 줄 알게 되었으니 인도네시아 사람들과 더 친해지는 것이 가능했으리라 짐작이 갔다. 김 장로는 양 형제의 직업이 궁금했다.

"실례지만 대학을 졸업하고 지금은 어떤 일을 하십니까?"

"네, 지금은 정부 출연 기관에서 일을 하고 있습니다. 감사하게 인도네시아어를 한다는 것이 직장에서도 도움이 많이 됩니다. 제가 하는 일 가운데 하나는 인도네시아 혹은 말레이시아 관련 신문 기사들을 우리말로 번역해 상사에게 보고하는 일입니다. 얼마 전에는 말레이시아 대학원에서 2년 동안 이슬람 금융에 대한 공부를 하고 돌아왔습니다. 공부하는 동안 그곳에서 많은 무슬림들을 만났습니다. 이

집트에서 온 사람, 이란에서 온 사람, 유럽에서 온 무슬림들까지 정말 다양한 사람들과 만날 수 있었습니다."

김 장로는 몹시 궁금하다는 듯 물었다.

"양 형제는 앞으로 선교사가 될 생각입니까?"

"아닙니다. 전통적인 선교사가 되는 것보다 지금처럼 직업을 가지고 선교를 할 생각입니다. 선교사라는 타이틀이 없는 것이 더 좋다는 것을 선교지에 가서 느끼게 되었습니다. 조만간 인도네시아에 파견 근무를 나갈 것 같습니다. 그곳에서 선교사라는 타이틀 없이 선교적인 삶을 살려고 합니다. 저 같은 사람들을 텐트 메이커라고 합니다."

김 장로는 언젠가 들어 본 것 같은 텐트 메이커라는 용어를 마음에 새겼다. 들을수록 양 형제의 삶이 대단해 보였다. 김 장로는 지갑 속에서 자기 명함을 꺼내 양 형제에게 건네주고 작별 인사를 했다. 인도네시아 사람들도 모두 일어나 김 장로와 악수를 하고 우리말로 잘 가라는 작별 인사를 했다.

김 장로는 집으로 돌아오면서 자신이 살고 있는 지역에서 선교적 삶을 살고 있는 양 형제를 만나게 된 것을 하나님께 감사했다.

양 형제를 만난 그 주간에 김 장로가 묵상한 말씀은 열왕기하 6장 17절이었다. 아람 군대가 선지자 엘리사를 붙잡으려고 할 때 엘리사가 하나님께 기도를 올렸다. 엘리사가 "여호와여 원하건대 그의 눈을 열어서 보게 하옵소서"라고 기도하자 여호와께서 엘리사 옆에서 두려워하는 청년의 눈을 열어 불말과 불병거가 산에 가득한 것을 보게 하셨다. 김 장로는 말씀 묵상을 마치고 기도를 드렸다.

"주님, 열방교회 성도들 가운데 타문화 선교에 대해서 눈뜨는 경험을 하게 해 주십시오."

그런데 주중에 놀랍게도 열방교회 성도들 가운데 참으로 눈뜨는 경험들이 나타나기 시작했다.

주일 예배를 마치고 김 장로는 담임 목사 사무실로 찾아갔다. 그리고 자신의 동네에 있는 모자 공장을 방문한 이야기를 노 목사에게 전했다. 그런데 김 장로의 이야기를 다 들은 노 목사도 김 장로에게 구로동에 있는 성암교회를 방문한 이야기를 들려주었다.

노충인 목사는 화요일 오전 교회의 행정적인 일들을 마무리하고 명함통을 살펴보았다. 구로동에서 사역하는 후배 목사의 연락처를 찾기 위해서였다. 일전에 노회에서 만났을 때 자신이 구로동에서 목회를 하는데 외국인 근로자들을 위한 사역도 하고 있다는 이야기를 들은 적이 있었다. 다행히 명함을 쉽게 찾을 수 있었다.

노 목사가 전화를 하자 성암교회를 담임하는 김용진 목사가 반갑게 인사를 했다. 외국인 사역하는 것을 좀 보고 싶다고 하자 김 목사가 당장 만나자고 했기 때문에 노 목사는 전화를 끊고 곧장 구로동으로 향했다. 노 목사는 성암교회로 올라가는 길의 주변 환경을 보고 깜짝 놀랐다. 온통 외국 음식점과 외국인들을 대상으로 운영하는 가게들로 가득했다.

김용진 목사는 사무실에서 노 목사를 반갑게 맞아 주었다. 마침 그 자리에 프린터 기계를 제작하는 중소기업 사장인 장일준 집사가 함께했다. 장 집사는 성암교회 선교 위원으로 섬기고 있었다. 그는 성암교회의 외국인 사역을 가장 앞장서서 하는 성도였다. 전화로 노 목사가 외국인 사역에 관심이 있다고 해서 김용진 목사가 일부러 장 집사를 초청한 것이다.

장 집사는 성암교회에서 어떻게 외국인 근로자 사역을 담당하고 있는지를 설명해 주었다. 하지만 노 목사가 가장 관심이 있는 것은 성암교회에서 하고 있는 근로자 사역보다 장 집사의 삶이었다. 그는 근로자들을 자기 자녀들처럼 돌봐 주고 있었다.

최근에는 급성 신부전증에 걸린 스리랑카 형제 한 명을 도왔다고 했다. '아뜨만'이라는 청년은 기계를 제작하는 공장에서 일하고 있었는데 성암교회에 나오면서 믿음에 눈뜨기 시작했다. 그런데 갑자기 신부전증이 생겨 근처 큰 병원에 입원하게 되었다. 그런데 아뜨만이 일하던 공장에서는 그가 무단결근을 했다는 이유로 퇴직을 시켰다고 한다. 평소에 장 집사는 아뜨만을 아들처럼 대했고, 아뜨만도 장 집사를 아버지라고 부르며 따랐다고 했다. 장 집사는 아뜨만의 병원비를 모두 지불해 주었다. 그뿐 아니라 매일 병원으로 아뜨만을 찾아가 눈물로 기도해 주었다. 몸이 많이 좋아진 아뜨만은 결국 스리랑카로 돌아가 현재는 건강하게 몸으로 교회 전도사로 지낸다고 전해 주었다.

노 목사는 성암교회에서 이루어지고 있는 외국인 사역에 큰 감동을 받았다. 그리고 열방교회 안에도 이런 감동적인 이야기들이 들려지기를 기대하며 돌아왔다고 김 장로에게 말했다.

노 목사가 들려준 이야기는 김 장로의 가슴을 뛰게 만들기에 충분했다. 주일에 김 장로는 좋은 소식 하나를 더 듣게 되었다. 노 목사의 사무실을 나오다가 주차장에서 최수영 집사를 만났는데 최 집사는 선교 위원회의 위원 가운데 선교적 삶에 대해서 가장 부정적인 사람이었다. 최 집사가 선교에 관심이 없는 것은 아니었다. 그는 열방교회에서 하는 단기 선교 여행에 여러 번 참여했다. 하지만 최 집사에게 선교적 삶은 너무도 불편한 내용이었다. 자신의 주변에서 선교를 하기보다 조금은 거리를 둔 선교에 헌신하기를 원하는 것이 최 집사의 선교에 대한 생각이었다.

하지만 최 집사가 최근에 자신에게 일어난 일을 김 장로에게 이야기했을 때, 김 장로는 우연이라고 하기에는 너무나 놀랍다는 생각을 했다.

최 집사는 얼마 전 수원에서 출발하는 기차를 타고 부산으로 가고 있었다. 최 집사는 여행 중에 성경을 읽고 묵상하는 것을 좋아했다. 최 집사가 그날 기차 안에서 묵상한 말씀은 요한복음 4장이었다. 요한복음 4장은 사마리아 여인과 대화한 예수님의 이야기로 유명하다. 하지만 그날 기차 안에서 최 집사는 요한복음 4장 35절의 말씀을 계속해서 묵상했다.

> 너희는 넉 달이 지나야 추수할 때가 이르겠다 하지 아니하느냐 그러나 나는 너희에게 이르노니 너희 눈을 들어 밭을 보라 희어져 추수하게 되었도다

예수님이 제자들에게 하신 말씀이 자기에게 어떤 의미가 있을까를 계속 묵상하다가 최 집사는 그만 깜빡 잠이 들어 버렸다.

기차가 구미역을 출발한다는 안내 방송에 눈을 떠보니 어느새 비어 있던 옆 자리에 누군가 앉아 있었다. 최 집사는 옆에 앉은 사람의 피부가 조금 검은 것으로 보아 다른 나라에서 왔겠다는 생각이 들었다.

"한국말을 하십니까?"

최 집사의 질문에 옆에 앉아 있던 외국 청년이 조금 서툰 말로 대답을 했다.

"조금 할 수 있습니다."

"혹시 어느 나라에서 오셨나요?"

"우리는 인도네시아 사람입니다."

"아, 그러세요. 한국에서는 어떤 일을 합니까?"

"우리는 구미에 있는 공단에서 일을 하고 있습니다."

최 집사는 우리라는 말에 기차 안을 둘러보았다. 대여섯 명은 족히 되어 보이는 비슷하게 생긴 사람들이 기차 안에 있었다. 그중에 히잡을 두른 여자가 있는 것으로 보아 그들이 무슬림일 거라고 짐작했다. 갑자기 최 집사는 인도네시아에 청년과 대화를 하고 싶어졌다.

"무슨 일로 대구까지 갑니까?"

인도네시아 청년이 공손히 대답했다.

"토요일마다 대구 시내에서 인도네시아 근로자들이 모두 모여 함께 시간을 보냅니다."

최 집사는 얼마나 많은 인도네시아 사람들이 대구 근처에서 노동자로 일하는지 궁금했다. 최 집사의 질문에 인도네시아 청년은 300명은 족히 될 것이라고 말해 주었다. 최 집사는 뉴스를 통해 우리나라에 외국인 근로자들이 많이 있다는 이야기는 들었지만 이 정도로 자기 옆에 가까이 와 있는 줄은 몰랐다. 어쩌면 최 집사가 여행 길에 외국인과 나란히 앉은 것이 이번이 처음이 아닐지도 모른다. 하지만 전에는 관심이 없어 옆에 앉아 있는 외국인을 의식하지 못했을지도 모른다는 생각을 하게 되었다. 그리고 조금 전 묵상한 요한복음 4장 35절의 말씀을 이해할 수 있었다.

이런 경험을 주일 오후 최 집사가 김 장로에게 고백한 것이다.

"저는 선교에 대해서 이미 많은 것을 감당하고 있다고 생각했습니다. 제 삶은 그냥 이대로 편한 상태로 지내다가 가끔씩 선교지에 가서 사람들을 돕고 오는 것으로 충분하다고 생각했습니다. 그래서 솔직하게 말해 김 장로님이 미국 다녀오셔서 선교적 교회 이야기를 할 때만 해도 그것이 저와 상관이 없는 줄 알았습니다. 하지만 이제 제게 희어져 추수하게 된 밭이 보이기 시작했습니다."

김 장로는 최 집사의 손을 꼭 잡아 주었다.

"집사님, 제게 이야기를 들려주셔서 정말 감사합니다."

대화를 마치고 집으로 돌아오는 김 장로의 마음이 어느 때보다 기쁨으로 가득했다.

김 장로는 집으로 와 다시 열방 기도 수첩을 펼쳐 이렇게 적었다.

> "내 눈앞에 펼쳐진 추수할 밭"
> 하나님은 타문화 사람들을 우리 이웃으로 허락하셨다.

# 9장
## 위대한 일의 작은 시작
선교는 모든 성도를 향한 부르심

열방교회는 동신복 선교회 신정호 대표를 다시 초청해 특강을 듣기로 했다. 이번에는 선교적 교회를 꿈꾸는 성도들이 구체적으로 어떻게 선교에 참여할 수 있을지에 대한 구체적인 방법을 듣기로 했다.

3월의 날씨치고는 제법 따뜻한 초봄의 오후, 신 대표가 다시 열방교회를 방문했다. 특강에 앞서 노 목사 사무실에서 선교 위원들과 함께 차를 마시며 그간의 이야기를 듣고 신 대표는 정말 놀랐다. 김 장로와 선교 위원들 가운데 새로운 움직임이 벌어지기 시작했다는 이야기, 그리고 성도들이 이제 선교를 선교사들만 하는 것이 아니라 자신들의 몫이라는 것을 이해하고 구체적으로 외국인 친구를 만들고 그들에 대해서 이해하려고 한다는 사실이 믿기지 않을 정도였다.

특강이 시작되자 작은 강의실은 입추의 여지가 없었다. 신 대표는 사도행전에 나타난 풀뿌리 선교에 대해 함께 공부하자고 운을 떼고는 참석자들에게 질문을 던졌다.

"여러분, 사도행전에서 선교하면 가장 먼저 떠오르는 사람이 누구인가요?"

그러자 몇 명의 선교 위원이 "흩어진 사람들이요"라고 대답했다.

"기억하고 계시네요! 그렇습니다. 사도행전에 나오는 흩어진 사람들이 바로 선교를 감당한 사람들입니다. 이 사람들은 주변에 있는 유대인들에게만 복음을 전하는 데 그치지 않고 자신들과는 문화가 다른 헬라인들에게 복음을 전했다고 지난번에 말씀드렸지요?"

여러 위원들이 그제야 생각이 난다는 듯이 고개를 끄덕였다. 김 장로도 흩어진 사람들이 안디옥에서 예수님을 헬라인들에게 소개할 때 '주 예수'라고 한 것이 헬라 문화의 상징을 가져다가 헬라인들에게 익숙한 방법으로 복음을 전한 타문화 선교였다고 설명했던 것이 기억났다.

"이 흩어진 사람들이 타문화에서 복음을 전한 것 맞나요?"

참석자들이 이구동성으로 대답했다.

"네, 맞습니다. 기억납니다."

"그러면 이 사람들 때문에 바나바와 바울이 안디옥에 와서 사역한 이야기도 기억나시지요?"

강지연 집사가 대답했다.

"네, 그래서 안디옥 교회를 모달리티, 바나바와 바울로 구성된 선교사 팀을 '쏘다닌다'고 쏘달리티라고 한 것도 기억납니다."

참석자들이 모두 웃는 바람에 강의실 분위기가 한층 밝아졌다.

"네, 모두 잘 기억하고 계시네요. 그럼 한 가지 질문을 더 드리겠습니다. 바나바와 바울이 안디옥에 와서 훌륭하게 선교 사역을 수행하는 동안 안디옥까지 와서 헬라인들에게 복음을 전했던 그 흩어진 사람들은 어떻게 되었을까요? 혹시 여러분이 어려워하실 것 같아 제가 보기를 두 개 드리겠습니다."

참석자들은 모두 신 대표를 주목했다. 신 대표가 오른쪽 손가락 하나를 들어 올리며 말했다.

"1번은 '훌륭한 선교사들이 나타나서 선교 사역을 하고 다니니 우리는 이제 집에 가서 편히 발 뻗고 자자'라고 했을까요?"

이번에는 왼쪽 손가락 둘을 들어 올리며 신 대표가 물었다.

"2번은 '아니다. 아무리 훌륭한 선교사들이 나타났어도 우리는 계속 타문화 사역을 하러 다니자!' 여러분 생각에는 1번 같습니까 아니면 2번 같습니까?"

대부분 참석자들이 손가락 두 개를 들어 올리며 2번이라고 말했다.

"그렇습니다. 흩어진 사람들은 로마 제국 안을 두루 다니며 타문화 사람들에게 복음을 전했습니다. 그런 증거가 성경 여러 곳에 나타납니다. 사도 바울은 수리아, 갈라디아, 길리기아, 아시아, 마게도냐, 아가야, 이렇게 여섯 지역에서만 복음을 전했습니다. 하지만 복음은 이런 지역을 넘어서 전해졌습니다. 사도행전 마지막 장인 28장에서 사도 바울이 로마에 도착했을 때 로마에 있는 믿는 형제들이 사도 바울을 영접하러 나왔다고 기록되어 있습니다. 그렇다면 누가 로마에 가서 그곳 사람들에게 복음을 전했을까요?"

여러 참석자들이 대답했다.

"흩어진 사람들이요!"

"저도 그렇게 생각합니다. 우리 사도행전 한 군데 더 볼까요. 사도행전 8장 4절을 보면 '그 흩어진 사람들이 두루 다니며 복음의 말씀을 전할새'라고 말하고 있습니다.

제 강의의 결론부터 말씀드려야 할 것 같습니다. 사도행전을 보면 사도 바울이나 바나바가 선교를 했다는 것이 잘 드러나 있습니다. 하지만 흩어진 사람들에 의해 복음이 더 넓은 지역에서 전파된 것도 볼 수 있습니다. 그러니 사도행전에는 두 타입의 선교 모델이 있다고 말할 수 있겠지요. 저는 흩어진 사람들에 의해 이루어진 선교 사역을 '풀뿌리 선교 모델'이라고 말하고 싶고, 바나바와 바울과 같은 사도들을 중심으로 이루어진 선교 사역을 바울과 바나바의 이름 첫글자를 따서 '바-바 선교 모델'이라고 부르고 싶습니다."

참석자 중에 여러 사람이 바-바 모델이라는 새로운 용어를 듣고 신기한 듯 따라했다.

"두 모델은 여러 차이가 있습니다. 가장 중요한 차이는 선교를 한 사람들이 사용한 타이틀입니다. 흩어진 사람들은 어떤 타이틀도 가지지 않았습니다. 하지만 바나바와 바울은 교회가 인정한 사도들이었습니다. 바나바와 바울이 사도라는 공식적인 직함을 사용했다면 흩어진 사람들은 어떤 직함도 사용하지 않고 선교를 했습니다."

김 장로는 산호세의 친구 황동식과 그의 아들 제이슨이 생각났다. 또 일전에 상도동에서 만난 양동민 형제도 생각났다. 그들은 선교사라는 타이틀은 없지만 얼마나 훌륭한 선교를 하고 있는가.

"바나바나 바울과 같은 사도들에 의해 이루어진 선교와 흩어진 사람들에 의해 이루어진 선교의 또 다른 차이는 후원을 받는가 여부입니다. 어떤 사람들은 바울이 텐트 메이커였고 자비량 선교를 했다고 생각하지만 성경은 바울이 후원을 받았으며, 바울도 자신이 쓴 편지에서 후원에 대해 여러 번 언급하고 있는 것을 볼 수 있습니다. 아마도 바울처럼 후원 이야기를 많이 한 사도도 없을 것입니다. 그런데 바울이 후원 이야기를 매우 고상하게 하기 때문에 많은 성도들이 그것이 후원 이야기인지 잘 모르고 있습니다."

몇 명의 참가자들 사이에 웃음이 터져 나왔다.

"반면에 흩어진 사람들은 파송을 받거나 후원을 받지 않았습니다. 이들은 핍박을 피해 흩어진 사람들입니다. 흩어진 사람들은 유대인이었는데, 유대인의 전통은 아무리 고관대작의 자녀라고 해도 어떤 환경에서든 생존할 수 있는 기술을 하나씩 가르쳤다고 합니다."

김 장로의 머릿속에 몇 명의 제자들이 생각났다. 베드로는 어부였고, 마태는 요즘으로 말하면 회계를 할 줄 알았을 것이고, 예수님도 목수이지 않았는가.

"분명한 것은 사도 바울이 텐트를 만들 줄 알았지만 텐트를 전문으로 만들어 파는 비즈니스를 했다고 보기는 어렵다는 것입니다. 그렇다면 바나바와 바울 같은 사도들은 후원이 필요했다고 결론을 내릴 수 있습니다."

김 장로는 얼마 전 양동민 형제에게서 텐트 메이커라는 단어를 들었던 것이 기억났다. 그 당시는 텐트 메이커의 의미를 제대로 이해하지 못했는데 이제 텐트 메이커라는 단어를 확실히 이해할 수 있었다. 직업을 가지고 선교를 한다고 해서 언제나 돈을 버는 것은 아니며, 텐트 메이커라는 의미가 자비량이라고 할 수 없다는 것도 이해되었다.

"지난 2,000년의 선교 역사를 보아도 이런 풀뿌리 선교와 바-바 선교가 공존했음을 알 수 있습니다. 오늘은 그 부분을 설명할 시간이 많지 않아 넘어가도록 하겠습니다.

오늘날 우리가 하는 선교는 200년 전에 서구 교회가 시작한 선교를 따라 하고 있다고 할 수 있습니다. 당시의 상황으로 볼 때 아프리카, 아시아, 라틴 아메리카는 아무나 마음만 먹으면 갈 수 있는 곳이 아니었습니다. 자기가 있는 곳에서 배를 타고 몇 개월 동안 여행을 해야만 갈 수 있는 곳이었습니다. 그래서 선교사들은 선교회를 만들어 전문적으로 선교사를 훈련시켜 보냈습니다. 그런 시대에 나타난 사람들이 바로 윌리엄 캐리, 허드슨 테일러와 같은 선교사들입니다. 그래서 당시는 아무나 선교를 할 수 있다고 생각하지 않았습니다. 하지만 2차 세계 대전 이후 선교적 상황이 많이 바뀌었습니다. 서구 제국들의 식민지였기에 어쩔 수 없이 선교사를 받아들여야만 했던 국가들이 독립한 후 선교사들에게 입국 비자를 주지 않기 시작했습니다. 따라서 선교사라는 타이틀을 갖고 갈 수 있는 나라의 수는 현저하게 줄었습니다.

또 하나의 중요한 변화는 여러 가지 이유에서 사람들이 전 세계적으로 이동하기 시작했다는 것입니다. 최근 통계에 따르면 취업을 위해서 다른 나라에 가 있는 사람들이 2억 명에 이른다고 합니다. 그뿐이 아닙니다. 이제는 다른 나라에 가서 공부도 많이 합니다. 결혼해서 이주하는 사람도 많아졌습니다. 그래서 먼 곳이 아닌 아주 가까운 곳에서 타문화 사람들을 마주칠 수 있게 된 것입니다."

참석자들 가운데 여기저기서 고개를 끄덕이는 모습이 보였다.

"선교사라는 타이틀을 가지고 선교지로 갈 수 있는 가능성이 많이 줄었다고 해서 선교의 기회가 없어진 것은 아닙니다. 선교사들은 자신이 가진 직업적 전문성을 가지고 선교지로 갈 수 있습니다. 제가 인도네시아 대학에서 교수로 사역한 경우가 그런 경우에 해당합니다.

후원받는 선교사가 아닌 분들이 선교지에서 훌륭하게 선교를 감당하고 있는 경우도 많습니다. 제가 얼마 전에 직업을 가지고 선교하는 경우를 분석해서 다섯 가지 타입으로 정리해 보았습니다."

신 대표는 최근 자신이 일목요연하게 정리한 표로 보여 주었다. 참석자 중에는 화면에 나타난 표를 스마트폰으로 찍는 이들도 있었다.

"아래의 표에 표시된 1타입, 2타입, 3타입은 선교 단체에 속해 있거나 적어도 재정적 책무와 사역적 책무를 물을 수 있는 구조 안에 있는 선교사들을 말합니다. 이들은 대부분 파송 교회나 개인들에게 후원을 받으며 사역지에서 사역을 감당하는 경우입니다. 반면에 4타입과 5타입은 전통적인 선교사는 아니지만 자신이 가진 직업을 통해 선교하는 성도들입니다."

|  | 1타입 | 2타입 | 3타입 | 4타입 | 5타입 |
| --- | --- | --- | --- | --- | --- |
| 정체성 | 선교사 | 직업을 가진 선교사 | 선교사가 된 직업인 | 해외에 있는 직업인 | 국내에 있는 직업인 |
| 소속 단체 | 유 | 유 | 유 | 무 | 무 |
| 사역적·재정적 책무 | 유 | 유 | 유 | 무 | 무 |
| 언어와 문화 이해 | 높다 | 높다 | 높다 | 낮다 | 전무 |
| 후원 | 필요 | 필요 | 대부분 필요 | 필요 없음 | 필요 없음 |
| 선교지 비자 | 선교사 비자 | 직업 비자 | 직업 비자 | 직업 비자 | 필요 없음 |
| 사역의 기대 | 높다 | 높다 | 상대적 | 낮다 | 낮다 |
| 사역지 선택 | 의도적 | 의도적 | 중간 | 비의도적 | 없음 |

"이 다섯 가지 타입을 조금 더 부연 설명하면 다음과 같습니다.

1타입은 과거에 우리가 알고 있던 전형적인 선교사를 말합니다. 2차 세계 대전 전에는 거의 모든 선교사가 1타입이었다고 해도 과언이 아닙니다. 이런 선교사는 선교사 비자를 가지고 선교지에서 교회를 개척하는 일, 전도를 하는 일, 구제를 하는 일 등의 사역에만 전념하게 됩니다."

김 장로는 프놈펜에서 선교사 비자를 가지고 열심히 교회 개척 사역을 하는 공철운 선교사를 떠올렸다.

"2타입은 1타입의 선교사와 같은 유형의 선교사를 말합니다. 그런데 1타입의 선교사가 선교사 비자를 받을 수 없는 창의적 접근 지역에 갈 때 직업 비자를 가지고 가게 되면서 등장한 타입이라고 할 수 있습니다. 2타입에 속하는 선교사는 직업적 전문성이 약할 수 있습니다."

김 장로는 베트남에서 비자만을 받기 위해 카페를 운영하는 후원 선교사 한 가정을 생각했다. 그 선교사는 카페를 운영하기는 하지만 비즈니스에는 전혀 관심이 없었다.

"3타입은 1, 2타입과는 달리 직업적 전문성이 매우 높습니다. 대부분 본국에서 동일하거나 비슷한 직업을 가지고 일한 경험이 있습니다. 3타입은 선교지에서 봉사의 형태로 섬깁니다. 인도네시아에서 교수 사역을 할 때의 저 같은 사람을 3타입이라고 생각하시면 됩니다."

참석자들이 고개를 끄덕였다.

"4타입은 3타입처럼 직업을 가지고 타문화에서 체류하는 일반 성도를 말합니다. 오늘날은 해외에서 직장을 구하기 위해 이동하는 경우도 많고, 해외에서 비즈니스를 하는 경우도 많습니다. 이들 가운데는 예수님의 지상 명령을 이해하고, 기회만 된다면 이를 실천하려고 하는 성도들이 많습니다. 이들이 4타입의 선교를 하는 사람들이라고 할 수 있습니다. 다만 3타입과 차이가 있다면 4타입은 사역적 재정적 책무를 지지 않는다는 점입니다.

5타입은 국내에서 직업을 가지고 타문화 사람들을 섬기는 경우를 말합니다. 2014년 현재 우리나라에는 200만 명의 외국인이 들어와 있습니다. 이 추세는 앞으로 더 늘어날 것입니다. 이들 중에는 선교사의 입국이 제한적이거나 거의 불가능한 국가에서 온 사람들도 많습니다."

신 대표의 설명은 매우 명쾌했다. 하지만 참석자들은 다섯 가지 타입에 대해 여전히 궁금한 것이 많았다. 늘 호기심이 많은 박우민 권사가 다른 사람들을 대신해서 질문을 했다.

"그러니까 1타입이 헌신도가 가장 높은 선교사라 할 수 있겠네요?"

신 대표가 당황하며 얼른 대답했다.

"아, 아닙니다. 그런 뜻이 아닙니다. 제가 1번, 2번 이렇게 번호를 매겨 본 것은 서로가 구분되는 타입이라는 뜻 외에는 아무런 의미가 없습니다. 여러분이 오른쪽부터 1타입이라고 해도 전혀 문제가 없습니다. 아니 A타입, B타입…… 이렇게 해도 됩니다. 그러니 그런 오해가 없으시면 좋겠네요. 저는 성도님들이 이 표에 나오는 숫자에 그렇게 예민하실 거라고는 전혀 생각하지 못했는데요."

신 대표는 박 권사의 기발한 질문에 당황하는 기색이 역력했다. 이번에는 한주환 집사가 질문했다.

"신 대표님은 동원 사역도 하신다고 들었는데, 그렇다면 4타입이나 5타입 같은 분들을 동원해서 1, 2, 3타입의 선교사를 만드는 것이 동원 사역의 목표인가요?"

이번에도 신 대표는 무척 당황하는 것처럼 보였다.

"아, 그것도 아닙니다. 1타입은 1타입대로, 2타입은 2타입대로, 5타입은 5타입대로 모두 의미가 있습니다. 제가 기대하는 것은 4타입이 3타입이 된다든지, 3타입이 1타입이나 2타입이 되는 것이 아닙니다. 어떤 타입이든 하나님께서 부르셨다고 믿는 믿음이 중요합니다. 그 부르심 안에서 자신에게 주어진 사역을 열심히 감당하는 것이 필요합니다. 사도 바울은 고린도전서 7장 20절에서 '각 사람은 부르심을 받은 그 부르심 그대로 지내라'고 권면하고 있습니다. 물론 사도 바울이 고린도 교회에 이 권면을 하게 된 맥락은 직업과 선교의 타입 가운데 어느 타입에 머물라고 한 것은 아닐 것입니다. 사도 바울은 고린도전서 7장을 통해 여러 맥락에서 우리가 현재 처한 상황을 굳이 변화시키려고 노력할 필요가 없음을 분명히 하고 있습니다. 무할례자로 예수님을 믿게 되었다면 할례자가 되려고 하지 말고, 종인 상태에서 예수님을 믿게 되었다면 굳이 자유인이 되려고 할 필요가 없다는 것을 강조한 것입니다. 그러니 그런 원칙을 우리가 이야기하고 있는 직업과 선교에 적용할 수 있다고 생각합니다. 만약 사도 바울이 제가 정리해서 만든 표를 보았다면……."

이렇게 말하고 자신이 머릿속에서 상상하고 있는 가정이 나름 재미있는지 신 대표는 혼자 웃음을 터뜨렸고, 그 바람에 강의가 잠시 중단되었다.

"죄송합니다. 만약 사도 바울이 제가 만든 이 표를 보았다면 '1타입은 1타입대로 머물라', '5타입은 5타입대로 머물라'고 했을 것 같다는 생각을 했습니다."

이번에는 장영호 집사가 질문을 했다.

"그러면 학생으로 선교지에 가 있거나 다른 나라에서 비영리 기관의 직원으로 일하면서 사역을 하는 경우는 어느 타입에 속한다고 말할 수 있나요?"

장 집사의 질문에 대해 김 장로도 갑자기 궁금해졌다.

"네, 좋은 질문이십니다. 이 표가 모든 선교 유형을 포괄하는 것은 아닙니다. 선교와 관련해서 직업을 가지고 사역하는 경우만 이야기하는 것입니다. 여기서 직업이란 정상적으로 행할 때 소득을 창출할 수 있는 것만을 말합니다. 예를 들면 대학에서 무언가를 강의하는 것, 자동차 정비를 하는 것, 미용 기술을 이용하는 것, 이런 것들은 모두 직업이라고 할 수 있습니다. 하지만 학생은 직업이라고 할 수 없습니다. 어떤 사람들은 가정 주부를 전업 주부라고 해서 직업에 넣지만 적어도 여기서는 그런 의미로 직업 타입을 구분하여 사용하지 않습니다."

장 집사와 김 장로가 거의 동시적으로 고개를 끄덕였다.

"표의 내용은 찬찬히 읽어 보시면 쉽게 이해하시리라 생각합니다. 그 가운데 몇 가지를 더 말씀드리고 싶습니다. 선교사 책무에 대해서는 이미 몇 달 전에 말씀드린 바가 있어서 제가 다시 말씀드리지 않겠습니다. 다만 선교사라고 할 수 있는 1, 2, 3타입과 4타입, 5타입의 차이 가운데 하나는 현지 언어의 사용입니다. 언어 사용이 고급이다 아니다 하는 평가는 너무 추상적인 이야기라 조금 정량적으로 표현할 필요가 있습니다. '에스아이엘'(SIL)이라고 하는 단체에서 만든 '램프'(LAMP, Language Acquisition Made Practical)라는 책에 선교사들이 현지 언어를 사용하는 레벨에 대해서 정한 기준이 있는데 이것이 매우 유용합니다."

참석자들이 술렁거렸다. 대부분의 참석자들은 아마도 언어 사용을 계량화하는 것에 대해 처음 들어 본 것 같았다. 신 대표의 설명이 이어졌다.

"현지에서 현지어를 사용하는 사람들 가운데 자신이 언어를 어느 수준으로 구사하는지 모르는 경우가 많습니다. 현지 언어를 어떤 수준에서 구사하느냐는 단순히 현지어를 할 수 있느냐보다 중요합니다. 앞에서 언급한 램프라는 책에서는 언어 구사 수준을 다섯 가지 레벨로 이야기하고 있습니다. 각 단계가 의미하는 바는 다음과 같습니다.

레벨 0는 관광객 수준이라고 말할 수 있습니다. 이 레벨은 50개 이하의 현지 단어를 가지고 간단한 인사 정도를 하고 다니는 수준입니다. 이런 수준에서 언어를 배우는 사람들은 주위 사람들에게 늘 기쁨을 선사합니다.

레벨 1은 생존할 수 있는 수준을 말합니다. 시장에 가서 자기가 원하는 물건을 구입하고 가격 흥정도 할 수 있고, 호텔에 들어가 방을 잡을 수 있고, 택시를 타고 목적지까지 갈 수 있는 수준을 말합니다. 하지만 이 단계에서 전화를 받기는 어렵습니다. 문법이 아직 정확하지 않아 단어를 그저 조합하는 정도에서 대화를 합니다.

레벨 2는 일반적인 직장 생활이 가능한 수준입니다. 현지 언어의 기본적인 문법을 이해합니다. 전화를 받을 수도 있고 회의에 참석해서 무슨 말이 오고 가는지도 알 수 있습니다. 직원을 뽑을 수도 있고 자기의 의사도 명확하게 전달하거나 표시할 수 있습니다. 하지만 전문 지식을 충분히 조리 있게 설명하지는 못합니다.

레벨 3은 자신의 전문 지식을 전달할 수 있는 수준을 말합니다. 이 수준이 되면 자신의 생각을 현지 사람들에게 충분히 전달할 수 있습니다. 여기서 자신의 생각이라고 할 때는 전문 영역을 포함합니다. 다음에 설명할 레벨 4도 현지 전문인이 자신의 의사를 자유롭게 전달하는 수준의 언어를 구사하지만, 레벨 3에서는 여전히 문법적으로나 어휘력에서 제한적입니다.

레벨 4는 현지인 전문가가 구사하는 언어로 토론이 가능한 수준입니다. 이 단계에서는 별다른 어려움 없이 자기의 생각을 전달하는 현지어를 구사할 수 있습니다. 현지인들이 외국인치고는 정말 현지어를 잘한다고 느끼는 수준을 말합니다. 문법도 거의 틀리지 않으며 어휘력도 상당한 수준입니다.

레벨 5는 원어민과 동일한 수준입니다. 이 수준은 고등 교육을 받은 원어민과 동일한 언어를 구사하는 수준입니다. 언어만으로 본다면 자신이 외국인이라고 밝히지 않는 한 현지인들이 그를 외국인이라고 생각하지 못할 것입니다."

김 장로가 프놈펜의 동신복 선교 센터에서 만나 언어와 문화 오리엔테이션을 담당하는 피오나 선교사에게 들었던 이야기가 기억났다. 당시는 레벨 3이 어떤 수준인지 정확하게 이해하지 못했다. 신 대표가 갑자기 질문을 하는 바람에 김 장로는 프놈펜에서의 추억에서 현실로 돌아오고 말았다.

"혹시 여러분 가운데 자신이 할 수 있는 외국어가 어느 정도 레벨인지 테스트하기를 원하는 분이 계신가요?"

김 장로는 캄보디아를 방문했을 때 자신의 영어 실력이 얼마나 되는지 알고 싶었기 때문에 자원해서 테스트에 응하기로 했다.

"제가 한번 테스트를 해 보고 싶습니다."

신 대표는 기대하지 않았다는 듯이 웃으며 김 장로에게 물었다.

"장로님이 모국어 다음으로 가장 잘 하실 수 있는 외국어는 무엇입니까?"

"영어입니다."

그러자 신 대표가 유인물의 맨 뒷장을 보라고 했다.

"앞에서 현지 언어 사용의 레벨에 대한 설명을 들으셨지요? 그러면 자신이 어떤 레벨에 있다고 생각하시나요?"

"글쎄요. 저는 레벨 2나 레벨 3 정도 될 것 같은데요."

"그러면 먼저 레벨 2 질문지를 한 번 보십시오. 그리고 자신에게 해당하는 것에 모두 체크를 해 보십시오."

김 장로가 레벨 2의 항목을 보면서 체크해 나가기 시작했다.

레벨 2

- ☐ 날씨와 가족 관계, 거주 환경 등에 대해서 상세하게 설명할 수 있다.
- ☐ 전화 통화로 간단한 메시지를 주고받을 수 있다.
- ☐ 자신의 성장 배경을 간단히 설명할 수 있으며 미래 계획과 포부를 이야기할 수 있다.
- ☐ 근황을 자세히 설명할 수 있고 현재 언어를 배우는 학생으로서의 신분을 이야기할 수 있다.
- ☐ 본국과 선교지의 정부 구조에 대해 설명할 수 있다.
- ☐ 본국과 선교지의 지리를 설명할 수 있다.
- ☐ 함께 일할 직원을 고용할 수 있으며 근무 조건과 근무 시간을 협상할 수 있다.
- ☐ 정확한 발음과 효과적인 전달력에 자신감이 있다.
- ☐ 현지 언어로 대화할 때 상대방이 내 말의 80퍼센트는 이해할 것이라 자신하며, 나도 상대방의 말을 80퍼센트 정도 이해한다.
- ☐ 위에 있는 항목에 해당되는 사람들에게 도움을 줄 수 있다.

"저는 10개 항목 모두에 해당이 되는데요."

김 장로가 대답을 하자 신 대표는 다시 부탁을 했다.

"그러면 레벨 3의 항목들을 체크해 보시기 바랍니다."

김 장로는 레벨 2 질문에 답할 때보다는 조금 어려움을 느끼면서도 끝까지 질문에 체크 표시를 해 나갔다.

**레벨 3**

- ☐ 대화를 할 때 어떤 형태의 문장 형태도 기피하지 않는다.
- ☐ 시작한 대화를 완벽한 문법과 충분한 어휘력으로 마무리할 수 있다.
- ☐ 막힘 없이 자연스러운 대화가 가능하다.
- ☐ 원어민의 대화를 대부분 이해할 수 있으며 대화에 초대할 경우 무리 없이 참여가 가능하다.
- ☐ 전화 통화로 전달받는 모든 내용을 이해할 수 있다.
- ☐ 발표나 강의를 들으며 정확한 내용으로 필기가 가능하다.
- ☐ 원어민 전문가들과 대화가 가능하며 내 언어 능력에 자신감이 있다.
- ☐ 나와 상반되는 입장에 있는 사람의 말도 이해가 가며 예우를 갖추어 반론을 제기할 수 있다.
- ☐ 문화적 실수, 부당한 징계, 응급 상황에 적절히 대처할 수 있다.
- ☐ 원어민 전문가들과 시사 문제에 대해 논할 수 있다.
- ☐ 위에 있는 사항들과 관련하여 중재를 하거나 통역사로 충분히 활약할 수 있다.
- ☐ 선교지에서 사역자로 활동하기에 부족함 없는 언어 실력을 갖추었다고 생각된다.

"여기는 총 다섯 가지가 해당이 되는데요."

김 장로가 모든 질문 사항을 자세히 읽고 대답하자 신 대표가 웃으며 말했다.

"그렇다면 김 장로님의 영어 레벨은 2플러스라고 할 수 있습니다. 그 말은 레벨 2와 레벨 3 사이라는 이야기입니다."

신 대표는 이어서 선교사들이 현지에서 언어를 배우는 과정을 설명했다.

"선교사들은 언어를 배우면서 성육신적인 경험을 몸소 하게 됩니다. 언어는 타문화 사역에서 가장 중요한 요소라고 생각합니다."

박우민 권사가 손을 들고 질문을 했다.

"선교사님, 시간이 없을 때 굳이 현지어를 배우기보다 한국말을 잘하는 사람을 고용해서 통역을 통해서 선교 사역을 하는 것이 더 효과적이 아닐까요? 만약 우리처럼 나이가 들어 선교지에 가면 언어 배우기 쉽지 않을 것 같은데요."

그렇지 않아도 김 장로도 그 질문을 하고 싶었던 참이었는데 박 권사가 가려운 곳을 긁어 준 느낌이었다.

"사역의 효과만을 생각한다면 그런 방법도 생각할 수 있겠지요. 하지만 예수님이 우리 가운데 오셔서 사역한 모습을 생각해 보면 지금 하신 질문에 대한 답을 찾을 수 있지 않을까요? 만약 예수님이 사역의 효과만 생각했다면 어린아이로 오실 필요 없이 슈퍼맨처럼 오셔서 한 달 정도 온 세상을 다니며 복음을 전하셨다면 많은 사람이 믿지 않으셨을까요? 하지만 주님은 어린아이로 오셔서 30년 동안 유대인의 언어와 문화를 익히시지 않았습니까? 사실은 그것이 바로 선교사들이 현지에서 사역할 때 가져야 하는 가장 중요한 성육신의 원리입니다. 현지 언어를 습득하는 과정 자체가 매우 중요합니다. 어린아이들처럼 언어를 배우는 것만이 가장 효과적인 언어 습득 방법인데 이미 성인이 된 사람들이 그런 과정을 다시 밟는 것은 쉬운 일이 아닙니다. 그래서 선교는 겸손을 전제로 하는 것입니다."

신 대표의 강의가 끝나자 참석자들은 선교에 대해서 구체적으로 알게 된 것과 이제 적어도 한 가지 외국어를 꼭 배우겠다며 강의실을 빠져나갔다.

김 장로는 집에 돌아와 열방 기도 수첩을 꺼내 이렇게 적었다.

"선교는 겸손을 전제로 한다."
예수님이 우리 가운데 어린아이로 오셔서 인간의 언어와 문화를 배우신 것처럼 선교사도 타문화에서 어린아이처럼 배워야 한다.

# 10장
## 관점이 변하다
퍼스펙티브스 교육

4월이 되자 봄기운이 완연했다. 열방교회 뜰 안 여기저기에 꽃들이 피어나기 시작했다. 사람들의 걸음걸이에도 활기가 돌아왔다.

김 장로는 열방교회가 선교적 교회로 가기 위해 필요한 다음 단계가 무엇일지 궁금해 신 대표를 다시 찾았다. 김 장로가 신 대표를 열방교회의 선교 코치라고 공식적으로 부르지는 않았지만, 신 대표는 이미 그런 역할을 하고 있었다.

김 장로가 다시 동신복 선교회를 방문한 이유를 들려주자 신 대표가 입을 열었다.

"열방교회가 변하는 모습을 보면서 저도 정말 보람을 느낍니다. 다음 스텝으로 열방교회 성도들이 퍼스펙티브스 훈련을 받으면 좋을 듯합니다."

신 대표는 열방교회 성도들을 위한 선교 교육의 중요성에 대해 누누이 이야기해 준 바 있었다. 그러나 전 교회적으로 퍼스펙티브스 훈련을 받는 것은 담임 목사와 당회가 결정해야 하는 사안이었다. 감사한 것은 열방교회의 분위기가 퍼스펙티브스 훈련을 받기에 충분히 무르익었다는 점이다. 성도들이 이미 타문화 사역의 중요성에 대해 눈뜨기 시작했고 주변의 타문화 사람들과 사귀기 시작했으며, 외국어를 배우기 시작했다는 것이 바로 그 증거였다.

신 대표는 국내 퍼스펙티브스 훈련의 총책임을 맡고 있는 한철용 선교사를 김 장로에게 소개해 주었다. 김 장로는 그 다음 날로 한철용 선교사를 만나 열방교회의 사정을 설명하고 열방교회 성도들을 대상으로 퍼스펙티브스 과정을 열어 줄 수 있는지 물었다. 한철용 선교사는 기꺼이 열방교회 성도를 대상으로 퍼스펙티브스 훈련을 개설하기로 했다. 다만 일반 성도 가운데 선교가 아직 낯선 사람들도 있어서 12주에 걸쳐 진행되는 정규 과정을 하기 전에 맛보기로 4주 동안 네 가지 관점을 한 주씩 강의하기로 했다.

"이번에 처음 하는 강의이니만큼 좋은 강사들을 소개해 주시면 감사하겠습니다. 특히 이번 맛보기 강의에 당회원 모두가 참석하기로 했습니다."

김 장로의 진지한 요청에 한철용 선교사도 진지하게 대답했다.

"걱정 마십시오. 훌륭한 강사들을 모셔오겠습니다."

강의는 5월 첫 주부터 연속해서 매 주일 오후에 이루어졌다. 성도들 가운데 무려 100명이 훈련에 참여하겠다고 신청했다. 이렇게 참가자들을 동원하는 데는 선교 위원들의 역할도 컸지만 무엇보다 담임인 노충인 목사의 말 한마디가 효과적이었다. 예배 중 광고 시간에 모든 당회원이 이번 퍼스펙티브스 훈련에 참여할 것이라고 말한 것 때문에 많은 성도가 등록하게 되었다.

5월 첫 주에 드디어 퍼스펙티브스 강의가 시작되었다.

**성경적 관점**

첫째 주의 강사는 장만혁 선교사였다. 산호세에 사는 친구 황동식의 강력한 추천이 있어 김 장로는 미리 한철용 선교사에게 장만혁 선교사를 성경적 관점의 강사로 초청하고 싶다는 의사를 전달했다. 장만혁 선교사는 국제 단체의 부총재로 해외에 머무는 때가 많았지만 마침 열방교회 퍼스펙티브스 교육이 있는 기간에 한국에 머물게 되어 강의를 맡게 되었다.

장 선교사는 질문으로 강의를 시작했다.

"여러분, 성경의 어느 부분이 선교를 말하고 있습니까?"

몇 명의 성도들이 사도행전이라고 대답했다. 어떤 사람은 복음서 가운데 일부에서도 선교를 말하고 있다고 대답했고, 한 사람은 요한계시록 7장에서 선교를 말하고 있다고 대답했다. 하지만 장 선교사의 다음 이야기가 참석자들에게 충격을 주었다.

"사실은 모든 성경이 선교를 말하고 있습니다. 적어도 창세기 12장에 나오는 아브라함의 이야기부터 요한계시록까지 모두가 선교 이야기입니다."

장 선교사는 모든 성경이 선교를 말하고 있다는 근거를 차근차근 설명해 주었다.

"선교가 무엇입니까? 하나님을 모르던 이방 민족들이 하나님을 알고 경배하도록 돕는 것입니다. 그렇다면 창세기에 나오는 아브라함 이야기야말로 선교 이야기라고 할 수 있습니다. 창세기 12장 1-3절에는 하나님이 아브라함에게 '너는 너의 고향과 친척과 아버지의 집을 떠나 내가 네게 보여 줄 땅으로 가라 내가 너로 큰 민족을 이루고 네게 복을 주어 네 이름을 창대하게 하리니 너는 복이 될지라 너를 축복하는 자에게는 내가 복을 내리고 너를 저주하는 자에게는 내가 저주하리니 땅의 모든 족속이 너로 말미암아 복을 얻을 것이라'라고 말씀하시는 장면이 나옵니다. 아브라함을 통해 모든 족속이 결국 하나님의 복을 받게 되는 것, 곧 하나님을 알게 되고 그분을 경배하게 되는 것이 바로 선교입니다. 그래서 우리는 이렇게 말할 수 있습니다. '우리가 경배하는 하나님은 선교의 하나님이십니다.' 시편과 선지서도 계속 이방 민족이 어떻게 하나님을 알게 되고 어떻게 하나님을 경배할 것인가를 말하고 있습니다."

장 선교사는 성경을 펴서 시편 67편 3-5절을 참석자들에게 읽어 주었다.

> 하나님이여 민족들이 주를 찬송하게 하시며 모든 민족들이 주를 찬송하게 하소서 온 백성은 기쁘고 즐겁게 노래할지니 주는 민족들을 공평히 심판하시며 땅 위의 나라들을 다스리실 것임이니이다 (셀라) 하나님이여 민족들이 주를 찬송하게 하시며 모든 민족으로 주를 찬송하게 하소서

시편이라고 하면 이스라엘 민족의 노래로만 알고 있던 참석자 대부분이 시편에 '모든 민족'이라는 단어가 등장한다는 사실에 충격을 받는 것 같았다. 장 선교사의 강의가 이어졌다.

"이런 이야기는 모세 오경이나 시편에만 나오는 것이 아닙니다. 선지서에도 기록되어 있습니다. 이사야서 19장 19-20절에는 '그날에 애굽 땅 중앙에는 여호와를 위하여 제단이 있겠고 그 변경에는 여호와를 위하여 기둥이 있을 것이요 이것이 애굽 땅에서 만군의 여호와를 위하여 징조와 증거가 되리니 이는 그들이 그 압박하는 자들로 말미암아 여호와께 부르짖겠고 여호와께서는 그들에게 한 구원자이자 보호자를 보내사 그들을 건지실 것임이라'라고 기록되어 있습니다."

참석자들은 시편 67편을 읽을 때보다 이사야서 19장 19-20절을 읽으며 더 큰 충격을 받는 것 같았다. 참석자 대부분은 성경에 이런 내용이 있다는 것이 믿겨지지 않는 듯했다. 그동안 성도들은 하나님이 이스라엘을 괴롭힌 애굽에 대해 언제나 부정적으로 말씀하신다고 생각했다. 하지만 하나님께서 이스라엘만 아니라 모든 민족을 사랑하고 계시다는 사실이 성경에 기록된 것에 놀랐다.

박우민 권사가 조금 망설이는 듯하더니 손을 들고 장 선교사에게 질문을 했다.

"하나님은 이스라엘 백성을 이방인들과 다르게 인도하지 않으셨나요? 만약 모든 민족을 하나님이 사랑하신다면 굳이 이스라엘 백성을 다르게 인도하실 필요가 없지 않았을까요?"

"네, 맞습니다. 하나님께서는 이스라엘을 특별한 방법으로 인도하셨습니다. 하나님이 이스라엘을 선택하시고 특별한 방법으로 인도하신 것은 맞지만 그렇다고 해서 하나님께서 이방인들은 자신의 피조물이 아니라고 하신 적이 없습니다. 그것은 이스라엘 사람들의 편견이었습니다. 성경 한 군데 더 볼까요?

출애굽기 19장 5-6절에는 '세계가 다 내게 속하였나니 너희가 내 말을 잘 듣고 내 언약을 지키면 너희는 모든 민족 중에서 내 소유가 되겠고 너희가 내게 대하여 제사장 나라가 되며 거룩한 백성이 되리라 너는 이 말을 이스라엘 자손에게 전할지니라'라고 기록하고 있습니다. 하나님께서 이스라엘 백성을 제사장 나라로 부르셨습니다. 하나님은 이스라엘을 구원받는 유일한 백성으로 부르신 것이 아니라 제사장 나라로 부르신 것입니다. 제사장들은 여느 백성과 구별된 삶을 살아야 합니다. 그래서 하나님께서 이스라엘 백성을 특별 관리하신 것입니다. 하지만 이스라엘 백성은 그것을 깨닫지 못했습니다. 그래서 하나님께서 경고 차원에서 그들에게 선지자들을 보내기도 하시고 심지어는 다른 나라로 흩어 보내기도 하신 것입니다."

참석자들이 고개를 끄덕였다.

"구약이 선교에 대해 이야기하고 있다면 신약은 말할 것도 없이 선교에 대해 이야기하고 있겠지요. 마태복음 4장 15-16절을 한번 보겠습니다.

> 스불론 땅과 납달리 땅과 요단 강 저편 해변 길과 이방의 갈릴리여 흑암에 앉은 백성이 큰 빛을 보았고 사망의 땅과 그늘에 앉은 자들에게 빛이 비치었도다 하였느니라

여기서 '이방의 갈릴리여', 또 '흑암에 앉은 백성', '사망의 땅과 그 늘에 앉은 자들'은 모두 아직 하나님을 예배할 줄 모르는 이방인들을 지칭합니다. 마태복음 4장 24절에도 '그의 소문이 온 수리아에 퍼진 지라 사람들이 모든 앓는 자 곧 각종 병에 걸려서 고통당하는 자, 귀신 들린 자, 간질하는 자, 중풍병자들을 데려오니 그들을 고치시더라'라고 기록되어 있습니다. 예수님은 사역 초기부터 의도적으로 이방인들에게 다가가셨습니다."

김 장로는 자기 눈을 의심했다. 전에 복음서를 많이 읽어 보았지만 이 부분을 선교적 관점으로 읽은 적은 없었다. 하지만 장 선교사가 알려 주는 내용들이 새롭게 눈에 들어오기 시작했다. 마치 새로 눈을 뜨는 것 같은 기분이었다. 그런 기분은 김 장로만 느낀 것이 아니라 강의실에 있던 대다수 참석자들도 동일하게 느끼고 있었다.

**역사적 관점**

둘째 주에는 선교지에서 사역하다가 지금은 신학교에서 교회사를 강의하는 안추연 교수가 역사적 관점에 대해 강의해 주었다. 안 교수는 유대 땅에서 시작된 복음이 널리 전파되기 위해 로마 제국을 무대로 하나님께서 준비해 놓으신 이야기부터 강의를 시작했다.

"역사를 살펴보면 하나님께서 복음을 전하기 위해 특별 무대를 마련하신다는 것을 알 수 있습니다. 2,000년 전 예수님이 오시기 전에도 그런 일이 벌어졌습니다.

누가복음 2장에는 예수님께서 가이사 아구스도 때에 유대 땅 베들레헴에서 태어나셨다는 기록이 있습니다. 가이사 아구스도는 제정 로마의 첫 번째 황제입니다. 복음이 로마 제국 내에서 증거되는 일과 예수님이 로마 제국의 변방에 위치한 베들레헴에서 태어나신 것 사이에 매우 높은 관련성이 보이지 않습니까? 로마 제국은 적어도 네 가지 면에서 복음이 확산되는 데 유리했습니다.

첫째는 도로망입니다. 로마 사람들은 자신들이 점령하고 다스리는 곳에 요즘 말로 하면 고속 도로에 해당하는 군사 도로를 만들었습니다. 로마 제국이 건설한 도로와 다리들은 지은 지 2,000년이 넘었는데 지금도 사용될 정도로 튼튼합니다.

둘째는 언어입니다. 로마 제국 내에서는 헬라어가 보편적으로 쓰였습니다. 그래서 로마 제국 어느 곳이든지 복음을 헬라어로 전달하는 데 문제가 없었습니다. 사도들이 쓴 편지들도 모두 헬라어로 기록되어 있고, 복음서도 헬라어로 기록되었습니다. 놀라운 것은 예수님이 오시기 200여 년 전에 히브리어로 쓰였던 구약도 이미 헬라어로 번역이 완료되어 있었다는 것입니다.

셋째는 안전한 여행입니다. 혹시 '팍스 로마나'라는 말을 들어 보셨나요? '로마의 평화'라는 의미입니다. 시저가 로마를 거대한 제국으로 만들기 전 지중해 근처에는 산적과 해적이 많았습니다. 하지만 로마가 통치하면서 산적과 해적의 위험이 많이 없어졌습니다. 그래서 사람들은 안전하게 로마 제국 안을 여행할 수 있었습니다.

넷째는 유대인 디아스포라들입니다. 유대인들은 이미 로마 제국 도처에 퍼져 있었습니다. 이들은 회당을 짓고 그곳에서 여호와 하나님을 예배했습니다. 회당 주변에 있던 헬라 사람들은 자신들의 신앙과는 너무나도 다른 모습의 유대교에 관심을 가졌습니다. 하지만 헬라인이 유대교로 개종하는 것은 할례를 받아야 하고 율법을 지켜야 하기 때문에 쉽지 않았습니다. 그래서 유대교에 관심이 있는 헬라인들이 개종하지 않은 채 회당에 와서 유대인들과 함께 기도도 하고 하나님의 말씀도 들었는데 이런 사람들을 '하나님을 경외하는 사람들'이라고 부릅니다. 로마 제국 안에서 복음이 증거될 때 가장 먼저 복음에 반응한 사람들이 바로 하나님을 경외하는 헬라인들이었습니다.

위의 네 가지 요소는 복음 전파를 위해 하나님께서 로마 제국 안에 만들어 놓으신 완벽한 환경이었습니다. 이런 환경 속에서 제자들은 복음을 전하는 일에 헌신했습니다. 그들을 통해 놀라운 복음의 진보가 나타났습니다. 그들은 핍박을 포함해 복음을 전하는 데에 나타나는 어떤 장애도 두려워하지 않고 나아갔습니다."

참가자들은 안 교수의 해박함에 놀라면서 귀 기울여 들었다. 그런데 이어 로마 제국 밖의 야만인들에게 복음이 전해진 이야기는 더 흥미로웠다.

"당시 로마 제국과 로마 제국 밖의 세계는 너무나 차이가 났습니다. 로마 사람들은 로마 밖에 사는 사람들을 야만인이라고 불렀습니다. 그 야만인들이 로마 제국 안으로 조금씩 들어오기 시작했습니다. 로마 사람들은 부유해지자 군대에 들어가는 일을 싫어했습니다. 그래서 야만인들에게 군 복무를 맡기는 용병 제도를 만들어 실시했습니다. 그 용병들 가운데 예수를 믿는 사람들이 생기기 시작했습니다. 그러다가 게르만족이 대거 서쪽으로 이동하는 일이 벌어졌습니다. 로마는 대 혼란에 빠졌고, 결국 야만인들에게 점령당했습니다. 그런데 놀라운 것은 복음이 그 야만인들에게 대대적으로 전해졌다는 것입니다.

하나님께서는 우리로 하여금 복음을 전하러 가게도 하시지만 아직 복음을 듣지 못한 사람들을 우리 가운데 보내서 복음을 듣게도 하십니다. 선교라는 관점에서 본다면 복음을 듣고 우리가 자발적으로 가기도 하지만, 어떤 경우에는 하나님께서 복음을 들어 보지 못한 사람들을 자발적으로 또는 비자발적으로 우리에게 보내기도 하십니다."

김 장로는 갑자기 산호세에서 만났던 멕시코나 베트남에서 자발적으로 혹은 비자발적으로 미국에 들어온 사람들의 모습을 떠올리며 하나님께서 오늘날 일하고 계시는 것에 대해서 다시 한 번 생각하게 되었다. 안 교수의 이야기가 계속 이어졌다.

"특히 아일랜드에 복음이 전해진 이야기는 참으로 흥미롭습니다. 웨일스 해변에 살던 패트릭이라는 한 아이가 아일랜드 해적들에게 붙잡혀 갔습니다. 그런데 패트릭은 혹독한 노예 생활 속에서 주님을 만나는 경험을 합니다. 어느 날 패트릭은 배를 타고 몰래 그곳을 빠져나와 프랑스로 가게 되는데 그곳에서 수도사가 됩니다. 그리고 상당히 시간이 흐른 뒤 다시 고향 땅으로 돌아갑니다. 하지만 그는 신기하게도 자신을 잡아다 노예 생활을 시킨 아일랜드 사람들에 대한 영적 부담을 느끼게 됩니다. 그리고 드디어 아일랜드로 다시 돌아가 당시 예수를 믿는 사람이 한 명도 없는 것으로 알려진 그곳에서 복음을 증거합니다. 그의 사역은 참으로 놀라워서 35년의 사역을 통해 아일랜드 사람 대부분이 그리스도를 믿게 되었고 지금도 아일랜드에서는 선교사 패트릭을 성자로 추앙해 그를 기리는 성 패트릭 축제를 열고 있습니다."

김 장로는 일전에 텔레비전을 통해서 보았던 성 패트릭 축제를 떠올렸다. 사람들이 초록색 옷을 입고 나와 행진도 하고 민속 음악에 맞춰 춤을 추며 축제를 즐기는 것을 본 적이 있었다. 그 축제의 기원이 선교사 패트릭에 연유한다는 것을 알게 된 것이다.

"중세 가톨릭교회의 선교는 대부분 수도사들에 의해 이루어졌습니다. 특별히 16세기에 있었던 종교 개혁으로 유럽에서 입지를 잃은 가톨릭교회는 원주민들을 개종시키기 위해 사제들을 라틴 아메리카로 보냈습니다. 그들을 '미시오'(missio)라고 불렀습니다. '보냄을 받았다'라는 의미의 이 라틴어 단어가 영어의 '미션'(mission), 혹은 '미셔너리'(missionary)라는 단어의 어원이 된 것입니다. 아마도 여러분 가운데 〈미션〉이라는 영화를 보신 분이 계시리라 생각합니다. 그 이야기가 바로 '예수회'(Jesuit)라는 가톨릭교회 선교사들의 이야기입니다.

예수회 선교사들은 라틴 아메리카만 간 것이 아닙니다. 그들 가운데 어떤 이들은 아프리카, 아시아까지 갔습니다. 선교사들이 멀리 라틴 아메리카, 아프리카, 아시아로 갈 수 있었던 것은 항해술의 발달 덕분이었습니다. 처음에는 인도 등으로 가서 향신료, 비단, 도자기 등을 가져다 파는 무역을 위해 새로운 항로를 개척했습니다. 하지만 시간이 지나면서 식민지를 개척해 다량으로 물건을 가져오는 방식으로 무역이 전개되면서 전 세계를 배로 다닐 수 있는 시대가 열린 것입니다. 마치 2,000년 전 하나님께서 로마 제국 안에 복음이 퍼지기 전에 많은 준비를 해 두셨던 것처럼 15세기부터 시작된 유럽 열강의 식민지 개척은 타문화 선교를 위해 하나님이 준비하신 새로운 무대였습니다.

원하든 원하지 않든 서구 선교사들은 자기 나라나 이웃 나라의 식민지로 갔습니다. 그래서 당시 선교사들에게는 요즘 선교사들이 겪는 비자 문제가 없었습니다. 해외 식민지에는 일반적으로 두 그룹의 사람들이 있었습니다. 하나는 기독교인이라고 하지만 오로지 돈밖에 모르는 상인들, 그리고 상업은 모르고 오로지 그리스도만을 전하려는 선교사, 이 두 그룹이 〈미션〉이라는 영화에서도 극명한 대조를 이루고 있습니다.

그런데 놀라운 이야기도 있습니다. 모라비안 교도라고 알려진 그룹이 있는데 이 사람들은 해외에 나가 직업을 가지고 원주민들 속으로 들어가 복음을 전했습니다. 어떤 경우는 원주민들에게 복음을 전하기 위해 그들처럼 석공이 되어 함께 일하기도 하고, 어떤 경우는 원주민들처럼 옷을 만들어 팔기도 하고 심지어 노예로 팔려 가 원주민들과 함께 일하기도 했습니다.

200년에 불과한 개신교 선교 역사는 세 시대로 나누어 이해하는 것이 중요합니다. 해안선 시대, 내지 시대, 종족 선교 시대입니다. 세 시대 가운데 첫 시대를 연 사람은 윌리엄 캐리입니다. 윌리엄 캐리는 1792년에 영국을 떠나 인도로 갔습니다. 구두 수선공 윌리엄 캐리는 저 멀리 복음을 듣지 못하고 죽어 가는 사람들에게 가서 복음을 전하는 것이 하나님의 뜻이라고 확신했습니다.

하지만 캐리는 여전히 해안 지역을 중심으로 선교 사역을 했습니다. 내륙 선교의 문을 연 사람은 허드슨 테일러였습니다. 테일러는 스물한 살의 나이로 중국에서 선교 사역을 하다가 병이 들어 영국으로 돌아왔습니다. 하지만 수억의 중국 사람들에 대한 부담 가운데 기도하다가 중국 내지로 들어가 복음을 전하라는 하나님의 비전을 보게 됩니다. 그리하여 1865년 스물네 명의 선교사를 이끌고 중국 내지로 갔습니다. 당시만 해도 중국 내지에 살던 사람들은 서양 사람들을 본 적이 없어 서양 선교사들을 '양귀'(서양 귀신)라고 불렀습니다. 하지만 선교사들은 굴하지 않고 중국 사람들처럼 복장을 하고, 그들처럼 머리 모양을 하고 다니며 복음을 전한 결과 많은 고난과 역경 속에서도 놀라운 복음의 진보를 가져왔습니다.

그 후 다시 새로운 선교의 시대를 연 사람은 카메룬 타운젠드였습니다. 그는 젊은 시절 단기 선교사로 과테말라에 가서 스페인어로 된 성경을 나누어 주었습니다. 그런데 농부 한 사람이 자기 말로 된 성경은 없냐고 물었습니다. 타운젠드가 없다고 하자 왜 전능하신 하나님이 우리말은 못하시냐고 되묻는 것이었습니다. 그 농부가 하는 말에 도전을 받고 타운젠드는 모든 민족의 토착어로 된 성경을 번역하기로 했습니다. 그가 시작한 성경 번역은 후에 위클리프 성경 번역 선교회로 발전되었습니다."

### 문화적 관점

셋째 주에 있었던 문화적 관점은 동신복 선교회의 신 대표가 강의를 맡았다. 이미 열방교회 성도들 가운데 신 대표를 아는 성도들이 많아서인지 강의실은 빈자리를 찾아볼 수가 없을 정도였다. 강의가 시작되기 직전에 고등학교에서 미술을 가르치는 홍상덕 집사가 강의실로 들어왔다. 홍 집사는 별로 선교에 관심이 없었던 사람이라 김 장로는 짐짓 놀랐다.

"어, 홍 집사가 웬일이슈? 해가 서쪽에서 뜨겠네. 선교지에 한번 가자고 해도 전혀 요동이 없더니 어쩐 일로 퍼스펙티브스 강의를 다 들으러 오셨나. 여하튼 반가워요."

홍 집사가 약간 겸연쩍은 듯이 웃으며 대꾸했다.

"사실은 선교에 대한 관심보다 오늘 문화에 대한 강의를 한다고 해서 왔습니다. 제가 가장 관심 있는 분야가 문화 아닙니까. 헤헤!"

"여하튼 잘 왔어요. 여기 간식도 좀 가지고 가시고."

"저 같은 청강생 먹을 간식도 있나요?"

"간식 넉넉해요. 걱정 말고 드세요."

그러는 사이에 신 대표의 강의가 시작되었다.

"선교를 생각할 때 문화라는 것은 매우 중요합니다. 왜냐하면 선교란 타문화에서 그리스도를 전하는 것이라고 할 수 있는데 타문화에서 복음을 전하기 위해서는 타문화에 대한 이해가 높아야 하기 때문입니다. 어떤 사람들은 문화와 예술을 동의어로 생각합니다. 하지만 선교에서 말하는 문화란 예술을 의미하는 것은 아닙니다."

그 말에 김 장로는 바로 옆에 앉아 있는 홍 집사를 힐끗 쳐다보았다. 홍 집사도 김 장로와 시선을 마주치고는 멋쩍은지 씩 웃고는 얼른 고개를 돌려 신 대표의 강의에 집중했다.

"문화를 가장 쉽게 이해하려면 '게임의 룰'과 같다고 생각하시면 됩니다. 여러분 혹시 윷놀이 하시지요? 윷놀이 할 때 '빽도'라는 것이 있지 않습니까? 제가 어릴 때는 그런 룰이 없었습니다. 하지만 어느 순간부터 사람들은 빽도라는 룰을 사용해서 더 재미있게 윷놀이를 즐기고 있습니다. 만약에 어떤 사람이 '나는 빽도를 인정할 수 없어!' 한다면 그 사람은 그 윷놀이에 어울릴 수 없습니다. 선교지에 갔을 때 그곳의 문화를 인정하는 것도 마찬가지입니다.

타문화를 이해하기가 쉽지는 않습니다. 왜냐하면 문화 안에는 행동 양식과 함께 가치, 신조, 세계관이 있기 때문입니다. 예를 들어 우리나라 사람들에게 '나이'는 중요한 가치입니다. 하지만 미국이나 호주 사람들에게는 나이가 중요한 가치가 아닙니다. 만약 여러분이 모르는 가치를 가진 문화에 가서 그 사람들의 문화에서 중요하게 여기는 가치를 무시한다면 그 사람들은 어떤 느낌을 받을까요? 아마도 여러분이 무례하다고 생각할 겁니다. 그리고 여러분을 받아들이지 않을 것입니다.

이미 한 문화 안에서 익숙해진 사람이 다른 문화를 만나면 정서적으로 육체적으로 어려움을 겪게 됩니다. 그것을 문화 충격이라고 합니다. 낯선 다른 문화에 가서 살면서 문화 충격을 제대로 해결하지 않으면 현지 사람들과 어려운 관계를 유지할 수도 있고, 심하면 정신적으로 육체적으로 문제를 일으킬 수도 있습니다. 낯설더라도 그 문화를 받아들이고, 그 문화에 적응해 보면 즐길 만한 부분도 많습니다. 우리에게 익숙하지 않은 문화를 만날 때 오해도 하고 잘못 판단하기도 합니다. 이런 현상을 자문화 중심주의라고 합니다. 우리나라 사람들은 인도네시아 사람들이 손으로 밥 먹는 것을 보고 더럽다고 생각합니다. 하지만 인도네시아 사람들은 우리가 사용하는 숟가락을 보고 여러 사람이 사용하는 도구로 음식을 먹는다고 생각하여 더럽다고 생각할 수도 있습니다.

현지 문화를 이해하는 것은 단지 우리가 현지인들의 문화를 잘 이해하고 적응하는 데만 필요한 것은 아닙니다. 우리가 전하려는 복음을 보다 효과적으로 전하기 위해서도 타문화를 이해해야 합니다. 복음을 전하는 것은 우리가 알고 있는 일반 커뮤니케이션 과정과 매우 비슷합니다. 커뮤니케이션을 잘하려면 발신자가 수신자의 문화 코드를 알아내야 합니다. 그것을 수신자 중심의 커뮤니케이션이라고 합니다.

이런 것을 선교에서는 '상황화'(contextualization)라고 합니다. 상황화란 쉽게 말해서 현지인들의 문화 코드에 맞게 복음을 전하는 것입니다. 선교지에서 하나님의 이름을 현지어로 뭐라고 할 것인가를 놓고 선교사들은 고민을 하게 됩니다. 가장 대표적인 예는 몽골에서 있었던 일입니다. 몽골에는 하나님에 해당하는 '보르항'이라는 명사가 있었습니다. 하지만 보르항은 이미 불교나 무속에서 사용하고 있는 신의 이름이어서 선교사들은 하나님의 이름으로 사용하기를 꺼렸습니다. 그래서 선교사들이 성경을 번역할 때 '우주의 주인'이라는 의미를 갖는 '유르텅칭 에젠'이라는 이름을 새로 만들어 하나님의 이름으로 사용했습니다.

문제는 몽골 사람들에게 이 하나님의 이름이 매우 낯설었다는 것입니다. 그래서 선교사들이 성경을 가르치는 모임에 십 대 소녀 몇 명 이외에는 사람들이 오지 않았습니다. 아마도 몽골인들에게 자신들이 들어 보지 못한 유르텅칭 에젱이라는 신은 외국에서 온 신이라고 생각했을지도 모릅니다. 하지만 몇 명의 몽골 성도들이 자기 고향에 가서 보르항이라는 하나님의 이름을 사용해서 복음을 전하자 많은 사람이 복음에 반응하는 놀라운 일이 일어났습니다. 이처럼 상황화를 했을 때 현지인들은 복음을 낯설지 않게 받아들인다는 것입니다."

김 장로는 갑자기 머리가 복잡해졌다. 일전에 성도들 사이에서 한국에 들어오는 이슬람교도들에 대한 이야기를 하면서 '알라'라는 이름이 기독교에서 말하는 하나님의 이름으로 쓰일 수 있는 것인가에 대해서 한참 논쟁을 벌인 적이 있었기 때문이었다. 김 장로는 주저하다가 신 대표에게 질문을 하는 것이 좋겠다고 생각했다.

"신 선교사님, 그럼 '알라'라는 이름을 하나님의 이름으로 사용해도 되는 건가요?"

"좋은 질문이시네요. 알라는 이슬람의 신을 뜻하는 말이기도 하지만 아랍어권에서 사용하는 하나님의 이름입니다. 이슬람은 주후 600년 이후에 등장하기 시작했는데 이미 아라비아 지역에 그리스도인들이 있었습니다. 그렇다면 아랍 지역에 살던 그리스도인들은 하나님의 이름을 어떻게 불렀을까요? 또 현재 아랍어를 사용하는 지역에서 그리스도인들은 하나님의 이름을 어떻게 부를까요? 알라라고 부르는 곳도 많이 있습니다. 제가 사역하던 인도네시아는 아랍어를 사용하는 곳이 아니지만 인도네시아 그리스도인들은 모두 하나님을 알라라고 부릅니다. 인도네시아어 성경에도 하나님의 이름이 알라로 번역되어 있습니다."

신 대표의 설명을 듣고 김 장로는 크게 고개를 끄덕였다. 모든 것이 매우 분명해지는 것 같았다.

"많은 분들이 타문화에 가서 그곳 현지 종교에서 사용하는 용어나 형태를 취할 때 혹시 혼합주의가 되면 어떻게 하나를 염려합니다. 하지만 혼합주의란 이전 종교 속에 자리 잡고 있는 세계관을 그대로 유지한 채 겉으로만 기독교의 형태를 띠는 것을 말합니다. 반면 상황화란 겉은 현지 문화의 용어나 형태를 취함으로 현지인들에게 쉽게 접근하지만, 내면의 세계관이 그리스도로 변화된 것을 말합니다. 이런 변화를 회심이라고 말하는데 회심은 하루아침에 이루어지지 않습니다. 다른 종교를 믿던 사람이 기독교라는 종교 안으로 들어오는 것을 개종이라고 합니다. 개종은 짧은 시간 안에 이루어질 수 있습니다. 하지만 회심은 우리의 모든 삶이 그리스도를 향해 나아가는 것을 말합니다. 따라서 선교는 어쩌면 오랫동안 해야 하는 마라톤 같은 과정일 수 있습니다."

### 전략적 관점

마지막 주에 있었던 전략적 관점은 한철용 선교사가 강의를 맡아 주었다.

"이미 김 장로님과 동신복 선교회의 신 대표님을 통해서 여러분에 대한 이야기를 많이 들었습니다. 열방교회에서 이렇게 퍼스펙티브스 과정을 열 수 있어서 무척 기쁩니다.

오늘날 세상을 보면 복음의 진보가 많이 이루어졌다는 것 때문에 무척 감사하고 기쁩니다. 이미 전 세계적으로 기독교인의 숫자를 30억 명 가까이로 추산하고 있습니다. 물론 이 속에는 개신교만이 아니라 가톨릭교회, 정교회가 포함됩니다. 특히 지난 100년 동안 진행된 복음의 진보는 참으로 놀랍습니다.

동시에 마음이 아픈 부분이 있습니다. 지난 2,000년 동안 복음을 전하려고 애를 썼지만 오늘날에도 여전히 복음을 전혀 들어 보지 못한 사람들이 많이 있습니다. 문제는 복음이 아직 전해지지 않은 곳에 선교사가 들어가는 것이 쉽지 않다는 점입니다. 여러분이 역사적 관점을 공부하셨겠지만, 2차 세계 대전 이후 서구 선교사들이 아시아나 아프리카 등지에 선교사로 가는 일이 점점 더 힘들어지고 있습니다. 특별히 이슬람 지역이나 공산권에는 선교사의 진입이 불가능합니다. 인도는 힌두교가 다수인 나라인데 1980년 이래로 선교사 비자를 발급하지 않고 있습니다.

하지만 이런 나라들 가운데 어렵고 힘든 사람들이 있는 지역이 많습니다. 그런 곳에 구호 사역을 통해 하나님의 사랑을 전할 수 있습니다. 사람들이 병들고 먹지 못하고 고통받는 것은 결코 하나님의 뜻이 아닙니다. 예수님이 우리에게 전해 주신 복음은 말로만 전해 주신 것은 아닙니다. 마태복음 25장에서 주님은 어려운 사람을 돌본 것이 주님께 한 것이라고 말씀하시지 않습니까? 주님께서는 우리 주변에 소외되고 힘들어하는 이웃들에게 보이는 관심이 예수님에게 관심을 보인 것과 같다고 하십니다. 이렇게 전해지는 복음을 총체적 복음이라고 합니다. 우리는 복음 증거와 사회 참여로 구분하는 이원론적 입장에서 선교를 생각할 수 있습니다. 하지만 성경은 복음을 전하는 것뿐 아니라 필요한 것을 채우는 것에 대해서도 이야기하고 있습니다. 한때는 복음주의 진영에서 사회적인 필요를 채우는 것에 대한 이야기를 꺼내기만 해도 예민하게 반응하던 때가 있었습니다. 하지만 요즘은 복음주의 교회에서도 복음 전파와 사회봉사를 함께 다루고 있습니다.

그러나 타문화 선교에 있어서 절대로 양보할 수 없는 것은 현지에 그리스도의 공동체를 세우는 것입니다. 만약 허락만 된다면 우리는 토착적이고 자생적인 현지 교회를 배가하는 교회 개척 운동을 전개해야 합니다. 여기서 토착적인 교회라는 말은 현지인들에게 매우 익숙한 문화의 형태를 유지하는 교회를 말합니다. 자생적이라는 말은 외부의 지원이 없이도 교회가 유지되고 더 나아가 확장되는 교회를 뜻합니다.

우리는 교회라고 하면 제도적인 교회, 그 가운데서도 미국이나 한국에서 볼 수 있는 대형 교회를 생각할 수 있는데 미전도 종족 안에 복음이 확산되기 위해서는 대형 교회를 세우기보다, 작지만 배가하는 교회들을 개척해야 합니다. 작지만 배가하는 교회란 무엇일까요? 토끼 같은 교회와 코끼리 같은 교회라고 비교할 수 있을 것입니다. 혹시 암코끼리가 태어나서 죽을 때까지 몇 마리의 새끼를 낳는지 아세요?"

한 선교사의 엉뚱한 질문에 성도들이 대답을 못하고 우물쭈물하고 있었다. 정수진 권사가 "열 마리요?" 하고 확신 없이 대답했다. 그러자 한 선교사가 단호하게 대답했다.

"아닙니다. 코끼리는 임신 기간이 무려 650일입니다. 그런데 한 번

임신해서 한 마리만 낳습니다. 그리고 4년만에 다시 한 마리의 새끼를 낳습니다. 그러니 코끼리는 20년이 지나도 서너 마리밖에는 늘지 않습니다. 그렇다면 토끼는 어떨까요? 토끼는 태어나서 1년도 되지 않아 새끼를 낳기 시작합니다. 임신 기간은 30일입니다. 그런데 토끼는 평균 일곱 마리에서 열 마리 정도 낳습니다. 그렇다면 아무도 토끼를 잡아먹지 않는다고 가정할 때 20년 후 토끼는 몇 마리나 될까요? 아마 한 도시를 꽉 채울 것입니다."

참석자들은 모두 놀라는 표정이었다. 교회의 배가 운동에 대한 그림이 분명하게 그려지는 순간이었다.

"이렇게 되기 위해서는 토착화가 선결 조건입니다. 예를 들어 예배에 사용하는 용어나 음악 등이 현지 사람들에게 익숙한 것이어야 합니다. 그래서 복음이 외국에서 온 것이 아니라 마치 자기네 종교였던 것처럼 느껴져야 합니다. 그런 면에서 한국 기독교의 토착화는 그리 성공적인 것은 아닙니다. 우리가 부르는 찬송 가운데 많은 것은 서양에서 왔으며 우리 가락으로 된 찬송가는 몇 개 되지 않습니다.

중국이 공산화되고 선교사들이 모두 철수했던 1950년에 중국 내 기독교인의 숫자를 50만 명에서 100만 명 정도로 추산합니다. 선교사들이 중국을 떠날 때 사람들은 이제 중국의 기독교는 없어질 것이라고 예상했습니다. 하지만 1980년대에 죽의 장막이 걷히고 사람들이 중국 기독교의 실상을 알게 되었을 때 깜짝 놀랐습니다. 당시 기독교인의 숫자가 적게는 5천만 명에서 8천만 명까지 늘어나 있었습니다.

그렇다면 무엇이 중국 가정 교회 안에 이런 부흥을 가져왔나요? 여러 가지 요인이 있겠지만 선교사들이 없는 상황에서 자연스럽게 진정한 기독교의 토착화가 진행되었던 것입니다. 저도 중국 가정 교회를 방문해 본 적이 있는데 그곳에서 부르는 찬양 가운데 우리가 알고 있는 서구에서 온 곡조의 찬양은 하나도 없었습니다. 시골 지역에 사는 사람들이 부를 수 있도록 중국 사람들이 직접 만든 곡조에 가사를 붙여서 찬양을 불렀습니다.

이미 150년 전에 어떤 선교 지도자들은 선교를 안락사시켜야 한다고 말하기까지 했습니다. 좀 심하게 들릴지 모르지만 그 이야기는 선교가 성공하면 결국 현지인들이 리드하는 현지 교회가 되어야 한다는 것입니다. 중국내지선교회를 시작한 허드슨 테일러도 선교사를 '비계목'이라고 했습니다. 그 말은 건축을 하는 동안만 비계목이 필요하고 건축이 완성되면 비계목을 철거하듯 선교사들은 현지 교회 리더들이 세워질 때까지만 있고 그 후에는 현지 교회를 떠나야 한다는 뜻입니다."

한 선교사는 선교적 삶에 대한 도전으로 미니 퍼스펙티브스의 마지막 강의를 마쳤다.

"이제 우리가 성경적 관점, 역사적 관점, 문화적 관점, 전략적 관점을 공부한 목적은 무엇입니까? 그것은 우리가 이제부터 그런 관점을 가지고 살아야 한다는 뜻입니다. 저는 여러분에게 모두 선교지로 가라고 말씀드리는 것이 아닙니다. 만약 여러분이 선교사처럼 산다면 선교지로 가는 것은 그리 큰 어려움이 아닙니다.

우리가 공부를 통해 얻는 지식이 우리를 바꾸는 것이 아닙니다. 우리의 행동이 바뀔 때 진정한 변화를 느낄 수 있습니다. 저는 이제부터 여러분의 기도가 바뀌어야 한다고 생각합니다. 그동안 여러분의 기도가 그저 여러분 가족, 교회 등에 머물렀다면 이제부터는 세계에 복음이 전파되는 일을 위해, 선교사들을 위해, 여러분 가까이에 와 있는 타문화 사람들을 위해, 전 세계적으로 복음을 모르고 고통받는 사람들을 위해 기도하는 기도로 바뀌어야 한다고 말씀드리고 싶습니다.

또한 여러분이 성경을 보는 눈이 바뀌어야 합니다. 이미 성경적 관점에서 배우셨겠지만 성경 가운데 선교에 대해서 이야기한 부분을 찾아내는 것이 아니라 성경 전체가 선교를 말하고 있다면 여러분은 이제 성경을 선교적으로 읽으셔야 합니다."

김 장로가 마무리하기 위해서 앞으로 나왔다. 그리고 참석한 사람들과 함께 통성으로 기도하자고 제안했다. 참석자들은 소리를 내어 자신들의 삶을 회개하고 앞으로 선교적인 삶을 살겠노라고 하나님께 다짐했다.

김 장로가 4주간의 강의를 모두 마치겠다는 이야기를 막 하려고 할 때 돌발 변수가 발생했다. 그동안 빠지지 않고 맨 앞자리에 앉아 강의를 듣던 노 목사가 갑자기 앞으로 나오는 바람에 성도들이 모두 놀랐다.

"저는 그동안 열방교회 안에서 일어나고 있는 작은 일들에 대해 말은 아꼈지만 관심 있게 지켜보고 있었습니다. 그리고 하나님께서 무언가 우리 교회 안에서 특별한 일을 하고 계시다는 생각이 들었습니다. 처음에는 김 장로님이 우연히 동신복 선교회를 방문하게 되어 후원 선교사 관리를 어떻게 해야 할지, 선교사를 새로 파송할 때는 어떻게 해야 할지, 선교 단체와의 관계는 어떻게 해야 할지에 대해서 이야기를 나누었다는 보고를 별 생각없이 듣곤 했습니다.

하지만 이번 퍼스펙티브스 과정을 들으며 제 생각에 큰 변화가 오기 시작했습니다. 무엇보다 선교의 본질이 무엇인지를 확실히 이해하게 되었습니다. 그뿐 아니라 더 나아가서 교회의 본질이 무엇인지도 생각하게 되었습니다. 앞으로 우리 교회에서 많은 것들이 바뀔 것 같습니다. 우선 제 설교부터 바뀔 것 같습니다. 저는 앞으로 열방교회가 진정한 선교적 교회가 되는 데에 남은 생애를 다 바칠 생각입니다."

모든 참석자로부터 박수가 터져 나왔다. 미니 퍼스펙티브스 훈련은 성공적이었다. 특히 당회원 전원이 훈련에 빠지지 않고 참석했다는 것이 고무적이었다.

집으로 돌아오는 길에 김 장로의 마음은 기쁨으로 터질 것 같았다. 김 장로는 작년 9월만 해도 열방교회 안에 이런 변화들이 일어나리라고 상상도 못했다. 그런데 지난 몇 개월 동안에 일어난 일련의 사건들을 보며 하나님께서 열방교회 안에서 새로운 일을 하실 것이라는 소망이 생긴 것이다.

김 장로는 집에 돌아와 잠자리에 들기 전 늘 하던 대로 다시 열방 기도 수첩에 이렇게 적었다.

> "우리 하나님은 선교하시는 하나님"
> 모든 열방이 하나님을 예배하는 것이 선교의 목적이다.

# 3부

## 지식보다는 작은 실천을

 선교적 교회가 된다는 것은 아는 것에 머무는 것이 아니다. 선교적 교회는 선교적 삶을 살아 내는 데(living out missions)에 있다. 선교적 실천이라고 해서 어마어마한 일을 하는 것은 아니다. 작은 실천으로부터 큰일을 이루어 낼 수 있다.
 3부에서는 열방교회의 담임 목사로부터 선교 위원들, 일반 성도들 사이에 행해지고 있는 선교적 실천을 다루고 있다. 담임 목사의 설교가 선교적으로 바뀌었다. 성도들은 성경을 선교적으로 읽기 시작했다. 선교 위원들도 선교 관련 행정이나 결정을 하는 것을 넘어서 자신들의 삶 속에서 선교적인 삶을 실천하기 시작했다.
 선교적 삶을 사는 것은 불편함을 감수하는 것이다. 하지만 열방교회 성도들은 체질을 선교적으로 바꾸고 선교적 삶을 실천하는 작업을 성실하게 이루어 갔다. 그러면서 성도들은 진정한 기쁨을 발견하게 되었다.

## 11장
## 동방 박사들이 서쪽으로 간 이유

선교적 설교

6월이 되자 녹음이 우거졌다. 한여름의 기운이 역력해지자 교회 주변에는 활짝 핀 접시꽃들이 화사함을 더해 주었다.

김 장로는 차를 몰고 주차장 안으로 들어가며 전날 토요일 저녁 교회에서 있었던 일을 떠올렸다. 주일 예배 준비를 위해 잠깐 교회에 들렀을 때 김 장로는 담임 목사 사무실에 불이 켜져 있는 것을 보고 문을 두드렸다.

"목사님, 아직 댁에 들어가지 않으셨네요?"

주일 설교문을 다듬고 있었던 노 목사는 김 장로를 보고 의미심장한 미소를 지어 보였다.

"장로님, 내일 설교문을 다듬고 있는데, 설교문을 작성하면서 이렇게 마음이 들뜨기는 처음입니다."

"아, 그러세요? 그럼 내일 주일 설교를 기대해 보겠습니다."

"네, 그래 주십시오. 사실 조금 기대도 되고 긴장도 됩니다."

노 목사가 설교를 준비하면서 그처럼 들떠 있는 모습은 김 장로도 처음 본 터라 노 목사가 뭔가 색다른 설교를 할 것이라는 기대를 가지고 주일 아침 교회에 왔던 것이다.

김 장로는 평소처럼 예배당 안으로 들어가 기도를 올렸다. 이제 그의 기도는 열방을 향한 간절한 기도로 점점 바뀌어 가고 있었다. 기도를 마치고 나왔을 때 예배당 로비에는 박우민 권사와 서너 명의 권사들이 주보를 보며 재미있다는 듯이 이야기를 나누고 있었다. 무슨 이야기를 하고 있는지 궁금했지만 김 장로는 권사들에게 간단한 인사만 하고 그냥 지나쳐 왔다. 그런데 김 장로도 주보를 보는 순간 깜짝 놀랐다. 주보에 실린 성경 본문과 설교 제목이 계절과 전혀 맞지 않았기 때문이었다.

주일 설교 본문은 마태복음 2장 1절부터 12절까지였고, 제목은 "동방 박사가 서쪽으로 간 이유는"이라고 되어 있었다. 순간 혹시 목사님이 치기로 〈달마가 동쪽으로 간 까닭은〉이라는 영화 제목에서 패러디한 건가 하는 생각이 들었다. 하지만 보통은 성탄절에나 할 만한 본문에 제목마저 특이해 김 장로는 혼란스러워하면서도 기대를 갖고 설교 시간을 기다리게 되었다.

김 장로는 무언가 매우 다른 예배가 될 것이라는 기대를 하고 앉아 기다리고 있었지만 예배는 여느 때와 별로 다름없이 진행되었다. 성가대의 찬양이 끝나자 노 목사가 강대상 쪽으로 나왔다.

"여러분, 오늘 설교 제목을 보고 조금 당황하셨지요? 그리고 여러분 가운데 많은 분이 왜 동방 박사가 서쪽으로 갔는지에 대해서 정말로 궁금하신 것 같습니다. 예배당으로 들어오기 전에 성도 한 분이 제게 작은 목소리로 물었습니다. '목사님, 동방 박사들은 왜 서쪽으로 간 건가요?' 그 성도님에게 '미리 말씀드리면 김이 샙니다'라고 대답했습니다."

성도들이 소리 내어 웃었지만 모두들 궁금해하는 표정이었다.

"우리가 조금 전에 읽은 마태복음 2장 1절부터 12절에는 예수님이 탄생하셨을 때 동방에서 박사들이 예물을 가지고 왔다고 기록되어 있습니다. 성도님들은 동방 박사 세 명이 왔을 거라고 생각하시겠지만 성경에 박사들이 몇 명이었다는 증거는 없습니다. 성탄절에 부르는 찬송가 가사에 동방 박사 세 사람이 예수님을 경배하러 왔다고 했기 때문에 우리 머릿속에 그렇게 인식이 되고 있는 것뿐입니다. 동방 박사들이 예수님에게 경배하러 오면서 세 가지 예물을 가지고 왔다고 했으니 한 사람이 한 가지 선물을 가지고 왔다면 동방 박사의 수가 세 명이 맞겠지요. 하지만 세 명인지 여러 명인지는 오늘 제가 말씀드리려는 주제가 아닙니다."

동방 박사가 세 명이었을 거라는 생각은 김 장로도 마찬가지였다. 김 장로는 갑자기 성경의 기록을 확인하고 싶었지만 노 목사의 설교가 이어지는 바람에 포기하고 설교에 집중했다.

"동방 박사들은 구체적으로 어느 나라에서 온 사람들일까요? 이스라엘에서 동쪽에 위치해 있는 곳이라면 다음과 같은 세 가지 가능성이 있습니다.

첫째는 페르시아입니다. 페르시아는 지금의 이란에 해당합니다. 그곳에는 조로아스터교라는 종교가 있었는데, 교리 가운데 조로아스터의 신이 동정녀를 통해 아기를 낳을 것이라는 내용이 있다고 합니다. 그래서 그곳 사람들은 그러한 아기가 어디선가 태어날 것이라는 기대를 가지고 있었을 것이 아닌가 생각할 수 있습니다.

둘째는 아라비아입니다. 아라비아라는 곳도 이스라엘에서 가까운 곳과 비교적 먼 곳이 있는데, 이들은 모두 조상을 따져 보면 아브라함의 친인척이거나 그 이후에 나타난 후손과 관련이 있습니다. 예를 들어 암몬 족속, 아말렉 족속 등인데 이러한 이유로 이스라엘 신앙과 이런저런 관련이 있을 것입니다.

셋째는 바빌로니아 사람이라는 가정입니다. 바빌로니아는 오늘날 이라크에 해당하는 곳입니다. 바빌로니아는 주전 6세기에 유다 왕국을 멸망시키면서 많은 유다 사람을 포로로 잡아갔습니다. 유다에서 끌려온 포로들은 바빌로니아에서 많은 영향을 끼쳤습니다. 그래서 바빌로니아 사람들이 아마도 이스라엘 백성이 가지고 있는 신앙을 이해하고 있었을 것입니다."

김 장로가 머릿속으로 바빌로니아로 끌려간 다니엘을 떠올리고 있는데 노 목사의 설교가 이어졌다.

"첫 번째 가설은 그다지 신빙성이 있는 것 같지는 않습니다. 둘째 가설과 셋째 가설은 조금 그럴 듯합니다. 하지만 중요한 것은 동방 박사들이 모두 유대인이 아니라는 점입니다. 유대인이 아닌 이방인들이 예수 그리스도의 탄생을 축하하기 위해 유대 땅까지 왔다는 사실에 주목할 필요가 있습니다. 마태복음은 유대 배경을 가진 그리스도인 공동체를 위해서 쓴 복음서라고 잘 알려져 있습니다. 그런 이유로 마태복음 1장에는 아브라함과 다윗의 자손인 예수님의 가계 족보가 길게 기록되어 있습니다. 그러면서도 그 다음 장에서 이방인인 동방 박사들이 예수님을 경배하러 온 것을 의도적으로 기술하고 있습니다."

김 장로는 노 목사가 제시한 세 가지 가설이 매우 독특하고 재미있다는 생각을 하며 설교를 듣고 있었다.

"성경에는 이 사람들을 '박사들'이라고 기록하고 있습니다. 우리가 읽은 성경에는 '동방 박사'라고 되어 있지만 다른 성경에는 '점성술사'라고 되어 있는 경우도 있는데, 그 번역이 잘된 것 같지는 않습니다. 그들이 별을 관측한 것은 사실이지만 점술을 하는 사람은 아니었다고 생각됩니다. 이들은 엄밀히 말하면 왕의 사절과 같은 일을 했다고 할 수 있습니다. 동방 박사들은 먼 나라의 왕가에서 일어날 일들에 대해 관심을 가지고 있었고, 새로운 왕이 등극하면 찾아가서 인사를 드리는 일을 전문적으로 했다고 보아야 할 것 같습니다. 이들이 유대 땅으로 온 가장 큰 이유는 별의 관측을 통해서 유대인의 왕이 될 아기가 태어났다는 결론을 얻었기 때문입니다.

동방 박사들은 별을 보고 움직이는 사람들이었습니다. 그러니 동방 박사들은 밤에만 움직일 수 있었을 것입니다. 그래서 자신들이 고향에서 본 그 별이 인도하는 대로 예루살렘으로 왔고, 그리고 다시 베들레헴까지 올 수 있었습니다. 박사들이 보고 따라왔던 별은 요즘 말로 한다면 일종의 '내비게이션'(navigation)이라고 할 수 있을 것이고, 동방 박사들은 낙타에 '지피에스'(GPS)를 달고 다니는 사람들이라고 말할 수 있을 것입니다. 아기 예수가 누워 있는 베들레헴의 마구간에 이르자 '별표 내비게이션'은 종료된 셈입니다."

동방 박사들이 내비게이션을 낙타에 달고 다녔을 것을 상상해서인지 여러 명의 성도들이 소리를 내어 웃었다.

"동방 박사들은 예수님에게 선물을 가지고 왔습니다. 몇십 년 전 우리나라 사람들도 어디를 다녀오려면 언제나 선물 보따리를 가지고 다녔습니다. 제가 젊을 때만 해도 명절이면 만원 버스를 타고 고향으로 가면서도 가족들에게 줄 선물을 챙겨야 했습니다. 더욱이 국가 사절급의 동방 박사이니, 상당한 가치의 보물을 선물로 가져갔을 것입니다. 어떤 사람들은 황금, 유향, 몰약에 대한 영적인 해석을 하기도 하지만 제 생각에는 동방 박사들이 예수님에게 드린 선물의 영적 의미가 중요한 것 같지는 않습니다. 아마도 요셉과 마리아는 애굽에서 피난 생활할 때 그 비싼 물건들을 팔아서 생활비로 쓰지 않았을까 생각해 봅니다. 우리 가정에서도 아기 돌반지 들어오면 다 그렇게 하지 않나요?"

성도들이 고개를 끄덕였다. 김 장로도 아이들 돌잔치 때 들어온 반지를 궁할 때 팔아 요긴하게 썼던 것이 기억나 웃었다.

"그렇다면 동방에서 박사들이 예수님에게 왔다는 것은 우리에게 어떤 교훈을 주는 걸까요?"

최근 들어 노 목사는 자신의 설교 내용을 성도들에게 분명하게 전달하기 위해서 파워 포인트를 사용하기 시작했다.

**1. 동방 박사는 일반 계시를 통해 하나님을 찾는 구도자들이다**

"동방 박사들은 진리를 구하는 이방인들이었다고 말할 수 있을 것입니다. 즉 '구도자'(seeker)라고 할 수 있습니다. 하나님이 자신의 비밀을 나타내는 것을 계시라고 하는데, 계시에는 일반 계시와 특별 계시가 있습니다. 일반 계시란 자연이나 사람의 양심처럼 하나님이 모든 인간들로 하여금 하나님의 신성을 알 수 있도록 허락하신 것입니다. 별을 관측하고 꿈을 해석하는 사람들도 가끔씩 하나님의 존재에 대해서 알게 됩니다. 동방 박사들이 그런 사람들이었습니다.

반면 특별 계시란 예수님, 혹은 성경 말씀처럼 하나님의 특별한 은혜로만 부여되는 계시를 뜻합니다. 유대인에게는 이방인과 달리 분명한 계시가 있었습니다. 그것은 하나님의 말씀, 곧 성경입니다. 성경이야말로 하나님이 인간에게 주신 놀라운 선물입니다. 우리가 자연을 보아도 주님이 계심을 알 수 있습니다. 로마서 1장 20절에는 '창세로부터 그의 보이지 아니하는 것들 곧 그의 영원하신 능력과 신성이 그가 만드신 만물에 분명히 보여 알려졌나니 그러므로 그들이 핑계하지 못할지니라'라고 기록되어 있습니다.

물리학자들, 특히 천체를 공부하는 사람들 가운데 우주가 이처럼 체계적이라는 사실을 생각하다가 틀림없이 천지를 만드신 '엄청나게 지적인 존재'(intellectual being), 곧 창조주가 계실 것이라는 생각을 하고 하나님을 믿게 되는 사람들이 있습니다. 큰 우주만이 신비한 것은 아닙니다. 우리의 신체를 한번 보십시오. 얼마나 신기합니까! 작은 장기 하나가 엄청난 기능을 하고 있습니다. 이것들은 결코 우연히 만들어질 수 없지 않습니까?"

김 장로 옆에는 마침 대학교에서 물리학을 가르치는 정재호 장로가 앉아 노 목사의 설교에 공감을 표시하고 있었다. 정 장로는 불신자였지만 물리학을 공부하는 동안 하나님의 존재에 대해서 깊은 의문을 가지고 있다가 예수님을 믿게 되었다. 노 목사의 설교가 계속 이어졌다.

"성경은 이처럼 일반 계시를 통해 하나님을 찾는 사람들이 특별 계시를 갖고 있는 사람들을 부끄럽게 할 것이라고 했습니다. 대표적인 사람이 솔로몬을 찾아온 시바 여왕입니다. 마태복음 12장 42절에서 예수님은 시바의 여왕이 솔로몬을 찾아온 기록을 인용하시면서 이렇게 말씀하셨습니다.

심판 때에 남방 여왕이 일어나 이 세대 사람을 정죄하리니 이는 그가 솔로몬의 지혜로운 말을 들으려고 땅 끝에서 왔음이거니와 솔로몬보다 더 큰 이가 여기 있느니라

역대하 9장 1절(스바 여왕이 솔로몬의 명성을 듣고 와서 어려운 질문으로 솔로몬을 시험하고자 하여 예루살렘에 이르니 매우 많은 시종들을 거느리고 향품과 많은 금과 보석을 낙타에 실었더라 그가 솔로몬에게 나아와 자기 마음에 있는 것을 다 말하매)은 스바 여왕이 술로몬의 명예를 듣고 와서 어려운 문제로 솔로몬을 시험하려고 예루살렘에 왔다고 기록하고 있습니다. 스바 여왕도 동방 박사들이 예수님을 만나기 위해 온 것과 비슷한 동기로 솔로몬 왕을 찾아왔을 것입니다. 이런 사람들의 예가 구약에만 나오는 것은 아닙니다. 신약에도 그런 경우가 많이 있습니다. 사도행전에 나오는 전도자 빌립이 성령이 명하는 대로 가사로 내려갔을 때 있었던 일을 사도행전 8장 27-28절은 다음과 같이 기록하고 있습니다.

일어나 가서 보니 에디오피아 사람 곧 에디오피아 여왕 간다게의 모든 국고를 맡은 관리인 내시가 예배하러 예루살렘에 왔다가 돌

아가는데 수레를 타고 선지자 이사야의 글을 읽더라

물론 당시 사람들에게 성경이라고 하면 구약밖에 없었습니다. 아마도 이 내시는 이방인으로서 유대교에 개종한 사람이었던 것 같습니다. 그는 이사야서 53장을 읽고 있었는데 '고난당하는 종'을 이해하지 못했습니다. 그래서 빌립이 가까이 가서 그에게 성경에서 고난당하는 종으로 묘사된 분이 바로 예수 그리스도라고 알려 준 것입니다.

그러므로 우리는 전도에 힘써야 합니다. 우리 주변에 이런 사람들이 많이 있습니다. 하나님께서는 우리에게 이런 사람들을 허락하십니다. 제가 목사가 되기 전 직장을 다닐 때 부하 직원들을 위해서 기도한 후 신앙에 관한 대화를 하면, 거부하는 사람들도 있지만 그 가운데 몇 사람은 '그렇지 않아도 신앙에 대해서 선배님에게 묻고 싶었다'고 말하는 사람들이 종종 있었습니다. 이런 사람들이 우리 주변에 있지만 우리가 이런 사람들에게 관심이 없다면 주님이 예비해 주신 사람들을 지나치게 될 수도 있습니다."

첫째 대지가 끝나고 스크린에 두 번째 주제가 나타났다.

**2. 성경 속에서 진리를 찾아야 한다**

"이방인들과는 대조적으로 유대인들은 성경을 가지고 있었습니다. 로마서 3장 1-2절은 '그런즉 유대인의 나음이 무엇이며 할례의 유익이 무엇이냐 범사에 많으니 우선은 그들이 하나님의 말씀을 맡았음이니라'라고 말하고 있습니다. 그렇습니다. 유대인들은 하나님의 말씀을 맡았습니다. 하지만 성경을 가지고 있는 것이 중요한 것이 아닙니다. 성경을 읽는 것이 중요합니다. 성경을 읽는다고 하나님이 성경 안에 감추신 진리를 모두가 발견하는 것은 아닙니다. 성경을 관찰하고 그 안에서 영적 원리를 찾아 내야 합니다. 동방 박사들이 별을 관측하고 그 의미를 찾는 것처럼 우리도 계속 성경 속의 진리를 찾아야 합니다. 동방 박사들처럼 일반 계시를 통해서도 예수님을 찾아 오고 진리를 발견할 수 있는데, 만약 우리가 성경을 가지고 있으면서도 하나님이 진정으로 원하시는 것이 무엇인지를 모른 채 있다면 마땅히 부끄러워해야 하지 않겠습니까?

성경 속에는 예수님이 우리에게 주기 원하시는 엄청난 진리들이 있습니다. 동방 박사들이 별을 관찰하는 것 이상으로 우리도 성경을 살피고 성경 안에 있는 진리가 무엇인지 알기 위해 노력해야 합니다. 요한복음 5장 39절과 사도행전 17장 11절을 보겠습니다.

> 너희가 성경에서 영생을 얻는 줄 생각하고 성경을 연구하거니와 이 성경이 곧 내게 대하여 증언하는 것이니라

> 베뢰아에 있는 사람들은 데살로니가에 있는 사람들보다 더 너그러워서 간절한 마음으로 말씀을 받고 이것이 그러한가 하여 날마다 성경을 상고하므로

이 두 구절은 성경을 '연구하라', '상고하라'고 말하고 있습니다. 요한복음에서 '연구한다'는 것은 영어로 '스터디'(study)와 같습니다. 스터디라는 말은 시험공부를 하듯 공부하는 것을 말합니다. 만화책을

보듯 대충 훑고 마는 것이 아닙니다. 외우고 분석하라는 것입니다. 또 사도행전 17장에 나오는 '상고한다'는 영어로 'examine'입니다. 이것은 의사가 환자를 보고 그의 병이 무엇인지를 알아내고 처방하는 것을 의미합니다. 저는 성경을 묵상하다가 그동안 그저 지나쳐 왔던 구절에 새로운 진리가 있다는 사실에 지금도 놀랍니다. 우리는 의사가 환자를 진료할 때 주의를 기울여 알아보는 것처럼 하나님께서 감추어 두신 보화들을 성경에서 캐내야 합니다.

어느 부자 아버지에게 아들이 있었습니다. 이 아들은 자동차를 갖는 것이 소원이었습니다. 아버지는 아들이 대학에 들어가면 자동차를 사 주겠다고 약속했습니다. 아들은 열심히 공부하여 원하는 대학에 들어갔습니다. 아들은 아버지에게 대학에 들어갔으니 이제 약속한 대로 자동차를 사 달라고 했습니다. 아버지는 아들에게 자동차 살 돈을 주는 대신 성경을 주면서 처음부터 끝까지 다 읽으면 자동차를 살 수 있을 것이라고 말했습니다. 아들은 아버지가 자동차 사 주지 않고 성경을 읽으라고 해서 크게 실망했습니다. 그래도 기숙사로 돌아온 아들은 성경을 읽어야 자동차를 살 수 있다고 하니 읽어나 봐야겠다고 생각했습니다. 하지만 창세기 몇 장을 읽고 나자 지루해서 도무지 더 읽을 수가 없었습니다. 그래서 성경을 그냥 덮어 두었습니다.

한 학기가 지나 아들이 다시 집으로 돌아왔습니다. 아들은 아버지에게 성경을 다 읽었으니 이제 자동차를 사 달라고 했습니다. 아버지가 아들에게 정말 성경을 처음부터 끝까지 읽어 보았느냐고 물었습니다. 아들은 다 읽었다고 대답했습니다. 아버지는 아무 말도 하지 않고 방으로 들어갔습니다. 아들은 아버지가 방에 들어가서 이제 자동차 살 돈을 가지고 나올 것이라고 기대했습니다. 하지만 조금 뒤 방에서 나온 아버지는 아들에게 정말 성경을 읽었느냐고 또 물었습니다. 아들은 짜증이 났습니다. 그래서 읽었다고 짜증 섞인 투로 말했습니다. 그러자 아버지는 자기가 아들에게 준 성경을 가지고 오라고 했습니다. 아들이 성경책을 가져오자 아버지는 성경의 끝부분을 펼쳤습니다. 거기에는 2만 달러 수표가 있었습니다. 만약 그 아들이 성경을 끝까지 읽었다면 아버지가 성경 속에 감추어 둔 그 보물을 발견할 수 있었을 것입니다. 그리고 그 학기에 이미 자동차를 타고 다닐 수 있었을 것입니다. 하지만 성경을 대충 읽다 말았기 때문에 그는 자동차를 사지 못한 채 시간을 보냈던 것입니다. 하나님은 우리가 읽는 성경 속에 이렇게 귀중한 보물들을 묻어 두셨습니다. 그것을 캐내는 사람이 가질 수 있는 보물 말입니다."

김 장로는 노 목사의 예화에 감탄했다. 스크린에 세 번째 설교 대지가 나타나고 노 목사는 설교를 이어 갔다.

### 3. 성경의 주제는 주님의 복음이 온 세계에 증거되는 것이다

"그렇다면 하나님이 우리에게 특별 계시로 주신 성경의 주제는 무엇입니까? 다시 말해 성경이 우리에게 말하려고 하는 것은 무엇입니까? 그것은 하나님께서 천지를 만드시고 우리 인간을 만드셨다는 사실과 우리가 모두 그분께 영광을 돌리기 위해 구속받았다는 것입니다. 그것도 유대 민족이나 우리나라 민족에게만 영광을 받으시는 것이 아니고 모든 민족에게 영광을 받기 원하신다는 것입니다. 왜냐하면 하나님은 우주의 주인이시기 때문입니다. 그분으로 말미암아 모든 것이 만들어졌습니다. 그러니 모든 민족이 당연히 그분의 소유인 것이지요. 창세기에서 하나님이 아브라함을 부르셨을 때부터 '모든 민족이 너로 말미암아 복을 받게 될 것'이라고 약속하셨습니다.

하지만 이스라엘 사람들은 그것을 이해하지 못했습니다. 자신들은 하나님의 축복을 받지만 자신들을 괴롭히는 민족은 하나님이 당연히 미워하셔야 한다고 생각했습니다. 자신들을 못살게 굴었던 애굽은 하나님께 복을 받는 것이 아니라 저주를 받고 멸망해야 한다고 생각했습니다. 하지만 성경은 그렇게 말하고 있지 않습니다. 다 함께 이사야서 19장 19-23절을 함께 보겠습니다."

> 그날에 애굽 땅 중앙에는 여호와를 위하여 제단이 있겠고 그 변경에는 여호와를 위하여 기둥이 있을 것이요 이것이 애굽 땅에서 만군의 여호와를 위하여 징조와 증거가 되리니 이는 그들이 그 압박하는 자들로 말미암아 여호와께 부르짖겠고 여호와께서는 그들에게 한 구원자이자 보호자를 보내사 그들을 건지실 것임이라 여호와께서 자기를 애굽에 알게 하시리니 그날에 애굽이 여호와를 알고 제물과 예물을 그에게 드리고 경배할 것이요 여호와께 서원하고 그대로 행하리라 여호와께서 애굽을 치실지라도 치시고는 고치실 것이므로 그들이 여호와께로 돌아올 것이라 여호와께서 그들의 간구함을 들으시고 그들을 고쳐 주시리라 그날에 애굽에서 앗수르로 통하는 대로가 있어 앗수르 사람은 애굽으로 가겠고 애굽 사람은 앗수르로 갈 것이며 애굽 사람이 앗수르 사람과 함께 경배하리라

김 장로는 노 목사가 지난 번 퍼스펙티브스 과정 때 성경적 관점 강의에서 배운 것을 설교 시간에 언급하는 것을 보면서 하나님께 감사를 드렸다. 그리고 열방교회의 모든 성도가 퍼스펙티브스 과정에 참여하기를 기대하며 설교를 들었다.

"우리가 방금 읽은 성경에 보면 하나님은 이스라엘과 애굽을 똑같이 사랑하신다고 하셨습니다. 하지만 이스라엘 입장에서는 분통이 터

질 이야기입니다. 이스라엘 백성의 입장에서는 자기 민족에게 늘 해를 끼치는 민족을 하나님이 벌 주셔야 하는데 자기들과 동일하게 하나님을 경배하고 그곳에 제단이 만들어진다고 하니 얼마나 믿기 어려웠겠습니까.

출애굽기 19장 5절에서 하나님께서 '세계가 다 내게 속하였다'라고 말씀하십니다. 시편 86편 9절에도 '주여 주께서 지으신 모든 민족이 와서 주의 앞에 경배하며 주의 이름에 영광을 돌리리이다'라고 전합니다. 복음은 모든 민족에게 증거되어야 합니다. 이것이 선교입니다. 그래서 결국 세상이 끝나면 하나님께서 우리에게 보여 주시는 장면을 우리가 목격할 것입니다. 그 장면이 바로 요한계시록 7장 9절(이 일 후에 내가 보니 각 나라와 족속과 백성과 방언에서 아무도 능히 셀 수 없는 큰 무리가 나와 흰 옷을 입고 손에 종려 가지를 들고 보좌 앞과 어린양 앞에 서서)에 기록되어 있습니다. 거기에는 각 나라와 족속과 백성과 방언에서 아무도 능히 셀 수 없는 큰 무리가 나와 흰 옷을 입고 손에 종려 가지를 들고 보좌 앞과 어린양 앞에 서서 큰 소리로 외치며 '구원하심이 보좌에 앉으신 우리 하나님과 어린양에게 있도다'(계 7:10)라고 찬양할 것이라고 기록되어 있습니다. 이것이 세상의 마지막 모습입니다. 이 장면을 머릿속에 그리고 사는 사람과 그렇지 않은 사람의 삶은 완전히 다릅니다.

이제 제 설교를 마무리해야 할 것 같습니다. 주보에 실린 오늘 설교 제목을 처음 보시고 많이들 궁금하셨지요? 왜 동방 박사들이 서쪽으로 갔는지 이제 여러분에게 답을 말씀드려야 할 것 같습니다. 그것은 이스라엘 백성이 동쪽으로 가지 않았기 때문입니다. 동방 박사들이 페르시아에서 왔건 아라비아나 바빌로니아에서 왔건 당시로서는 박사들이 고향을 떠나 유대 땅으로 가는 길이 지금처럼 몇 시간 비행기 타면 가는 거리가 아니었습니다. 아마도 사막을 건너고 강도들을 만나는 위험을 감수하며 서쪽으로 갔을 것입니다. 지금도 상황은 마찬가지입니다. 만약 우리가 복음을 들어 보지 못한 사람들에게 가지 않는다면 그 사람들이 우리가 있는 곳으로 와서라도 예수님이 누구냐고 물을 것입니다.

2년 전 동기 목사님과 태국을 방문한 적이 있습니다. 그곳에서 길에 앉아 대화를 나누고 있는 태국 여학생들을 만났습니다. 우리가 한국인인 것을 알아보고 여학생들은 한국말로 '안녕하세요'라고 인사를 했습니다. 그래서 제가 싸이의 '강남 스타일'이라는 노래를 아느냐고 물었더니 모두 일어나 그 자리에서 노래를 부르며 맡춤을 추는 것이었습니다. 1년이 되지 않아 강남 스타일이라는 노래를 전 세계에서 10억 인구가 들었습니다. 하지만 우리 주님이 2,000년 전에 돌아가셨는데 아직도 20억이나 되는 사람들이 주님을 모르고 있습니다.

우리는 동방 박사 같은 사람들이 우리 주변에 여전히 있다는 사실을 기억해야 합니다. 선교를 위해 멀리 가기도 해야 합니다. 하지만 우리 가까이 온 타민족 사람들에게 그리스도의 복음을 전하는 일도 중요합니다. 그들이 하나님께서 우리에게 보내 주신 동방 박사들일 수 있습니다. 타민족은 멀리 가야만 만날 수 있는 것이 아닙니다. 우리 가까이에 이미 와 있습니다. 저는 몇 달 전 구로구에서 사역하는 후배 목사를 만나러 갔습니다. 교회로 가는 길목에서 만난 사람들은 거의 대부분 외국인이었습니다. 음식점도 대부분 외국 음식점이었습니다. 한국 간판이 있는 곳은 아주 드물었습니다. 제 자신이 한국이 아니라 동아시아의 어느 나라에 와 있는 것이 아닌가 하는 생각이 들 정도였습니다.

선교는 다른 민족에 대한 관심으로부터 시작해야 합니다. 이제는 우리가 외국에 나갈 기회도 많이 있습니다. 돈을 벌기 위해, 공부를 하기 위해 해외에 나갈 기회는 점점 더 많아지고 있습니다. 현재 해외에 거주하는 한인들은 800만 명이나 됩니다. 그 가운데는 그리스도인들도 많습니다. 해외 한인 교회 수는 6,000개에 달합니다. 이런 상황들이 모두 타문화에서 그리스도를 전할 수 있는 절호의 기회입니다."

김 장로는 설교 제목의 의미를 확실하게 알게 되었다. 동방 박사들이 위험을 무릅쓰고 서쪽으로 간 것은 유대인들이 동쪽으로 가지 않았기 때문이라는 것을. 그리고 어쩌면 그동안 열방교회 성도들도 유대인들처럼 다른 민족에 대해서 무심하게 살아왔다는 것을 깨닫게 되었다.

노 목사는 설교를 마무리하면서 찬양을 함께하자고 제안했다. 앞에 걸린 스크린에 함께 부를 찬양 가사가 나타났다.

> 우리 보좌 앞에 모였네
> 함께 주를 찬양하며…….

성도들은 마치 주님의 보좌 앞에 있는 것 같은 자세로 찬양했다. 김 장로는 함께 부른 찬송 가사가 열방교회의 비전이 되어 가고 있다는 것이 감격스러워 찬송을 부르는 내내 눈물을 흘렸다.

찬양이 끝나자 노 목사는 세 가지 기도 제목을 가지고 통성으로 기도하자고 성도들에게 제안했다. 화면에 큰 글씨로 기도 제목이 올라왔다.

1. 하나님께서 모든 민족에게 영광을 받으시도록
2. 아직도 예수님을 믿지 않는 사람들이 40억이 넘는다는 사실, 그 가운데 예수님이 누구인지 모르는 사람들이 20억이 된다는 사실을 인식하고 열방교회 모든 성도들이 세계를 품고 살도록
3. 우리 주변에 와 있는 타민족 사람들에게 사랑과 관심을 갖도록

성도들의 뜨거운 기도 소리에 김 장로는 다시 한 번 놀랐다. 노 목사의 선교적 설교에 대한 성도들의 반응이 이처럼 뜨거울 줄은 몰랐다. 지난달 퍼스펙티브스 훈련이 끝나고 노 목사가 앞에 나와 했던 말이 생각났다. '이제부터 제 설교가 바뀔 것입니다.' 그리고 그 일이 눈 앞에서 이루어지고 있는 것이다.

예배를 마치고 식당에 모인 성도들의 설교에 대한 반응이 뜨거웠다. 특히 예배 전 교회 로비에서 다른 권사들과 이야기를 하던 박우민 권사의 목소리가 들렸다.

"설교 제목이 정말 좋았어. 성도들에게 기대를 많이 하게 했잖아."

주변의 권사들이 모두 재미있고 감동적이었다는 반응을 하며 즐거워했다.

예배를 마치고 집에 돌아온 김 장로는 여느 때처럼 열방 기도 수첩을 열고 이렇게 적었다.

"선교적 설교의 감동"
동방 박사들이 서쪽으로 온 이유는 유대인들이 동쪽으로 가지 않아서!

# 12장

## 마음이 뜨거워지다

선교적 성경 읽기

6월 말이 되자 장마가 시작되었다. 하루 종일 비가 내리는 때도 있었지만 가끔씩 구름 사이로 비추는 햇살은 더 밝고 신선했다. 열방교회 성도들은 교회 안에서 일어나고 있는 새로운 변화의 빗줄기를 즐기고 있었다.

김 장로는 동신복 선교회를 찾아가서 몇 주 전에 있었던 주일 설교에 대해 신 대표에게 들려주었다. 담임 목사의 설교가 매우 선교적이었으며 성도들이 큰 은혜를 경험했다는 이야기를 듣고 신 대표도 기쁨을 감추지 못했다.

"이제 열방교회를 통해 하나님께서 큰일을 이루실 줄 확신합니다."

김 장로가 자신도 모르게 화답했다.

"아멘!"

신 대표가 김 장로에게 새로운 제안을 했다.

"제 생각에는 다음 단계로, 성도들이 성경을 선교적으로 읽을 수 있으면 좋겠습니다. 담임 목사님이 선교적 설교를 하는 것도 중요하지만 성도들이 스스로 성경을 선교적 관점에서 읽을 수 있다면 아마 그 위력은 거의 핵폭탄급이 될 것입니다."

김 장로는 신 대표의 설명을 들으며 상상해 보았다. 열방교회 성도들이 오래전부터 큐티를 하고 있지만 성경을 선교적으로 읽고 있다고는 할 수 없었다. 솔직하게 김 장로 자신도 그렇게 하지 못했다.

"좋은 제안이십니다. 우선 선교 위원들 사이에서 먼저 선교적 성경 읽기를 진행해 보면 어떨까 생각합니다."

"네, 교회에서 초청해 주시면 기쁜 마음으로 가겠습니다."

김 장로는 신 대표가 자발적으로 초청해 달라는 의사 표시를 해 준 것이 마음에 들었다. 김 장로는 열방교회가 선교적 교회가 되도록 돕기 위해 신 대표가 코치의 역할을 제대로 하고 있다고 확신했다.

그 다음 주일 오후에 열방교회 선교 위원회는 신 대표를 다시 초청했다. 신 대표는 먼저 누가복음 24장에 나오는 이야기로 강의를 시작했다.

"여러분을 다시 만나게 되어 정말 기쁩니다. 누가복음 24장에는 엠마오라는 마을로 가는 제자들 이야기가 나옵니다. 제자들은 예수님이 부활하신 것을 분명히 알았습니다. 하지만 너무나 실망한 나머지 예수님을 제대로 알아보지 못한 것 같습니다. 그런데 예수님이 그런 제자들에게 하신 일이 무엇입니까? 성경을 풀어 설명해 주신 것입니다. 물론 그 당시 성경은 구약이지요. 그러자 두 제자에게 어떤 일이 일어났습니까? 누가복음 24장 32절(그들이 서로 말하되 길에서 우리에게 말씀하시고 우리에게 성경을 풀어 주실 때에 우리 속에서 마음이 뜨겁지 아니하더냐 하고)을 보면 예수님이 성경을 풀어 설명해 주셨을 때 제자들의 마음이 뜨거워졌다고 합니다. 위대한 신앙이라면 사람들은 뭔가 기적 같은 것을 기대할지 모르지만 주님은 우리 신앙이 변하지 않는 하나님 말씀에 기초하기를 바라십니다. 그것은 부활 신앙도 마찬가지고 선교에 대한 이해도 마찬가지입니다."

참석자들이 '아멘' 하고 반응했다.

"엠마오로 가는 제자들을 만나신 후, 예수님은 다른 제자들에게도 나타나셨습니다. 예수님은 다른 제자들을 만났을 때도 동일하게 성경을 풀어 설명해 주셨습니다. 예수님이 제자들을 대상으로 일종의 퍼스펙티브스 훈련을 하신 셈이지요."

참석자들은 예수님이 제자들에게 퍼스펙티브스 강의를 했다는 신 대표의 말에 웃음을 터뜨렸다.

"예수님이 제자들에게 설명해 준 두 가지 요점은 이것입니다. 첫째는 누가복음 24장 46절에 나와 있는데 '또 이르시되 이같이 그리스도가 고난을 받고 제삼일에 죽은 자 가운데서 살아날 것'이고, 둘째는 47절에 나와 있는데 '또 그의 이름으로 죄 사함을 받게 하는 회개가 예루살렘에서 시작하여 모든 족속에게 전파될 것'입니다. 이것이 바로 선교가 아니겠습니까? 그러니 예수님의 가르침을 요약하자면 구약 성경이 말하는 중요한 주제가 바로 선교라는 것입니다.

그렇다면 우리가 신약 성경은 물론이고 구약 성경을 읽을 때도 선교적으로 읽을 수 있다는 이야기입니다. 몇 주 전에 노 목사님이 마태복음 2장에 나오는 동방 박사의 이야기를 선교적으로 설교하셨다는 이야기를 들었습니다. 김 장로님에게 그 이야기를 듣고 얼마나 기쁘고 감사했는지 모릅니다. 만약 열방교회 모든 성도가 성경을 선교적으로 읽기 시작하면 정말 놀라운 일이 벌어질 것이라고 확신합니다."

그 말에 여러 곳에서 '아멘!' 하는 소리가 터져 나왔다.

"자, 그러면 성경을 어떻게 선교적으로 읽을 것인지 실습해 보겠습니다. 우선 오늘 참석하신 스무 명을 다섯 명씩 한 조로 해서 네 개 조로 나누어 보겠습니다. 각 조에서 구약에 있는 본문을 하나씩 고르겠습니다. 각 조에서 그 본문을 함께 읽고 나누시는데 선교적 관점으로 읽으셔야 합니다. 그리고 결과를 나중에 전체 앞에서 발표하도록 하겠습니다. 발표를 가장 잘한 조원들에게는 제가 선물로 동신복 선교회에서 발행한 책을 한 권씩 드리도록 하겠습니다."

참석자들은 잘한 조에게 선물을 준다는 말에 박수를 치며 좋아했다. 조가 편성되고 강의실이 정리되지 신 대표가 다시 말을 이었다.

"선교적으로 성경을 읽으실 때, 누가복음 24장 47절 말씀을 참고하시기 바랍니다. 성경에 나오는 사건들 가운데 어떻게 하나님이 다른 민족에게 알려지고, 그곳에서 하나님을 예배하는 일이 시작되었는지가 성경을 선교적으로 읽는 데 아주 중요한 관점입니다.

우리도 예수님처럼 해 보겠습니다. 누가복음 24장 44절에 보면 예수님이 제자들과 함께 공부한 것이 모세의 율법과 선지자의 글과 시편이라고 하지 않으셨습니까? 당시에는 구약을 지금 우리처럼 다섯 부분으로 나누지 않고 세 부분으로 나누었습니다. 모세 오경에 해당하는 율법, 선지자들의 글, 시편 이렇게 말입니다.

이제 각 조에서 모세 오경이든, 역사서든, 선지서든, 시가서든 한 부분을 고르십시오. 그리고 그 말씀을 그룹에서 묵상하고 서로 의논해서 그 본문이 어떻게 선교적인가를 말씀해 주십시오. 그리고 그 가운데 우리가 꼭 따라야 할 메시지가 있다면 세 가지 정도를 말씀해 주시면 됩니다. 평가는 저와 노충인 목사님이 하도록 하겠습니다."

연구를 위해 두 시간이 주어졌다. 그후에 각 조에서 의논한 것을 한 사람이 나와 발표하기로 했다. 강의실 안에서는 두 시간이 짧게 느껴질 정도로 진지한 토론이 이어지고 있었다.

드디어 박인구 집사가 앞으로 나와 1조에서 묵상한 것을 발표했다. "저희 그룹에서는 열왕기하 5장에 나오는 나아만 장군의 이야기를 선교적으로 읽어 보았습니다. 누가복음 4장에서 예수님이 나아만 장군의 이야기를 언급하는 장면이 있습니다. 예수님께서 회당에서 말씀을 전하시면서 이스라엘에 그 많은 한센병 환자 가운데 단 한 명도 나음을 입은 사람이 없고 오직 수리아 사람 나아만 장군뿐이라고 했습니다. 이 이야기가 얼마나 유명한 이야기입니까? 하지만 이제까지 저희가 이해했던 말씀은 나아만 장군이 선지자 엘리사 앞에 나와 고침을 받았다는 이야기가 중심이었습니다. 그런데 우리 그룹에서는 나아만 장군의 집에서 일하는 어린 소녀에 대해 좀 더 주목했습니다. 여기 나오는 여자 아이는 전쟁 중에 잡혀 온 고아, 어떻게 보면 가장 불행한 아이라고 할 수 있습니다. 전쟁이 나서 부모를 잃고 적국에 붙잡혀 와 있습니다. 그리고 적국 장군의 집에서 시중을 드는 종의 신세였습니다.

그 여자 아이가 자기 주인이 중한 병에 걸렸다는 이야기를 들었습니다. 이 여자 아이는 병에 걸린 주인이 자기 고향에 있는 선지자에게 가면 고침을 받을 것이라고 장군의 부인에게 전해 주었습니다. 그리고 나아만 장군은 드디어 이스라엘 땅으로 가서 선지자 엘리사를 만나 고침을 받습니다. 그가 고침을 받고 나서 나아만 장군이 한 말이 선교적으로 매우 중요합니다."

박인구 집사가 열왕기하 5장 15절과 17절을 읽었다.

> 나아만이 모든 군대와 함께 하나님의 사람에게로 도로 와서 그의 앞에 서서 이르되 내가 이제 이스라엘 외에는 온 천하에 신이 없는 줄을 아나이다 청하건대 당신의 종에게서 예물을 받으소서 하니

> 나아만이 이르되 그러면 청하건대 노새 두 마리에 실을 흙을 당신의 종에게 주소서 이제부터는 종이 번제물과 다른 희생 제사를 여호와 외 다른 신에게는 드리지 아니하고 다만 여호와께 드리겠나이다

"이것이 바로 선교의 이야기라고 생각합니다. 선교란 결국 하나님을 모르는 민족들이 하나님의 영광을 알게 되는 것입니다. 그 영광을 알고 하나님을 경배하게 되는 것, 그것이 선교의 목적입니다. 아람 군대 장관 나아만이 이스라엘의 하나님을 경험하고 경배하게 되었다는 것이 이 이야기의 핵심입니다. 그러니 여자 아이는 선교를 한 셈이지요. 여기서 선교의 원리들을 몇 가지 찾아보려고 합니다.

첫째는 지난번 퍼스펙티브스 훈련 때 역사적 관점에서 공부한 것처럼 때때로 비자발적으로 가도록 하는 하나님의 섭리가 있다는 점입니다. 둘째는 하나님께서 힘 있고 능력 많은 사람만 사용하시는 점이 아니라 여자 아이처럼 종살이를 하는 사람도 쓸 수 있다는 점입니다. 셋째는 여자 아이처럼 기회만 있다면 하나님을 증거해야겠다고 생각했습니다. 이상이 우리 그룹이 토론한 내용입니다."

참석자들 사이에서 박수가 터져 나왔다. 사람들이 나아만 장군의 이야기를 잘 알고 있었지만 그 부분을 이렇게 선교적으로 읽을 수 있다는 것은 처음 생각한 것 같았다.

2조가 발표를 할 차례가 되었다. 2조에서는 성경에 밝은 차명진 집사가 나와 발표를 했다.

"우리 조에서는 창세기에 나오는 요셉 이야기를 가지고 토론을 했습니다. 요셉은 아버지의 사랑을 가장 많이 받은 아들이었습니다. 요셉의 아버지 야곱이 부인 네 명을 얻는 과정을 살펴보면 야곱이 가장 사랑한 부인은 요셉의 친어머니 라헬이었습니다. 그러니 요셉은 왕가로 말한다면 적통이라고 할 수 있겠지요. 게다가 나중의 행적을 볼 때 요셉은 무척이나 영특했던 것 같습니다. 그래서 요셉은 열두 아들들 중 열한 번째로 태어났어도 아버지의 사랑을 독차지했던 것 같습니다. 그런데 형들의 미움을 받아 이방인에게 팔려 갔습니다.

아마도 우리가 지난 번 퍼스펙티브스 훈련의 역사적 관점 강의에서 배운 아일랜드로 팔려 간 패트릭의 운명 같다고 할 수 있겠지요. 요셉은 종으로 팔려간 곳에서 열심히 일했습니다. 요셉의 모습을 본 사람들이 그를 칭찬할 때 언제나 하나님의 이름이 함께 등장합니다.

성경은 주변의 이방인들이 요셉의 삶 속에서 하나님이 함께하셔서 형통한 것을 보았다고 말합니다. 이것이 매우 중요한 선교적 메시지라고 생각합니다. 이방 사람들은 여호와 하나님을 알 수 있는 방법이 없었습니다. 오직 요셉의 삶을 통해서만 하나님이 누구신지 알 수 있었던 것이지요. 저희 그룹에서는 과연 우리 주변에 와 있는 외국인들에게 그리스도인들의 모습이 어떻게 비춰질지 여러 모로 생각해야 한다고 나누었습니다. 외국인들 가운데는 하나님에 대해서 잘못 알고 있거나 예수 그리스도에 대해서 모르는 사람들도 많이 있다고 들었습니다.

애굽으로 팔려간 요셉은 보디발의 집에서 주어진 일을 열심히 했지만 결국 보디발 아내의 모함을 받아 죄수들이 있는 감옥에 들어가게 되었습니다. 정말 억울한 상황이었지만 요셉이 하나님을 원망했다는 말이 없습니다. 요셉은 오히려 감옥 안에 있는 사람들의 얼굴 표정을 살피며 그들의 어려움을 돕는 사람이 되었습니다. 이 모습을 저희 그룹에서는 요셉이 자기 집에서 형들에게 했던 것과 비교해 보았습니다. 요셉이 어릴 적에는 자기가 장차 형들보다 잘될 것이라는 이야기를 서슴없이 하면서 형들의 얼굴 표정에 관심이 없었던 것 같습니다. 요셉은 형들의 잘못을 아버지께 고해바칠 때도 형들의 감정에 무관심했을 것입니다. 그러던 요셉이 감옥에서 성숙한 사람으로 변한 것입니다. 그는 감옥에 갇힌 죄수들의 얼굴에 수심이 있는 것을 살폈습니다. 저희 그룹에서는 이것을 타인에 대한 예민성이라고 정했습니다. 그리고 타문화에 복음을 전하기 위해서는 이런 문화에 대한, 혹은 현지인에 대한 예민함을 키워야 한다고 결론을 내렸습니다.

요셉은 드디어 애굽의 총리가 되었습니다. 자기 위에 있는 사람은 절대 권력자인 바로 한 사람뿐이었습니다. 요셉은 풍년을 경험한 7년 동안 성실하게 곡식을 비축해 두었습니다. 그리고 흉년이 들었을 때 비축해 둔 곡식으로 자기 민족과 타민족을 구원했습니다. 요셉은 하나님이 아브라함을 부르셔서 하셨던 그 약속대로 모든 민족을 위한 복의 통로가 된 것입니다.

우리 조에서 이런 이야기를 나누면서 우리 조원 모두 놀랐습니다. 전에는 요셉을 타향에서 성공한 인물로만 보았습니다. 하지만 이제 자세히 보니 요셉은 비자발적으로 간 선교사였다고 할 수 있겠네요."

이번에도 박수가 터져 나왔다. 김 장로도 선교 위원들이 성경을 선교적으로 읽고 해석하는 능력에 놀랐다.

3조에서 박우민 권사가 발표를 했다.

"우리 3조는 선지자 요나 이야기를 가지고 토론했습니다. 요나는 이스라엘 선지자로서 니느웨로 가라는 하나님의 명령을 받았습니다. 하지만 니느웨 사람들은 자기 동족 이스라엘을 괴롭힌 민족이었기 때문에 요나는 니느웨에 가기 싫었습니다. 요나는 하나님의 명령을 어기고 다시스로 갑니다. 완전히 반대 방향으로 간 것이지요. 이런 요나의 모습이 이방인을 대하는 이스라엘의 태도를 잘 보여 준다고 생각합니다.

다시스로 가는 배가 풍랑을 만나자 선원들은 하나님께 불순종한 사람이 있는지 확인하기 위해 배 안을 뒤집니다. 그러다가 배 안에서 곤히 자고 있는 요나를 발견합니다. 요나는 자신이 하나님의 명령에 순종하지 않아 이런 어려움을 겪게 되었다고 선원들에게 고백합니다. 선원들은 요나를 바다에 빠뜨립니다. 그런데 하나님께서 준비한 큰 물고기가 요나를 삼킵니다. 물고기 배 속에서 요나는 하나님께 부르짖으며 기도합니다. 그러자 하나님께서 물고기 배 속에서 요나를 구원해 주십니다. 물고기 배 속에 들어갔다 나온 후 요나는 니느웨로 가게 됩니다.

우리 그룹에서는 요나의 이런 모습 속에서 퍼스펙티브스 훈련 중 문화적 관점에서 배운 자민족 우월주의를 발견할 수 있었습니다. 요나뿐 아니라 사람들이 이방인에게 선뜻 다가가지 못하고, 할 수만 있으면 피하려는 태도를 보이는 경우가 많았다는 것을 서로 나누었습니다.

드디어 요나가 니느웨 성에 가서 회개할 것을 촉구하자 니느웨 사람들이 하나님 앞에 회개했습니다. 앞에서도 다른 그룹이 이야기한 것처럼 하나님을 예배하지 않던 민족이 하나님이 누구신 줄 알고 회개하고 돌이키는 것이 선교입니다. 하지만 선지자 요나는 하나님이 뜻을 돌이켜 니느웨 사람들을 멸망시키지 않은 것이 마음에 들지 않았습니다. 여전히 요나에게 이방인은 멸망받아야 하는 존재들이었습니다. 그러자 하나님은 박넝쿨과 벌레 한 마리를 통해 하나님이 얼마나 이방인을 사랑하시는지를 보여 주셨습니다.

하나님은 니느웨 백성도 중요하지만 요나의 태도를 바꾸시는 것이 더 중요하셨던 것 같습니다. 하나님이 한 민족을 바꾸시는 것보다 자민족 우월주의에 빠져 있는 이스라엘 선지자 한 명을 변화시키는 것이 이토록 힘들다는 것도 생각했습니다. 요나에 대한 토론을 하면서 우리 그룹에 있는 분들이 자신이 요나 같았다고 고백했습니다. 무엇보다 마태복음에서 예수님이 하신 말씀이 가슴을 아프게 했습니다."

> 심판 때에 니느웨 사람들이 일어나 이 세대 사람을 정죄하리니 이는 그들이 요나의 전도를 듣고 회개하였음이거니와 요나보다 더 큰 이가 여기 있으며

박우민 권사는 마태복음 12장 41절을 읽고 자리로 들어갔다. 3조의 발표가 끝나자 참석자들은 어느 때보다 뜨겁게 박수로 격려해 주었다. 김 장로의 가슴에 감동이 밀려왔다.

이제 참가자들은 4조가 선교적 성경 읽기를 어떻게 했을지가 궁금했다. 드디어 몇 년 전 남편을 여읜 백주연 권사가 앞으로 나왔다.

"우리 그룹에서는 룻 이야기 가운데서 선교적인 메시지를 찾아보았습니다. 룻기는 나오미가 가족과 함께 기근을 피해 모압이라고 하는 이방 지역으로 가는 이야기로 시작합니다. 불행하게도 타향에서 지내는 동안 남편을 잃고 또 두 아들마저 잃은 나오미는 하나님께서 자기 백성을 돌아보셨다는 소식을 듣고 자기 고향 베들레헴으로 돌아오기로 합니다. 나오미의 며느리들은 모압 여인들입니다. 그래서 나오미는 두 며느리에게 자기 백성에게 돌아가라고 권합니다. 결국 오르바는 자기 고향에 남지만 룻은 시어머니의 고향, 베들레헴으로 따라 나섭니다. 이때 룻이 어머니에게 한 고백이 우리 그룹이 주목한 내용입니다. 룻기 1장 16-17절입니다.

> 룻이 이르되 내게 어머니를 떠나며 어머니를 따르지 말고 돌아가라 강권하지 마옵소서 어머니께서 가시는 곳에 나도 가고 어머니께서 머무시는 곳에서 나도 머물겠나이다 어머니의 백성이 나의 백성이 되고 어머니의 하나님이 나의 하나님이 되시리니 어머니께서 죽으시는 곳에서 나도 죽어 거기 묻힐 것이라 만일 내가 죽는 일 외에 어머니를 떠나면 여호와께서 내게 벌을 내리시고 더 내리시기를 원하나이다 하는지라

룻에게 시어머니를 따르는 것과 하나님을 따르는 것이 연결되어 있다는 사실이 흥미롭습니다. 이방인 룻이 하나님을 인정하고 하나님을 섬기겠다고 위대한 선교적 고백을 하는 것입니다. 룻의 입장에서는 자발적으로 하나님께 나온 것이 되지요. 결국 나오미는 룻을 데리고

고향 베들레헴으로 돌아옵니다.

　나오미가 룻과 함께 베들레헴으로 돌아왔을 때는 마침 보리를 추수할 때였습니다. 나오미에게는 경작할 토지가 없었습니다. 추수 때이지만 나오미와 룻에게는 먹을 것이 없는 상황이었습니다. 나오미는 며느리 룻에게 친척인 보아스라는 사람의 밭에 가서 이삭을 줍도록 합니다. 룻이 집으로 돌아와 보아스가 자신에게 보인 은혜와 인자를 이야기하자 나오미는 보아스에게 청혼하라고 룻을 권합니다.

　여러 가지 과정이 룻기에 기록되어 있지만 시간상 생략하겠습니다. 결국 보아스는 룻의 청혼을 받아들입니다. 그리고 보아스는 룻을 부인으로 맞습니다. 보아스는 룻을 통해 오벳을 낳고 오벳은 이새를 낳습니다. 이새는 바로 다윗 왕의 아버지입니다. 그러니 룻은 다윗 왕의 증조할머니가 되는 셈이지요.

　나오미가 베들레헴을 떠나 모압으로 갈 때만 해도 이런 일이 일어날 것이라고는 상상도 하지 못했을 것입니다. 하지만 하나님께서는 우리의 불행한 인생조차도 선교적으로 사용하신다는 사실이 놀라웠습니다.

　제 주변에 어렵게 살고 있는 다문화 가정이 두 가정이나 있습니다. 그분들은 자신의 고향을 떠나 우리나라라는 새로운 환경으로 온 사람들입니다. 마치 룻과 같은 운명이라고 할 수 있지요. 하나님께서 그들을 룻처럼 인도하실 수 있다고 믿게 되었습니다."

　참가자들이 뜨겁게 박수를 쳤다. 특별히 발표를 한 백 권사의 아픔을 알고 있는 참석자 대부분은 이번에는 더욱 뜨거운 호응을 보내 주었다.

김 장로는 심사 위원으로 앉아서 듣고 있던 신 대표와 노 목사가 어떻게 심사할지 무척 궁금했다. 네 그룹의 선교적 성경 읽기가 모두 감동적이었기 때문에 심사가 쉽지 않았을 것이라고 생각했다. 신 대표와 노 목사가 몇 분간 의논을 한 후 노 목사가 앞으로 나와 1등을 한 조를 발표했다. 노 목사가 발표하는 소리에 모든 참가자의 시선이 고정되었다.

"여러분 모두가 좋은 발표를 해 주셔서 1등을 선발하는 것이 정말 어려웠습니다. 하지만 이미 한 조를 택해서 상을 드리기로 했기 때문에 발표를 하겠습니다. 신 대표님과 저는 1조가 묵상한 나아만 장군 집에 잡혀간 어린 여자 아이 이야기를 1등으로 뽑았습니다. 선발한 이유를 말씀드린다면 신선한 관점과 선교적 원리를 세 가지로 명확하게 해 주었기 때문입니다."

참가자 일동이 1조에게 박수를 쳐 주었다. 신 대표는 1조 모든 조원에게 운남성의 리수 족에게 가서 성경을 번역하고 말씀을 증거한 제임스 프레이저 선교사의 이야기를 담은 《산비》를 선사했다.

"이제 신 대표님이 다시 나오셔서 우리에게 선교적 성경 읽기의 팁을 조금 더 주시겠습니다."

신 대표의 강의는 원래 계획에 있었던 것은 아니었다. 하지만 참가자들이 성경을 선교적으로 읽는 것에 대한 열정과 잠재력을 보고 추가적으로 팁을 주기로 한 것이다. 신 대표는 앞에 놓인 화이트 보드에 그림을 그려 가며 차근차근 설명해 주었다.

"성경에 나오는 어떤 부분을 선교적으로 읽는 것도 중요하지만 책 한 권을 선교적으로 읽는 것은 더 중요합니다. 책 전체를 선교적으로 읽기에 적절한 성경이 몇 권 있는데 가장 대표적인 것은 사도행전이라고 생각합니다. 물론 사도행전에는 우리가 배워야 할 다른 훌륭한 교훈도 많습니다. 하지만 사도행전 전체를 선교적으로 읽으면 그동안 우리가 배웠던 원리나 교훈들보다 훨씬 많은 것을 얻을 수 있다고 확신합니다.

그렇다면 사도행전을 선교적으로 읽는다는 것은 무엇일까요? 우선 선교라는 말의 정의에 충실해야 선교적이라는 말을 이해할 수 있습니다. 우리가 계속해서 이야기하고 있는 것처럼 선교란 타문화에서 그리스도를 증거하는 것입니다. 이것은 장소적 의미보다 문화적 의미를 강조하는 말입니다. 그러니 다시 말해 선교란 그리스도를 타문화적으로 증거하는 것을 말하는 것이지요.

사도행전은 유대인의 문화로 포장된 복음을 헬라인의 문화로 포장해서 전달되는 과정을 잘 보여 줍니다. 예루살렘에서 처음 시작된 교회는 유대인이나 유대교로 개종한 사람들에 의해서만 이루어졌습니다. 하지만 사도행전 2장에 나오는 오순절 사건을 통해 유대인이지만 타국에서 사는 사람들, 즉 유대인 디아스포라들이 자신들이 살고 있는 지역의 언어로 전해지는 하나님의 놀라운 소식을 듣고 교회에 들어옵니다.

하나님은 이 유대인 디아스포라들을 통해 타문화 사역을 펼치십니다. 사도행전 11장에 보면 이들 가운데 많은 사람이 예루살렘 교회에 핍박이 일어나자 흩어져 가다가 안디옥이라는 곳에 이르러 헬라인에게 복음을 전했다고 기록하고 있습니다. 이것은 대단히 중요한 대목입니다. 그전까지 교회에는 유대인들과 유대교로 개종한 사람들만 있었습니다. 하지만 이 흩어진 사람들에 의해 안디옥에서 처음으로 헬라인들이 교회에 들어옵니다.

이 소식이 전해지자 예루살렘 교회는 구브로에서 태어난 유대인 디아스포라인 바나바를 안디옥 교회에 파송합니다. 그리고 바나바는 안디옥에서 믿는 사람들이 더 늘어나자 다소에서 태어난 유대인 디아스포라인 사울을 안디옥으로 데리고 옵니다. 여기서 바나바와 후에 바울이라는 이름으로 사역하는 사울이 유대인 디아스포라라는 점이 매우 중요합니다. 유대인 디아스포라들이야말로 헬라인들에게 가서 타문화적으로 복음을 전하기에 잘 준비된 사람들이라고 할 수 있겠지요.

유대인 디아스포라들은 안디옥에만 머물지 않고 더 많은 지역으로 가서 복음을 전합니다. 그리고 바나바와 바울을 포함한 유대인 디아스포라들의 선교 활동을 통해 수많은 이방인이 예수를 믿게 되었습니다. 이를 계기로 교회에는 유대교를 믿는 사람들과 유대교와는 관계가 없는 헬라인들이 함께 모이게 되었습니다. 그런데 유대 배경을 갖고 있는 제자들 사이에서 이방인 신자들의 할례 문제가 계속 중요한 이슈가 되었습니다. 어떤 유대인들은 예수를 믿기로 한 이방인들도 할례를 받아야 한다고 주장했습니다. 하지만 바나바와 바울은 그렇게 생각하지 않았습니다. 그들이 받은 구원은 예수 그리스도를 통해 은혜로 받은 것이지 결코 율법을 지킴으로 되는 것이 아니라고 주장합니다. 두 부류 간의 갈등이 첨예해지자 안디옥 교회의 리더들이 바나바와 바울을 예루살렘에 보내게 됩니다.

예루살렘 교회에 지도자들이 모여서 매우 중대한 결정을 내립니다.

사도행전을 선교적으로 읽는 데 결코 빠지지 않는 부분이 바로 사도행전 15장입니다. 아마 당시 교회 안에서 이방인 신자들이 할례를 받아야 한다, 받지 않아도 된다는 두 주장이 팽팽했을 것이라고 짐작이 됩니다. 사도행전 15장 7절에 기록된 '많은 변론이 있은 후에'라는 간단한 기록은 비록 몇 단어 되지 않지만 얼마나 토론이 치열했을지를 상상할 수 있는 대목입니다. 하지만 그 치열한 토론을 통해 당시 지도자들은 성령이 충만한 초대 교회답게 놀라운 결론을 내립니다. 그 결론이 사도행전 15장 28-29절에 있습니다.

> 성령과 우리는 이 요긴한 것들 외에는 아무 짐도 너희에게 지우지 아니하는 것이 옳은 줄 알았노니 우상의 제물과 피와 목매어 죽인 것과 음행을 멀리할지니라 이에 스스로 삼가면 잘되리라 평안함을 원하노라 하였더라

이렇게 해서 이방인들이 유대교 전통을 따르지 않고도 그리스도를 따르는 길이 열리게 되었습니다. 아마도 2,000년 전 교회가 이런 결정을 내리지 않았다면 지금 우리가 알고 있는 기독교의 모양은 매우 달라졌을 것입니다. 기독교는 유대교의 한 분파처럼 되었을 것입니다. 그리고 갈릴리에서 소수의 무리가 주님을 따르면서 시작된 놀라운 복음의 물결이 국제적인 교회로 발전되기는 어려웠을 것입니다.

아마도 위에서 제가 설명한 내용을 이렇게 표현할 수 있을 것입니다. '유대 문화에 묶여 있던 복음을 풀어서 헬라 문화의 옷으로 다시 포장했다.' 그러니 선교란 단순히 지리적으로 다른 곳으로 간다든지

아니면 비행기를 타고 해외로 가는 것이 아니라 문화적으로 다른 사람들에게 그들의 문화로 포장된 복음을 전하는 것이라 할 수 있습니다. 우리가 아무리 영광스러운 복음을 들고 간다고 해도 타문화 사람들에게 낯설게 느껴진다면 복음이 효과적으로 전달되기는 어려울 것입니다. 그것을 가장 잘 표현한 것이 사도 바울이 고린도전서 9장 19절에서 한 고백입니다. 사도 바울은 '모든 사람에게서 자유로우나 스스로 모든 사람에게 종이 된 것은 더 많은 사람을 얻고자 함이라'라고 말합니다. 이런 식으로 사도행전 전체를 선교적 관점에서 다시 조망해 볼 수 있을 것입니다."

참석자들은 신 대표의 강의에서 받은 감동을 큰 박수로 표현했다.

김 장로는 집으로 돌아오면서 상상에 사로잡혔다. 열방교회 성도들이 성경을 선교적으로 읽게 된다면 아마도 초대 교회와 같은 놀라운 교회가 될 것이라고. 그리고 잠자리에 들기 전 열방 기도 수첩을 펴서 적었다.

> "성경을 선교적으로 읽기"
> 성경에 선교에 대해서 이야기하는 부분이 있는 것이 아니라 성경이 바로 선교의 책이다.

## 13장

## 흩어진 사람들처럼

제자도의 재발견

    7월 중순에 접어들자 지리한 장마도 그치고 날씨는 급격히 더워졌다. 하지만 김 장로에게는 더위를 이길 수 있는 기쁨이 있었다. 열방교회 주일 예배가 더욱 은혜로워졌기 때문이다. 성도들도 예배 후 식사를 마치면 자신이 원하는 외국어를 배우는 교실에 들어가 새로운 언어를 배우느라 정신이 없었다.

    주일 예배를 마치고 김 장로는 담임 목사와 대화를 나누었다. 노 목사가 최근에 자신이 묵상한 성경 말씀을 김 장로에게 들려주었다.

    "장로님, 저는 몇 주 전에 있었던 선교적 성경 읽기 워크숍에서 신 대표가 말한 사도행전의 선교적 읽기에 큰 감동을 받았습니다. 그동안에는 사도행전에 나타난 선교를 복음의 지리적 확장으로만 이해했습니다. 하지만 신 대표의 이야기를 듣고 지난 주 내내 사도행전을 선교적으로 다시 읽어 보았습니다. 그러다가 사도행전 11장에 나오는 흩어진 사람들에 대해서 좀 더 묵상해 보았습니다. 그 흩어진 사람들이야말로 선교적 체질이 되어 있는 사람이었다고 생각합니다. 그들이 당시 유대인들이 경원시했던 헬라인들에게 다가가서 복음을 전했을 뿐 아니라 '주 예수'라고 전했다는 말에 전율을 느꼈습니다. 그것은 흩어진 사람들이 얼마나 선교적 체질이었는지를 보여 주는 증거라고 생각합니다.

사도행전을 읽으면서 제 머릿속에 그림이 그려지기 시작했습니다. 우리 열방교회 성도들 모두가 만약 사도행전에 나오는 흩어진 사람들처럼 살 수만 있다면 아마 초대 교회에서 경험한 부흥을 우리도 경험할 수 있겠다고요.

그래서 앞으로 목회의 방향을 다시 정리하기로 했습니다. 특별히 그동안 우리 교회에서 해왔던 제자 훈련을 다시 되돌아보았습니다. 제가 생각하고 있었던 제자 훈련 교과 과정 속에는 선교라는 것이 마치 밥상 위의 한두 가지 반찬처럼 들어가 있었습니다. 하지만 이제 선교가 제자 훈련 교과 과정에서 반찬이 아니라 가장 중요한 요리가 되어야 한다고 생각했습니다. 그런 차원에서 제자 훈련 교과 과정을 다시 정리하려고 합니다.

예수님의 제자 훈련도 다시 생각해 보았습니다. 그동안 저는 목회에서 가장 중요한 일은 예수님을 닮은 제자를 만드는 것에 국한된다고 생각했습니다. 그래서 성도들 중 소수를 훈련시켜 그 사람들이 다시 그리스도의 제자를 삼는 형태의 제자 훈련에 온 힘을 집중했습니다. 물론 선교에 대해서도 강조하지 않은 것은 아니지만 선교를 필수가 아니라 선택처럼 생각했습니다. 하지만 결국 예수님의 목표가 제자를 만들어 다른 민족에게 복음을 증거하게 하는 것임을 알게 되었습니다.

또 지난번 선교적 성경 읽기 워크숍에서 박우민 권사님이 읽으셨던 마태복음 12장도 다시 묵상했습니다. 하나님의 말씀을 듣고 곧바로 회개했던 니느웨 사람들이 일어나서 우리 열방교회를 보고 뭐라 말할까 생각도 하게 되었습니다.

특별히 주님의 지상 명령에 대해 오랜 시간 다시 묵상했습니다. 주님이 제자들에게 지상 명령을 주셨다는 것을 성도들에게 강조하면서도 그동안 제자 훈련 프로그램 안에서는 선교를 큰 비중으로 다루지 못했다는 것이 뭔가 앞뒤가 맞지 않는다는 것을 깨닫게 되었습니다. 우리가 하는 제자 훈련이 정말 예수님이 하신 제자 훈련을 따르는 것이라면 당연히 예수님의 방법대로 제자 훈련 과정을 고쳐야겠다고 생각했습니다."

김 장로는 너무 감격스러워 어떻게 반응해야 할지 몰랐다. 노 목사의 목회 방침에 이렇게 큰 변화가 있을 것이라고는 상상하지 못했다.

"앞으로 우리 교회 제자 훈련 교과 과정 중 초·중·고급 과정에 선교가 반드시 들어가도록 할 생각입니다. 그리고 제자 훈련 고급 과정을 마치면 반드시 퍼스펙티브스 훈련을 이수하도록 할 예정입니다. 초급 과정부터 타문화를 경험하도록 하고, 중급 과정에서는 성경을 선교적으로 읽도록 돕는 프로그램을 넣을 예정입니다. 고급 과정에서는 제자 훈련 참가자들이 다른 언어를 하나씩 배우도록 할 계획입니다. 물론 당회에서 장로님들과 다시 의논하겠습니다. 하지만 제 마음에는 주님께서 이런 방향으로 인도하신다는 확신이 있습니다.

이런 변화를 내년부터 시작하려고도 생각해 보았습니다. 하지만 굳이 몇 개월을 기다릴 필요가 없다고 생각했습니다. 하나님께서 이런 생각을 제게 주셨을 때 하루라도 빨리 변화를 위한 걸음을 내디뎌야겠다고 생각합니다. 그래서 이번 9월에 시작하는 제자 훈련부터 변경된 교과 과정을 가지고 새롭게 진행하려고 합니다.

그러기 위해서 교회 안에서 하는 성도들의 활동을 많이 줄일 예정입니다. 본질적인 활동만을 남겨 놓고 비본질에 해당된다고 생각되는 것들은 모두 없애려고 합니다. 전에는 교인들이 무엇이든 교회 안에서 해야 한다고 생각했습니다. 그래야 세상에 나가서 죄지을 기회도 줄어들고 뭔가 더 영적인 일에 더 집중할 것이라고 생각했습니다. 하지만 만약 교과 과정이 바뀌는데 지금과 같은 형태로 교회 활동이 유지되면 성도들이 새로운 제자 훈련 교과 과정을 감당하기 어려울 것으로 보입니다. 다음 주 예배 후에 열리는 당회에서 이런 내용을 자세히 말씀드리겠습니다."

김 장로는 담임 목사와 이야기하는 동안 너무나도 큰 변화를 느낄 수 있었다. 김 장로는 집으로 오는 동안 가슴이 벅차서 주님께 감사 기도를 계속 올렸다.

노 목사는 김 장로에게 말한 대로 그 다음 주에 긴급 당회를 열었다. 그리고 자신이 두 주 동안 구상한 열방교회 제자 훈련 프로그램의 변화에 대해 계획과 취지를 자세히 설명했다. 대부분의 장로들이 처음에는 놀라는 표정들이었지만 노 목사의 설명을 듣자 선교 중심의 제자 훈련으로 변경하는 것을 당연하게 받아들이는 분위기였다.

당회원들이 제자 훈련 프로그램의 변화에 대해 가장 염려한 것은 새로운 제자 훈련 프로그램에 대한 일반 성도들의 반응이었다. 하지만 이런 변화가 본질적인 것이기에 충분히 설득력이 있다는 것도 곧 공감했다. 노 목사의 새로운 제안이 무엇보다 당회원들에게 호소력 있었던 것은 교회에서 성도들의 활동을 줄이겠다고 한 부분이었다. 그렇지 않아도 당회원들은 성도들이 교회 봉사 때문에 무척 피곤해 하는 것을 알고 있었지만 어느 누구도 당회에서 이 이야기를 솔직하게 꺼내지 못하고 있던 참이었다.

그날 당회에 보고된 또 다른 변화 가운데 하나는 청년들에게서 일어난 일이었다. 청년부에서 해외로 단기 선교 여행을 가는 대신 안산에 있는 인도네시아 교회를 방문하기로 했다는 것이다. 처음에는 선교 위원회에서도 예산을 절약할 수 있다는 것 때문에 해외로 나가는 대신 국내에서 단기 선교 여행을 경험한다는 계획을 환영했다. 하지만 시간이 지나면서 국내에서 타문화 경험을 하기로 한 것이 단순히 예산 절약 때문이 아니라 선교적 삶을 실천하기 위한 선택이라는 사실을 알게 되었다.

선교 위원장인 김 장로는 마침 그 다음 주 목요일에 시간이 되어서 청년들이 단기 선교를 하고 있는 안산에 찾아가 보았다. 인도네시아 사람들이 모여 예배를 드리는 장소는 안산 중앙역 부근의 상가 밀집 지역에 있었다. 2층을 빌려서 사용하는 인도네시아 센터는 주일 예배를 드릴 뿐 아니라 토요일에 일이 없는 인도네시아 형제자매들이 모여 함께 교제도 하고 식사도 하는, 쉘터(shelter)라 불리는 공간이었다.

쓸 만한 방 하나는 단기팀 자매들이 사용하고 형제들은 예배당으로 사용하는 공간에서 스티로폼을 바닥에 깔고 잠을 자고 있었다. 센터에는 샤워를 할 수 있는 화장실이 두 개밖에 없어 더운 여름철에 열 명이나 되는 청년들이 사용하기에 불편해 보였다. 하지만 청년들의 얼굴에는 조금도 불편한 기색이 없었다. 김 장로도 불편한 삶을 청년들과 함께 몸소 경험하기로 했다.

놀라운 것은 단기 선교에 참여하는 청년들이 벌써 레벨 1 수준의 인도네시아 언어를 할 수 있었다는 점이다. 신 대표가 열방교회 성도들에게 외국어를 배우도록 동기 부여한 것을 청년들은 이미 실천에 옮겼다. 청년들은 그때부터 매주 청년부 정기 예배로 모일 때마다 몇 개의 문장을 배우고 그 배운 것을 자기 캠퍼스나 직장 근처에 있는 인도네시아 사람들을 찾아가 실습했다.

이전 같으면 단기 선교 여행을 가기 전에 태권도, 부채춤, 워십 댄스 등 매년 똑같은 공연 프로그램을 준비하느라고 부산했을 텐데 이번 국내 단기 선교팀들은 그런 것에 시간을 쓰지 않았다. 오히려 인도네시아 사람들의 언어와 문화를 배우는 데 대부분의 시간을 보냈다. 마침 청년부에 인도네시아에서 1년 동안 단기 선교를 하고 돌아온 김동현이라는 청년이 있었다. 그는 이번 단기 팀을 위해서 일부러 휴가를 내어 단기 선교 팀원과 함께했는데 그들이 인도네시아어와 문화를 배우는 데 큰 도움을 주었다.

청년들은 인도네시아 전 인구의 80퍼센트 이상이 무슬림이라는 사실을 알고 이슬람에 대해 많은 연구를 했다. 청년들은 인도네시아 무슬림을 만날 경우를 대비해 그들이 사용하는 용어들에 대해서도 많이 연습해 두었다.

　김 장로가 안산에 도착했을 때만 해도 동남아시아에서 온 사람들은 모두 똑같아 보였다. 하지만 하루 동안 안산에 머물면서 인도네시아 사람들의 모습을 유심히 보노라니 필리핀 사람이나 방글라데시 등에서 온 사람들과는 확연히 구분되는 것이 신기했다. 그리고 인도네시아 사람들을 만날 때마다 몇 개의 인도네시아 문장을 가지고 말을 걸어 보았다. 인도네시아 사람들은 대부분 김 장로가 하는 인도네시아 말에 반갑게 반응해 주었다. 인도네시아 사람들은 김 장로를 신기하게 생각하며 어디서 인도네시아어를 배웠느냐, 왜 인도네시아 말을 배우느냐고 물어보기도 했다.
　점심은 인도네시아 교회에서 제공한 간단한 식사를 하고 저녁 식사는 원곡동에 있는 '국경 없는 거리'라는 곳에 가서 인도네시아 식으로 식사를 하기로 했다. 팀원들은 작은 골목 안에 인도네시아 식당이 무려 일곱 개나 있다는 사실에 모두 놀랐다. 청년들과 함께 김 장로도 2층에 있는 '다뿌르 알람'(Dapur Alam)이라는 식당으로 들어갔다. 식당 안에 있는 대형 텔레비전에서는 인도네시아 드라마가 상영되고 있었다. 식당 안의 손님들은 대부분 인도네시아 사람들이었다. 손님 중에는 '질밥'이라는 이슬람 의상을 하고 있는 여자들도 있었다.

  메뉴에 사진이 붙어 있어 음식을 고르는 것이 큰 문제는 아니었지만 동현 형제가 팀원들이 주문하려는 음식에 대해 충분히 설명해 주었다. 청년들은 '나시 고렝'(nasi goreng)을 주문했다. 나시 고렝은 한국 볶음밥과 비슷한데 밥을 볶을 때 인도네시아 특유의 양념을 넣어 그 향이 달랐다. 동현 형제는 자신이 인도네시아에서 즐겨 먹었던 '른당'(rendang)을 추가로 주문했다. 른당은 쇠고기에 간장과 코코넛 밀크를 넣고 조린 우리나라 장조림 같은 음식이다. 식후에는 디저트로 바나나에 튀김옷을 입혀 기름에 튀긴 '삐상 고렝'(pisang goreng)을 주문해 먹었는데 처음 먹어 보는 음식이지만 팀원들은 모두 맛있다고 입을 모았다.

  저녁 식사를 한 후 단기 선교 팀원들은 국경 없는 거리를 산책하며 이국적인 거리 분위기를 만끽했다. 선교 팀원들은 한국 수퍼마켓에서는 볼 수 없는 신기한 야채와 과일을 보고 사진도 찍고 만져 보기도 했다. 팀원들에게 가장 인상적인 과일은 두리안이었다. 도깨비 방망이처럼 생긴 것에 가시가 나있어 흉해 보이는 데다 냄새까지 이상해 팀원들이 질색을 하면서도 다들 그 맛이 어떨지 궁금해했다. 그들은 그 옆에 껍질을 까서 노란 속만을 포장한 두리안을 두 팩 사 가지고 와 센터에서 나누어 먹었다. 처음에는 망설이던 청년들이 조금 맛을 본 다음에는 맛있다며 사온 두리안 두 팩을 마파람에 게 눈 감추 듯 먹어 버렸다. 김 장로도 두리안의 명성은 익히 들었지만 안산에서 처음으로 두리안을 먹어 보았는데 두리안의 매력에 빠져 버렸다.

저녁 나눔 시간에는 팀원들이 하루 동안 자신들이 경험한 것을 나누었다. 어떤 청년은 이처럼 많은 인도네시아 사람이 우리나라에 와 있을 것이라고는 생각하지 못했다고 고백했다.

낮에는 인도네시아 사람들이 사용하는 '쉘터'를 청소하는 등 봉사 활동을 했다. 팀원들은 화장실을 포함해 창고와 주방에 쌓아 두고 사용하지 못하는 물건들을 버리고 깔끔하게 정돈했다. 쉘터 정리가 끝난 뒤에는 거리 청소를 했다. 지나가는 인도네시아 사람들이 한국의 젊은이들이 자기들이 늘 다니는 길을 청소하는 것을 보고 신기한 듯 쳐다보기도 했다. 그럴 때마다 열방교회 청년들은 인도네시아 말로 인사를 건넸다. 그러면 인도네시아 사람들도 반가워하며 인도네시아 말로 반응을 보였다.

다음 날은 인도네시아 형제들이 사는 곳에 가서 하룻밤을 함께 지내는 홈스테이 프로그램이 있었다. 공장 가까이에 있는 근로자 숙소는 쉘터보다 열악했다. 하지만 국내에 와서 일하는 근로자들의 삶을 체험하는 데는 더 없이 좋은 기회였다.

홈스테이를 마친 다음 날 모두 모여 자신들이 경험한 것을 나누는 시간에 다시 김 장로도 팀원들과 자리를 함께했다. 이번에는 김 장로가 두리안을 몇 통 사 가지고 왔기 때문에 청년들은 흡족하게 먹을 수 있었다. 여러 형제자매의 이야기가 끝난 후, 동현 형제가 자신의 홈스테이 경험을 나누었다. 그는 인도네시아어로 의사 소통이 가능해 근로자들과 지낸 이야기를 자세히 들려주었다.

"저는 부디라는 청년이 사는 숙소에 갔습니다. 정말 열악한 환경이었습니다. 소음도 심하고 무엇보다 좁은 공간에 살고 있었습니다. 전에는 무슬림이었는데 한국에 와서 친구를 따라 교회에 오게 되었다고 했습니다. 인도네시아에 있을 때는 동네 사람들이 모두 무슬림이었기 때문에 이슬람의 의무를 성실히 이행하며 살았다고 합니다. 하지만 한국에 와서 돈도 벌고 여유가 생기자 이슬람과는 점점 멀어진 채, 술 마시고 여자들을 찾아다니며 지냈다고 합니다.

그러다가 큰 위기를 겪게 되었는데 어느 날 공장에서 작업을 하다가 왼쪽 손가락 두 개가 절단되는 사고를 겪었다고 합니다. 처음에는 절망하고 자포자기하고 있었다고 합니다. 그런데 안산 인도네시아 교회에 다니는 친구가 곁에서 위로해 주고 필요한 것들을 제공해 주어 회복에 많은 도움이 되었다고 합니다. 그리고 이곳에 오기 시작했고 드디어 얼마 전에 예수 그리스도를 구주로 영접했다고 합니다. 부디는 과거에 자신이 눈이 멀어 있었다고 말했습니다. 돈에 눈이 멀었고, 포르노에 중독되어 있었는데 이제 주님 안에서 눈을 뜨게 되었다고 고백했을 때 저는 눈물이 나서 혼났습니다. 아마 부디가 인도네시아에 있었다면 지금도 예수 그리스도를 모른 채 무슬림으로 살아 가고 있었을 것입니다."

팀원들도 한국에 있는 근로자들의 삶에 대해 새롭게 안 내용을 서로 이야기했다. 그리고 인도네시아 근로자들이 사는 환경 속에서 그들과 함께 지내며 주님께서 왜 우리 가운데 어린아이로 와서 살게 되었는지에 대해 조금 더 이해할 수 있게 되었다고 고백했다.

그동안 열방교회에서는 단기 선교 여행에 대해 몇 가지 문제가 계속 거론되고 있었다. 우선 단기 선교 여행이 돈이 많이 드는 고비용 프로그램이라는 점이었다. 또 단기 선교 여행에 참여하려는 사람들의 동기를 알기 어렵다는 것도 문제였다. 어떤 사람들은 선교보다는 해외에 나가는 것에 더 관심이 있는 것 같았고, 심지어 어떤 사람들은 짝퉁 명품을 사는 것에 더 관심을 보이기도 했다. 하지만 이렇게 국내에 거주하는 외국인들을 찾아가서 함께 지내는 청년들에게서는 그런 동기를 찾아볼 수 없었다.

사실, 단기 선교 여행팀이 선교지에 간다고 해서 진정한 성육신적 경험을 할 수 있는 것은 아니었다. 현지에 가서도 팀원들이 현지 언어를 할 수 없었기 때문에 대부분 현장 선교사님들이 안내해 주었고, 자신들이 주도적으로 무엇을 하기가 쉽지 않았다. 하지만 한국에서는 별다른 언어적 제한 없이 주변의 사람들과 소통할 수 있었고, 여전히 그들의 삶 가운데 함께하는 경험을 할 수 있었다. 김 장로는 다시 한번 선교가 타문화적인 것이지 해외라는 지역과 관련한 것이 아니라고 한 신 대표의 말에 공감했다.

단기 선교에 참가한 청년들은 여세를 몰아 그 다음 주에 열리는 선교한국 대회에 참석했다. 선교한국은 벌써 1988년부터 2년마다 열렸지만 열방교회 많은 성도들은 선교한국 대회가 있다는 것조차 모르고 있었다. 하지만 교회가 선교적인 교회로 변하자 청년들 사이에서 이 대회의 존재가 알려지고 선교적 체질 개선을 위해서 대부분의 청년들이 참석하기로 한 것이다.

청년들은 안산에서의 난기 선교 경험을 마치고 바로 짐을 싸서 선교한국 대회 장소로 향했다. 다행인 것은 대회 장소가 인도네시아 교회가 위치한 곳과 매우 가까운 안산 동부교회였다.

김 장로도 청년들이 참석하기로 한 선교 한국 대회가 궁금했다. 그래서 사무실 일을 쉬고 월요일부터 금요일까지 참가하기로 했다. 등록 장소에 갔을 때 참가자 대부분이 20, 30대 젊은이들이었기 때문에 김 장로는 조금 어색함을 느꼈다. 하지만 젊은이들을 위한 대회라는 것 때문에 김 장로는 한국 선교의 미래가 밝다는 생각에 오히려 신이 났다.

더 기뻤던 것은 대회 포스터에 붙어 있는 강사들 가운데 눈에 들어오는 사람들이 많았다는 점이다. 몇 달 전에 열린 열방교회 퍼스펙티브스 훈련에 왔던 강사 대부분이 선교한국 대회에서도 강사로 섬기고 있었다. 특별히 동신복 선교회 신 대표는 조직 위원으로 집회 때마다 언제나 모습을 드러냈다. 오전 전체 집회 강의를 맡은 조지 브라운 선교사가 지구본을 들고 나와 세계 선교의 현황을 소개하고 그리스도인들이 복음을 들고 열방을 향해 가야 하는 이유를 역설할 때 통역을 한 장만혁 선교사도 김 장로에게는 반가운 얼굴이었다. 집회와 강의는 시간마다 은혜가 넘쳤다. 그러나 무엇보다 김 장로의 마음을 감동시킨 것은 대회에서 만난 한 청년의 간증이었다.

오전에 주집회장에서 예배와 성경 강해가 끝나면 참석자들은 점심 시간을 전후로 선교 박람회를 관람했다. 60개가 넘는 해외 선교 단체들의 전시장도 볼 만했다. 김 장로는 한국에서 그렇게 많은 선교 단체들이 활동하는 줄은 몰랐다. 자신이 선교 위원장으로 있으면서 2년마다 열리는 선교한국 대회에 대해, 그리고 이처럼 많은 선교 단체의 활동에 대해 무지했다는 것이 부끄러웠다.

김 장로는 동신복 선교회 부스에 가 보았다. 그곳에는 두 명의 간사와 한 명의 자원 봉사자가 부스를 찾는 사람들에게 동신복 선교회에 대해 설명해 주고 있었다. 간사들은 이미 동신복 선교회 사무실을 여러 번 방문해서 얼굴이 익숙했지만 자원 봉사자는 처음 보는 얼굴이었다. 간사 한 명이 자원 봉사를 하는 한종윤 형제에게 김 장로를 소개하자 한 형제가 김 장로에게 공손히 인사를 했다. 마침 부스를 찾는 사람이 적어 김 장로는 한 형제와 긴 시간 대화를 나눌 수 있었다.

"저는 아산에 있는 자동차 부품 공장에서 일하고 있습니다. 이번 주 여름휴가를 내어 선교한국 대회에서 자원 봉사자로 섬기고 있습니다."

김 장로는 회사에서 힘들게 일하는 젊은이가 휴가를 내어 선교한국 대회에서 자원 봉사를 한다는 것이 기특하다고 생각했다.

"한 형제는 언제부터 선교에 관심을 갖게 되었나요?"

"아, 그건요. 제가 출석하는 교회에 어떤 선교사님이 오셔서 선교에 대한 도전을 주셨을 때 선교사로 헌신하기로 했습니다. 예배 후에 그 선교사님께 선교사가 되고 싶다고 했더니 그 선교사님께서 장기 선교를 하기 전에 우선 단기 선교를 해 보는 것이 어떻겠느냐고 제안해 주셔서 그렇게 하기로 했습니다. 그런데 단기 선교도 준비하는 것이 만만치 않다는 것을 알게 되었습니다. 그러던 중 동신복 선교회에서 전문인 선교 캠프가 있다고 해서 참석하면서 선교에 대해 더 많은 것을 새롭게 생각하게 되었습니다.

저는 선교를 하기 위해서는 반드시 선교사가 되어야만 한다고 생각하고 있었습니다. 하지만 동신복 선교회에서 직업과 선교에 대한 강의를 들으면서 직업을 가지고 선교를 하는 경우에도 여러 가지 타입이 있다는 것을 알게 되었습니다. 특히 제가 흥미를 가진 것은 3타입과 4타입, 5타입이었습니다. 그것은 모두 자신이 이미 가지고 있는 직업이나 기술을 사용하면서 선교를 하는 것입니다."

김 장로의 입가에 미소가 흘렀다. 자신도 이미 아는 이야기를 할 때 흘러나오는 특유의 미소를 지으며 한 형제의 이야기를 경청했다.

"선교는 멀리 가야만 하는 것이 아니라 우리 주변에 있는 사람들에 대한 관심에서 시작되는 것임을 알게 되었습니다. 전문인 선교 캠프 후, 공장으로 다시 돌아왔는데 그 전에는 그저 스쳐 지나가기만 했던 외국인 근로자들이 눈에 보이기 시작했습니다.

그때부터 저는 공장에서 의도적으로 외국인 근로자들과 친구를 맺기 시작했습니다. 가능한 한 그들과 함께 식사도 하고 배드민턴도 치면서 시간을 보냈습니다. 처음에는 서먹하던 외국인 근로자들이 어느 순간부터 저를 친구로 받아 주기 시작했습니다. 사실 저는 그 친구들이 한국에서 생활하는 것이 얼마나 어려운지 잘 몰랐습니다. 하지만 친구가 되니 그들이 아플 때 어디를 가야 하는지도 모르고, 설령 병원에 가더라도 한국어로 어떻게 커뮤니케이션해야 하는지도 모른다는 것을 알게 되었습니다. 그래서 그때부터 저는 자원해서 외국 친구들을 돕기 시작했습니다.

그런데 제가 그 친구들에게 사랑을 실천하기 시작하자 친구들의 태도가 바뀌기 시작했습니다. 이제는 그들이 제가 하는 일을 돕기도 합니다. 저는 이 친구들에게 전도지를 가지고 전도하지는 않습니다. 언젠가는 예수님에 대해서 말할 기회가 오겠지요. 하지만 지금은 더 많은 시간을 외국인 근로자들과 보내면서 제가 그들에게 전도를 위해서 친절한 것이 아니라 진정한 친구가 되려고 한다는 것을 느낄 수 있게 하는 것이 목표입니다. 분명한 것은 그 외국인 친구들과 지내는 것이 너무나 기쁘고 즐겁다는 것입니다."

김 장로는 한 형제의 이야기를 들으며 대견하다는 생각했다.

"그렇게 살기 위해 희생해야 할 것들이 있을 텐데 힘들지 않나요?"

"네, 물론 어려운 점이 있습니다. 일이 끝나고 몸이 피곤하지만 쉴 수가 없습니다. 업무를 마치면 어려움을 당하는 외국인 친구들을 병원에 데려다주기도 하고, 은행 일을 도와주기도 하고, 어떤 때는 주민센터에 가는 일을 도와주기도 합니다. 하지만 그 일을 하면서 얻는 기쁨이 피곤함보다 큽니다. 그리고 예전에는 회사에서 일이 잘 안 풀리면 짜증도 부리고 심지어 나쁜 말도 했지만, 이제 저를 보고 있는 외국인 친구들 때문에 그러지 않으려고 노력하는 제 자신을 봅니다.

한 가지 더 말씀드린다면 한국인 동료들의 따가운 시선도 어려움입니다. 전에는 한국인 친구들과 많이 어울렸습니다. 업무가 끝나면 친구들과 회식도 하고 노래방도 가곤 했지요. 하지만 이제는 외국인 친구들과 어울리느라 그들과 많은 시간을 보내지 못합니다. 처음에는 저를 이해하지 못하는 한국인 동료들이 저를 약간 소외시킨다는 생각을 했지만 그런 것은 당연히 받아야 할 어려움이라고 여겼습니다. 그런데 언제부터인가 다른 동료들도 제가 외국인 친구들을 돕는 것을 이해하고 이제는 따가운 눈총을 주지는 않습니다."

김 장로는 예수님께서 제자들에게 나를 따라오기 위해서 자기를 부인하고 자기 십자가를 지고 나를 따라야 할 것이며, 자기 가족을 더 사랑하면서 나를 따를 수 없다고 한 말씀이 생각났다.

평소처럼 김 장로는 잠자리에 들기 전 열방 기도 수첩에 이렇게 적었다.

> "진정한 제자도"
> 자신의 자리에서 그리스도의 지상 명령을 순종하는 사람들을 통해 세상은 변화를 경험할 수 있다.

# 14장
## 체질이 바뀌다
제자들의 실행

    8월 하순으로 접어들자 아침저녁으로 선선한 바람이 불기 시작했다. 몇 군데 선교지로 단기 선교 여행을 갔던 팀들도 모두 무사히 돌아왔다. 열방교회는 9월부터 시작되는 새 학기를 위해 또다시 분주하게 움직였다. 하지만 이전처럼 들뜬 분위기는 찾아보기 힘들었다. 김장로는 이런 현상이 아마도 본질적인 것은 더욱 강화하고 비본질적인 것에 대해서는 과감하게 줄여 나가려는 교회 전체의 방향 때문에 그럴 것이라고 생각했다.

    지난 두 달 사이에 열방교회에는 새로운 신자들이 갑자기 더 늘어났다. 선교적 삶에 대한 강조가 시작되자 성도들 사이에 타문화에서 복음을 전하려는 노력의 몇 분의 일이면 자문화에서도 복음을 전할 수 있다는 깨달음이 생겼기 때문이다. 또한 자신들 주변에 사는 사람들에게 그리스도를 증거하는 일이 매우 자연스러워졌기 때문이다. 그 바람에 새신자반을 돕는 김 장로의 아내 최 권사가 더 바빠졌다.

선교 위원회도 8월이 다 가기 전에 워크숍을 갖고 그동안 일어난 변화들에 대해서 평가하는 시간을 갖기로 했다. 이번에는 교회에서 모이는 것보다 분위기 좋은 교외로 나가기로 했는데, 워크숍 장소로는 역시 용인에 있는 한주환 집사의 별장이 제격이었다. 서울보다 시원하고 무엇보다 푸른 나무들에 둘러 있어 신선한 공기를 호흡할 수 있는 것이 좋았다.

선교 위원회의 업무와 관련해서는 신임 총무이자 별장 주인인 한 집사가 지난 1년 동안의 변화들을 정리해서 발표했다.

"지난 1년 동안 우리 교회에서 일어난 가장 큰 변화는 어떻게 해야 선교를 바르게 할 것인가에 대한 가이드라인이 생긴 점입니다. 우선 후원 선교사들에 대해서는 사역적 책무와 재정적 책무가 제대로 이행되고 있는가 여부에 따라 계속 후원할 것인지 여부를 결정하기로 했습니다. 개별 선교사들에 내해 앞으로 1년 동안의 기간을 두고 평가를 하겠지만 아마도 많은 변화가 일어나리라 생각합니다.

선교사의 책무 이행 여부를 감독하는 일을 열방교회가 직접 하지 않고 필드 구조가 제대로 기능하는 선교 단체에서 관리 감독을 받는지를 확인하려고 합니다. 그러기 위해서 이전에 하던 것처럼 개별 선교사와의 개인적인 관계보다 파송 단체와의 관계를 더 중요하게 생각하려고 합니다. 혹시 이전에 동신복 선교회 신 대표님이 오셔서 우리에게 보여 주셨던 그림 기억하시나요?"

한 집사가 자신의 노트북을 열어 슬라이드를 보여 주었다.

**두 개의 구성 요소**

"우리 열방교회 선교는 그동안 이 그림처럼 해 왔다고 할 수 있습니다. 열방교회에서 선교사를 후원하기는 하지만 필드에서의 감독이나 관리와 돌봄이 이루어지는지는 알 수 없었다는 말입니다. 위와 같은 상태에서는 개별 선교사의 책무를 묻기가 쉽지 않습니다. 그래서 다음 그림처럼 진행하려고 합니다."

한 집사가 클릭을 하자 다음 슬라이드가 화면에 새롭게 나타났다.

**건강한 네 개의 구성 요소**

"특별히 선교사들의 사역적 책무는 선교사의 지위(status)에 따라 달라져야 한다는 것 때문에 선교사 지위에 대해 여러 선교 단체에 자문을 구해 다음처럼 일곱 단계로 구분을 했습니다.

필드 사역(field assignment)
본부 사역(home assignment)
휴직(leave of absence)
병가(compassionate leave of absence)
사직(resign)
은퇴(retire)
공부를 위한 휴직(study leave of absence)

여기에 표시된 선교사 지위에 따라 선교사의 책무를 이행하는지를 확인할 것입니다. 선교사의 재정적 책무도 일단 선교 단체에서 후원 모금 관리를 받는지 확인할 생각입니다. 개인적으로 모금을 하는 경우에 대해서는 개별 선교사가 재정적 책무를 어떻게 이행하는지 확인하는 절차를 따로 마련하고 만약 단체에서 재정 관리가 이루어지는 경우는 우리 교회에서는 별도의 관리 감독을 하지 않기로 했습니다. 잘못하면 선교사들에게 행정에 대한 과중한 부담을 지우기 때문입니다.

특히 선교사라는 타이틀을 사용하는 문제로 혼란이 계속 있어서 이 부분도 정리를 했습니다. 선교사란 타문화 사역을 하는 사람으로서 사역적 책무와 재정적 책무를 이행하는 사람에게만 사용하기로 했습니다. 이 부분은 동신복 선교회의 신 대표가 우리에게 알려 준 직업과 선교의 다섯 가지 타입을 원용하기로 했습니다.

그래서 후원을 받으며 사역과 재정에 관해 관리 감독을 받는 사람에 한해 선교사라는 말을 사용하고, 그렇지 않고 해외에 나가 자기 직업을 가지고 알아서 사역을 하거나, 은퇴하여 연금으로 지내며 선교적 삶을 수행하는 분들은 소위 4타입으로 분류하기로 했습니다. 만약 이처럼 4타입으로 살기를 바라는 사람들이 많다면 앞으로 열방교회 선교 위원회가 이런 분들의 네트워크를 구성해서 그분들이 가지고 있는 선교적 열정을 꺼뜨리지 않도록 도울 예정입니다."

김 장로는 한 집사가 깔끔하게 정리한 것을 들으며 속이 시원해지는 것 같았다. 그렇지 않아도 2년 전부터 은퇴한 성도 한 가정이 자기 연금을 가지고 해외에서 살기로 했는데 자신을 열방교회 정식 선교사로 인정해 달라고 해서 계속 교회와 갈등을 빚고 있었다. 선교 위원회 내에서도 그 문제로 의견이 갈려 격론을 벌이다가 지금까지 앙금처럼 남아 있었다. 선교사라는 타이틀을 사용하게 하자는 쪽은 타이틀이 중요한 것이 아니니 그대로 선교사라고 부르자고 했고, 사용하게 해서는 안 된다는 쪽에서는 그런 식으로 선교사라는 타이틀을 남발하는 것은 오히려 선교를 망가뜨리는 결과를 가져올 것이라고 주장했다. 평행선처럼 달리는 두 의견이 이제 종지부를 찍은 셈이다.

"자기 직업을 가지고 국내에 와 있는 외국인 근로자들을 돕는 사역을 감당하는 성도들은 5타입 사역을 하는 것으로 분류하고, 이런 경우 선교사라는 타이틀을 부여하지는 않기로 했습니다. 외국인 근로자 사역을 하는 분들 가운데 후원을 받고 적절한 관리 감독을 받는 분들이라면 국내에 거주하면서 외국인들을 위한 사역을 해도 당연히 선교사로 부르기로 했습니다."

이 부분도 김 장로의 가슴을 후련하게 만들어 주었다. 후원 선교사 가운데 몇 년 전 외국인 근로자 사역을 위해 한국에 들어와 본부에서 사역하는 선교사의 후원을 중지해야 한다는 문제가 끊임없이 제기되었다. 후원을 중지해야 한다는 측의 주장은 선교사는 선교지에 있을 때만 선교사라는 것이었다.

"신임 선교사의 파송은 위에서 말씀드린 것처럼 필드의 감독 체제가 구축되어 있는 건전한 선교 단체와 협력을 더욱 강화할 예정입니다. 새로운 선교사 파송과 관련해서 이전과 달라진 또 하나의 변화는 반드시 필드에서 필요로 하는 사람을 파송한다는 점입니다.

또 좋은 선교사가 되는 사람은 좋은 성도라는 말이 저희들에게 매우 크게 다가왔습니다. 그래서 선발 과정에서 지역 교회로부터 좋은 평가를 받는 것이 매우 중요하다고 생각되어 반드시 지역 교회에서 제자 훈련을 제대로 받은 사람, 즉 교회에서 검증된 사람만을 파송하기로 했습니다."

김 장로는 기쁨을 감출 수가 없었다. 그 자리에서 일어나 수고한 한 집사를 격려해 주었다.

"제 생각에는 이것만 정리가 되어도 그동안 골치 아팠던 많은 부분이 어느 정도 해결될 것 같습니다. 이 내용을 매뉴얼로 잘 만들어 보관하고 열방교회 성도라면 누구나 열람을 할 수 있게 하면 좋겠습니다. 수고하신 한 집사님께 박수로 감사를 전합시다."

선교 위원들 모두가 한 집사에게 박수를 쳐 주었다. 그 박수 속에는 선교 위원들 자신이 그동안 정리해 온 것에 대한 뿌듯함과 1년 동안 많은 의논을 하면서 토론하고 고민한 열매에 대한 흡족함이 배어 있었다. 한 집사의 마무리 설명이 이어졌다.

"하지만 더 큰 변화는 여러분이 다 아시는 것처럼 열방교회가 체질적으로 바뀌고 있다는 점입니다. 무엇보다 담임 목사님의 주일 설교가 선교적으로 바뀌었습니다. 처음에는 성도들이 익숙하지 않은 설교 제목, 생뚱맞은 본문 등으로 혼란스러워하기도 했지만 이제는 성도들이 선교적 설교가 본질적인 설교라는 것에 공감하고 있습니다. 그리고 성도들도 성경을 읽을 때 선교적으로 읽으려고 노력하고 있습니다. 제 개인 큐티부터 변했습니다. 큐티를 하면서 타문화가 보이고, 선교가 보이고, 하나님이 사랑하시는 열방이 보이기 시작했습니다.

열방교회의 제자 훈련 교과 과정이 확 바뀝니다. 이제 모든 성도가 선교와 관련해 많은 것을 이해하고 실행하기 시작했습니다. 중급반부터는 하나 이상의 외국어를 반드시 배우기로 했습니다. 그래서 간단한 인사 정도는 자신들이 아는 언어로 나눕니다. 외국 사람들이 와도 전혀 어색해하지 않을 정도가 되는 것이 목표입니다."

김 장로의 얼굴에 미소가 떠올랐다.

"단기 선교팀들도 바뀌었습니다. 이전에는 당연히 해외로 나간다고 생각했던 단기 선교팀이 이제 국내에 있는 외국인들의 삶에 관심을 갖기 시작했습니다. 얼마 전 청년들이 해외로 가는 단기 선교 대신 안산에 있는 인도네시아 교회에 가서 며칠을 머물면서 인도네시아 사람들과 시간을 가졌습니다. 가까이 있는 타문화에 대해 청년들이 새롭게 눈뜨는 시간이었다고 생각합니다.

김 장로 머릿속에 몇 주 전 청년들과 함께 보낸 시간이 주마등처럼 지나갔다. 쉽지 않은 상황에서도 국내의 외국인들을 섬기려는 단기 선교팀 청년들이 불평 하나 없이 봉사하던 모습, 인도네시아 청년 근로자들이 머무는 숙소에서 홈스테이를 하고 그것을 나누던 모습들이 눈에 선했다.

"퍼스펙티브스 훈련도 큰 효과를 가져왔습니다. 우선 선교 위원들 자신이 전에는 한 번도 생각해 보지 못한 관점들에 대해 배우게 되었고 참가한 사람들의 삶이 변하기 시작했습니다. 9월부터 시작되는 퍼스펙티브스 교육은 열방교회 제자 훈련의 정규 과정으로 들어와 정기적으로 실시될 것입니다."

한 집사가 자리에 들어가 앉자 최영훈 집사가 자청해서 그동안 선교 위원회가 얼마나 변화했는지에 대해 자기 생각을 이야기했다.

"저는 개인적으로 선교 위원회 분위기가 바뀌어서 감사합니다. 제가 선교 위원회에서 섬기기 시작한 지 벌써 5년이 되었습니다. 하지만 이처럼 선교 위원회가 바뀌리라고는 상상도 못했습니다. 선교 위원회가 이제는 단순히 행정적인 일이나 재정을 보내는 일에서 벗어나 정책에 대해 토론하고 평가하고 새롭게 교육을 받고 하는 것이 정말 좋습니다. 사실 1년 전만 해도 선교 위원회에 참석하고 집에 돌아갈 때면 늘 불편한 마음이 있었습니다. 원칙 없이 서로 자신의 의견을 이야기하는 것이 마치 성경에 나오는 사사 시대 같다는 생각을 하기도 했습니다. 하지만 이제는 선교 위원회 회의를 마치고 집으로 돌아가는 발걸음이 가볍습니다."

최 집사의 발언에 한 집사가 정리한 것을 발표할 때보다 더 큰 박수가 터져 나왔다. 김 장로가 다시 앞으로 나와 다소 비장한 어조로 이야기를 시작했다.

"최근에 있었던 중요한 변화 가운데 하나를 여러분에게 발표하려고 합니다. 최근 열방교회 한 가정이 필드의 필요에 따라서 선교지로 가려고 합니다."

선교 위원들이 웅성거리기 시작했다. 김 장로는 선교 위원 가운데 가장 젊은 강영민 집사를 앞으로 초청했다. 강 집사는 나염 전문가로 그 분야에서는 실력자로 인정받고 있었다. 그는 3년 전부터 김 장로의 권유로 선교 위원회에 참여하고는 있지만 그가 선교지에 갈 것이라고는 아무도 생각하지 못했다. 의아해하는 선교 위원들을 향해서 강 집사가 공손하게 인사를 하고 이야기를 시작했다.

"모두 놀라셨지요? 저도 이렇게 선교지에 가기로 결정하리라고는 생각하지 못했습니다. 저는 김 장로님의 권유로 3년 전부터 선교 위원회에 나오기 시작했습니다. 저는 외국에 가 본 적도 없어서 선교지로 단기 선교 여행을 가는 것 정도가 제가 할 수 있는 선교라고 생각하고 열심히 따라다녔습니다. 저는 그저 보내는 선교사라는 의식만 가지고 있었습니다. 하지만 제 생각이 몇 달 전부터 천천히 바뀌기 시작했습니다.

퍼스펙티브스 교육을 받으면서 하나님이 얼마나 위대하시며 자신의 이름이 온 땅에 퍼져 모든 민족에게 예배 받기를 원하시는지를 알게 되었습니다. 그동안에는 저와 제 가족이 신앙생활의 중심이었습니다. 하나님께 기도하는 제목들은 가족이 건강하고 화목하고 아이들이 별 탈 없이 잘 크는 것이었습니다. 하지만 저는 이제 선교에 눈뜨게 되었습니다. 이제 타문화에 대한 두려움이 사라지고 공장에 와 있는 타문화 사람들에게 스스럼없이 다가가게 되었습니다.

그러다가 지난 달 김 장로님이 동신복 선교회의 기도 제목을 보고 라오스에서 실크 비즈니스를 하는 선교사에 대해 이야기해 주셔서 함께 기도를 했습니다. 함께 사역할 나염 기술자가 필요하다는 기도 제목이었습니다. 그때만 해도 그냥 멀리 있는 선교 사역이라고 생각하고 기도만 하고 넘어갔습니다. 하지만 얼마 전 큐티 시간에 말씀을 읽으면서 새롭게 생각하게 되었다. 마태복음 4장에서 예수님이 고기를 잡는 베드로를 부르신 말씀이었습니다. 베드로는 고기 잡는 데 여념이 없었을 것입니다. 하지만 예수님은 베드로가 일하는 현장에서 그를 부르셨습니다. 그날 이후 계속해서 주님이 저를 라오스로 부르신다는 생각을 떨쳐 버릴 수 없었습니다. 아내와 상의했을 때 아내도 제 이야기를 듣고 하나님의 뜻을 구해 보자고 했습니다. 일주일 정도 기도하는 동안 저희 부부 안에 하나님의 놀라운 평안이 있음을 발견하게 되었습니다.

처음에는 후원받지 않고 스스로 돈을 벌며 사역하는 4타입으로 갈까도 생각했습니다. 하지만 김 장로님, 그리고 동신복 선교회의 신 대표님과 이야기하다가 3타입으로 가려고 합니다. 아직도 선교지로 가기 전에 준비해야 할 것이 많다는 것을 깨닫게 되었습니다. 일단 전문 선교 훈련 기관에 들어가 5개월 동안 진행되는 선교 훈련을 받으려고 합니다. 무엇보다 제가 기술자로서 직업적 전문성은 있지만 사역적 전문성이 부족하다는 것을 깨달았기 때문에 이 부분을 많이 보완하려고 합니다. 내년 1월부터 온 가족이 선교 훈련원으로 들어갑니다. 저를 위해서 기도해 주시면 감사하겠습니다."

선교 위원들은 모두 놀라면서도 강 집사의 결심에 박수를 보냈다. 김 장로가 강 집사를 잠깐 나가 있도록 부탁하고 나서 선교 위원들에게 강 집사를 파송하는 것에 관해서 선교 위원들에게 의견을 물었다. 선교 위원들은 이미 강 집사의 신실함에 대해서 모두 잘 알고 있던 터라 아무도 강 집사의 파송에 대해 의문을 제기하지 않았다. 김 장로는 강 집사를 다시 안으로 들어오라고 해서 선교 위원회의 논의 결과를 알려 주었다. 선교 위원들이 모두 박수를 쳐 주었다.

공식적인 위원회 모임을 마치고 모든 회원들이 등산을 하기로 했다. 등산을 하는 동안 대학에서 공학을 가르치는 진영욱 집사가 김 장로와 함께 걸으며 이야기를 나누었다.

"사실은 용기가 나지 않았지만 왠지 김 장로님께 말씀을 드려야 할 것 같습니다. 요즘 우리 교회가 선교적으로 체질이 바뀐 것이 얼마나 감사한지 모릅니다. 무엇보다 제 안에서 많은 변화가 생기고 있습니다. 이전의 제 모습을 생각하면 얼마나 부끄러운지 낯을 들기가 어려울 정도입니다.

저희 대학 실험실에서 조교를 했던 파키스탄 학생이 몇 년 전에 졸업을 하면서 자기 고향에서 부모와 가족들을 졸업식에 초청했습니다. 저는 부모님만 오는 줄 알았는데, 형제자매까지 모두 다섯 명이 한국에 왔습니다. 자기 가족 가운데 대학원을 졸업하는 사람은 자기가 처음이라더군요. 그 학생은 무슬림이었습니다. 그래서 저는 그 가족들에게 도움을 주는 것이 기독교 신앙을 소개할 수 있는 좋은 기회라고 생각했습니다.

그 조교가 혹시 캠퍼스 근처에 값싼 게스트 하우스 같은 것을 한 주일 빌릴 수 있느냐고 묻더군요. 모처럼 한국에 왔으니 졸업식만 참석하는 것이 아니라 가족들에게 한국을 소개하고 싶은 마음도 있었던 것 같습니다. 마침 캠퍼스 근처 교회에 선교관이 있다는 것을 알고 그 교회에 연락해 보았더니 사용하라고 허락해 주었습니다. 물론 외국에서 온 학생이라 비용도 받지 않겠다고 했습니다. 하지만 한 가지 조건이 있었습니다. 게스트 하우스에 머무는 동안 가족들이 매일 교회에서 열리는 새벽 예배에 참석해야 한다는 것이었습니다.

그래서 조교에게 그렇게 전했습니다. 조교는 처음에 난색을 표하긴 했지만 그렇게 하겠다고 했습니다. 드디어 온 가족이 왔고 캠퍼스 근처에 있는 교회 게스트 하우스에 머물렀습니다. 가족들은 새벽 5시마다 일어나 새벽 기도회에 참석을 했습니다. 저는 속으로 얼마나 좋아했는지 모릅니다. 이제야 그 조교가 복음을 들을 수 있게 되었구나 하고요.

하지만 그 조교와 가족들이 새벽 기도회에 참석해서 믿음을 가진 것 같지는 않습니다. 오히려 저와 그동안 사이가 좋았던 조교는 졸업을 하고 나서는 저와 연락을 끊었습니다. 아! 요즘 교회에서 선교에 대해 강의를 들으면서 그때 조교 가족들에게 그런 요구를 하지 않았다면 그들이 그리스도에 대해서 더 마음을 열었을 수도 있었을 텐데 하는 후회가 들었습니다."

김 장로는 진 교수의 솔직한 고백을 듣고 안타깝지만 지금이라도 새로운 깨달음을 주신 것에 감사하자며 어깨를 두드려 주었다. 이번에는 뒤에서 두 사람의 이야기를 들으며 따라오던 전우택 집사가 고백할 것이 있다며 김 장로에게 다가와 말문을 열었다.

"진 집사님 이야기를 들으니 저도 부끄러운 이야기를 하나 해야겠습니다. 장로님도 아시겠지만 제가 작은 공장을 하나 운영하고 있는데, 동남아시아에서 온 직원들이 여러 명 있습니다. 저는 그 직원들이 사용하는 화장실에 들어가 보고 깜짝 놀랐습니다. 휴지를 쓰지 않고 손으로 뒤처리를 하기 위해서 큰 양동이를 갖다 놓고 물을 받아 두었더군요. 그것을 보고 나서 너무 불쾌하고 더럽다고 생각해서 그 후로는 직원들과 악수를 하지 않았습니다. 그리고 그 화장실이 늘 더럽다고 생각했지요.

그런데 퍼스펙티브스 훈련을 받으면서 제 생각이 180도 바뀌었습니다. 그 후로 저는 동남아시아에서 온 직원들에 대해서 편견을 버리게 되었습니다. 이제는 달라졌습니다. 만나면 악수도 하고 아주 자연스럽게 대할 수 있게 되었습니다.

그러자 공장에 많은 변화가 생겼습니다. 동남아시아에서 온 직원들이 저를 얼마나 따뜻하게 대해 주는지 모릅니다. 그 직원들과 사이도 좋아졌지만 생산성도 많이 올라갔습니다. 이제는 직원들이 저를 아버지라고 부릅니다. 처음에는 그렇게 불리는 것이 무척 어색했지만 이제는 서로 친근하게 대합니다. 그러다 보니 자연스럽게 직원들이 사용하는 말을 배우게 되더라고요. 이제는 간단한 말로 서로 인사를 하는 것이 전혀 어색하지 않습니다.

그리고 요즘은 공장에서 더 많은 시간을 보내고 있습니다. 이전에는 교회 안에 할 일이 많아 공장에서 퇴근하면 부리나케 나오는 것이 대부분이었는데, 요즘은 교회 봉사가 줄자 공장 안에서 보내는 시간이 더 많아진 것입니다. 그것이 외국에서 온 직원들과 시간을 보낼 수 있게 만든 요인이기도 합니다. 저는 요즘 교회 다니는 맛, 회사에서 지내는 맛을 다 누리고 있습니다."

함께 걸으며 나눈 두 사람의 이야기로 김 장로는 큰 격려를 받았다.

9월 초 김 장로는 다시 동신복 선교회 사무실로 향했다. 지난 1년 동안 열방교회 안에 일어난 일이 바로 이 골목길을 지나가다가 우연히 동신복 사무실을 찾아 들어가 신 대표를 만난 것으로 시작했다는 생각에 감사와 감격으로 마음이 벅찼다.

사무실 안에는 여전히 간사님들이 열심히 각자의 일을 하고 있었다. 이제 제법 얼굴이 익숙한 김 장로를 보자 간사들이 반갑게 맞았다. 김 장로도 한 가족이 된 것처럼 간사들에게 인사하고 가지고 온 수박을 탁자 위에 올려놓고는 신 대표 방으로 들어갔다.

"대표님, 잘 지내시지요? 지나는 길에 신 대표님께 1년 동안 지낸 것을 감사하고 싶어 잠깐 들렀습니다. 일전에 전화로 말씀드린 것처럼 8월 말에 선교 위원회에서 강영민 집사를 라오스에 보내는 것에 대해 만장일치로 결의를 했고 지난 주 당회에서도 결의를 했습니다. 그리고 강 집사 가족이 곧 선교 훈련을 시작할 것입니다."

그 말을 듣고 신 대표는 얼마나 기쁜지 눈에 눈물이 고였다.

"그렇지 않아도 주영광 선교사에게서 강 집사님이 필드로 가는 것에 마음이 있다는 이야기를 듣고 기도하고 있었습니다. 강 집사님도 큰 결심을 했지만 강 집사를 선교지로 파송하겠다는 열방교회 선교 위원회도 대단합니다."

"지난 주에 있었던 선교 위원회 워크숍에서 강 집사가 선교사로 파송하는 것을 결정한 것도 중요했지만 지난 1년 동안 열방교회 안에서 일어난 일들을 정리하는 시간을 가진 것이 가장 의미가 있었습니다. 저는 우리 교회 안에 이런 일들이 일어날 줄 몰랐습니다. 이제 선교라는 이름으로 뭔가를 하는 것이 중요한 것이 아니라, 성도들의 체질이 선교적으로 바뀌는 것이 중요하다는 인식이 분명해졌습니다. 그뿐 아니라 선교를 삶에서 실천하기 시작했습니다. 예전 같으면 강 집사가 선교사로 간다는 것에 대해 사람들이 이해하지 못했을 것입니다. 하지만 이제는 누구라도 선교지에 갈 수 있다는 분위기입니다. 선교를 삶에서 그대로 살아 내는 것이 오히려 자연스럽게 여겨지는 분위기가 되었습니다.

무엇보다 개인적으로 감사한 것은 선교적 교회로 가기 위한 로드맵의 내용이 이제 더 확실하게 보이기 시작했다는 점입니다. 처음에 신 대표님이 선교적 체질에 대해 말씀할 때만 해도 무슨 의미인지 이해하지 못했습니다. 하지만 지금 이 지도를 보니 열방교회가 어디쯤 와 있는지가 분명하네요. 그리고 무엇보다 신 대표님이 열방교회의 선교 코치로서 수고를 많이 하신 것에 대해 정말 감사하다는 말씀을 드리고 싶습니다."

김 장로의 이야기를 들으며 신 대표도 기쁨을 감출 수 없었다.

"아닙니다. 제가 오히려 장로님께 감사하다는 말씀을 드리고 싶습니다. 열방교회는 하나님께서 뭔가를 하시기에 잘 준비되어 있는 교회였습니다. 모든 교회가 다 열방교회 같지는 않습니다. 보통은 자신들이 오랫동안 해오던 것을 쉽게 바꾸려고 하지 않습니다. 하지만 열방교회는 하나님의 의도와 목표에 맞추기로 했기 때문에 오늘 같은 결과가 있게 되었다고 생각합니다."

김 장로가 신 대표에게 앞으로도 계속 열방교회를 위해서 선교 코치로서 섬겨 달라고 당부하고 자리에서 일어났다. 마침 신 대표 사무실 액자에 있는 글이 눈에 들어왔다.

"작은 일은 작은 일이다. 하지만 작은 일에 충성하는 것은 큰 일이다."

김 장로는 동신복 선교회 계단을 내려오면서 액자의 글을 다시 되새겨 보았다.

    김 장로는 아파트 건물 안으로 들어서면서 엘리베이터를 타지 않고 계단을 오르기 시작했다. 고혈압 진단을 받고 피트니스센터에 다니면서부터 바뀐 습관 중 하나는 될 수 있으면 엘리베이터를 타지 않는 것이다. 의사의 말대로 건강해지기 위해 작은 일이지만 불편하게 사는 삶을 실천하고 있는 것이다.

    12층까지 걸어서 오르고 내리는 것이 쉬운 일은 아니다. 하지만 꾸준히 몇 달 동안 해 와서 이제는 계단을 오르는 것이 습관이 되었을 뿐 아니라 오히려 즐거움으로 느껴진다. 예전에는 엘리베이터가 고장 날 때마다 불편하게 느끼고 짜증이 나곤 했지만 이제 일부러 불편하게 사는 것을 택한 것이 여러 면에서 유익하다고 느끼게 되었다.

계단을 오르면 건강뿐 아니라 복잡한 생각들을 정리하는 데도 도움이 되었다. 무엇보다 열방교회에서 최근에 일어나는 일들, 특별히 성도들 사이에 일어나고 있는 일들을 생각하면 마음속 가득히 감사가 넘쳤다. 그리고 선교적 교회의 다음 단계로 가기 위해서 해야 할 일은 무엇일까를 생각하고 그 일로 말미암아 생겨날 열방교회의 변화를 꿈꾸는 것도 큰 기쁨이었다.

저녁 잠자리에 들기 전 김 장로는 지난 1년 동안 사용한 열방 기도 수첩을 들춰 보았다. 그리고 자신이 적어 놓은 글들의 의미를 하나씩 음미해 보았다.

- 선교사의 사역적 재정적 책무가 중요하다
- 쏘달리티와 모달리티 혹은 선교 구조와 목회 구조의 협력이 필요하다
- 책무를 실천하려면 탄탄한 필드 구조가 있어야 한다
- 선교사 허입 과정을 신중하게 해야 한다
- 지역 교회와 선교 단체의 건강한 협력 관계가 필수적이다
- 선교적 교회로 가기 위한 로드맵을 이해하자
- 종족 무지에서 벗어나자
- 내 눈 앞에 펼쳐진 추수할 밭을 바라보자
- 선교는 겸손을 전제로 한다
- 우리 하나님은 선교하는 하나님이시다
- 동방 박사들이 서쪽으로 온 것은 유대인들이 동쪽으로 가지 않았기 때문이다

- 성경은 선교적으로 읽어야 한다
- 진정한 제자도는 흩어진 사람들처럼 사는 것이다

그리고 열방 기도 수첩에 마지막으로 하나를 더 적었다.

"선교적 삶이란 불편하게 사는 삶이지만 가장 즐거운 삶이다."

## 나가는 글

이번 책을 집필하는 데 그동안 필자가 참여했던 여러 모임을 통해서 얻게 된 도움이 많았다는 것을 밝히고 싶습니다.

먼저 방콕 포럼입니다. 2003년 현장 선교사들의 고민을 해결하고 한국 선교가 건강해지도록 돕자는 취지에서 시작한 방콕 포럼에서 많은 문제를 다루었습니다. 10년 넘는 기간 동안 포럼에서 한 고민들이 이 책에 고스란히 녹아 있다고 해도 과언이 아닙니다.

다음은 설악 포럼입니다. 2004년부터 시작된 설악 포럼에서는 현재 한국 교회들이 하고 있는 선교가 서구 선교를 계승한 것이라는 전제 아래, 앞으로의 선교는 서구 선교에서 어떤 것을 계승하고 어떤 것을 단절할 것인가에 대해 토론하고 있습니다. 1년에 한 번 모이는 공식 포럼만이 아니라 늘 모여 심도 있게 연구하는 김동화, 정민영, 권성찬, 한철호 선교사의 우정에 감사를 드립니다.

다음은 코딤넷(KODIMNET) 모임입니다. 해외 한인 디아스포라들의 선교 동원을 위한 모임인데, 특별히 2012년부터 선교적 교회로 가기 위한 로드맵 작업을 하면서 많은 것을 정리하고 발전시킬 수 있었습니다. 이 책 6장에 실린 선교적 교회로 가기 위한 로드맵은 그 작업의 결과임을 밝힙니다. 함께 고생한 한철호, 오정호, 이규준 선교사에게 감사를 드립니다.

다음은 퍼스펙티브스 훈련입니다. 2000년부터 시작된 이 훈련 프로그램을 통해 이미 2만 명이 넘는 사람들이 훈련을 받았으며 지금도 나이를 초월해서 하나님의 선교를 이해하고 실천하려는 사람들이 훈련을 받고 있습니다. 필자는 퍼스펙티브스 강의를 하면서 많은 것을 배우고 생각하게 되었습니다. 퍼스펙티브스 과정을 위해서 불철주야 애쓰는 스탭들, 조장들, 자원 봉사자들에게 감사의 마음을 전하고 싶습니다.

그 외에도 이름을 다 열거할 수 없는 많은 분에게 배운 것들이 이 책을 만들었음을 고백합니다.

또 이 책에는 저자가 이미 저술한 《직업과 선교》, 《문화와 선교》 그리고 1년 전에 출간된 《사도행전을 읽으면 두 가지 모델이 보인다》의 내용 일부가 포함되어 있음을 밝힙니다.

여섯 번째 책을 마무리하면서 다음 책을 구상하고 있습니다. 하나님께서 허락하신다면 내년에는 그동안의 경험과 OMF 안에서 실행되고 있는 프로젝트 티모티 훈련의 내용을 중심으로 크리스천 리더십에 관한 책을 쓰고 싶습니다. 감사합니다.

1865년 허드슨 테일러가 창설한 중국내지선교회(CIM:China Inland Mission)는 1951년 중국 공산화로 인해 중국에서 철수하면서 동아시아로 선교지를 확장하고 1964년 명칭을 OMF International로 바꿨다. OMF는 초교파 국제선교단체로 불교, 이슬람, 애니미즘, 샤머니즘 등이 가득한 동아시아에서 각 지역 교회, 복음적인 기독단체와 연합하여 모든 문화와 종족을 대상으로 예수 그리스도가 구세주이심을 선포하고 있다. 세계 30개국에서 파송된 1,300여 명의 OMF 선교사들이 동아시아 18개국의 신속한 복음화를 위해 사역 중이다.

**OMF 사명**
동아시아의 신속한 복음화를 통해 하나님을 영화롭게 하는 것이다.

**OMF 목표**
하나님의 은혜를 통하여 동아시아의 모든 종족 가운데 성경적 토착 교회를 설립하고, 자기 종족을 전도하며 타 종족의 복음화를 위해 파송되는 것을 목표로 한다.

**OMF 사역 중점**

- 우리는 미전도 종족을 찾아간다.
- 우리는 소외된 사람들에게 관심을 갖는다.
- 우리는 복음을 전하는 일에 주력한다.
- 우리는 현지 지역교회와 더불어 일한다.
- 우리는 국제적인 팀을 이루어 사역한다.

**OMF International-Korea**

한국본부 (137-828) 서울시 서초구 방배중앙로 29길 21 호언빌딩 2층

전 화 02-455-0261, 0271   팩 스 02-455-0278

홈페이지 www.omf.or.kr   이메일 omfkr@omf.net

## 교회와 선교

초판 발행   2016년 7월 20일
초판 4쇄   2022년 6월 10일
지은이   손창남
발행인   손창남
발행처   죠이선교회(등록 1980. 3. 8. 제5-75호)
주소   02576 서울시 동대문구 왕산로19바길 33
전화   (02) 925-0451(출판부)
       (02) 929-3655(영업팀)
팩스   (02) 923-3016
인쇄소   송현문화
판권소유   ⓒ죠이선교회
ISBN   978-89-421-0375-1   03230

책값은 뒤표지에 있습니다.
잘못된 도서는 교환하여 드립니다.
이 책 내용을 허락 없이 옮겨 사용할 수 없습니다.